JN255516

アメリカ政治史

久保文明 著

A History of American Politics

有斐閣

は し が き

　本書はアメリカ合衆国の内政および外交の歴史の概説書である。

　ただし，ほとんどのアメリカ史の概説書と異なり，19 世紀末までをかなり圧縮して叙述し，その分 20 世紀初頭から今日に至るまでの展開を詳述した。その結果，かなりの程度，現代アメリカの政治史・外交史に焦点を当てた書となっている。

　あえてそのような構成にしたことについては，いくつか理由がある。

　第 1 に，本書は主として政治学を専攻する大学生を念頭に置いて書かれた教科書であることに由来する。現代の政治，国際政治，比較政治，あるいは今日の日米関係といった科目との関連性を求める学生には，このような構成のほうが彼らの関心に合致するであろう。広く一般社会にも，そのような関心あるいは需要があると思われる。

　第 2 に，日本では，本書のように最も新しい部分を重視したアメリカ政治史の教科書は意外に少ないのではないかという推測にも起因している。第二次世界大戦後のアメリカ史についての教科書はあっても，アメリカ政治史全体を見通しながら，なおかつ新しい部分を重視した概説書はあまり例がないような気がする。ちなみに，アメリカでは似たような構成のアメリカ史の教科書がすでに刊行されている（巻末「読書案内」の通史の項を参照）。

　第 3 に，本書の由来にある。本書の起源は，阿部齊・加藤普章・久保文明『北アメリカ——アメリカ・カナダ』（「現代用語の基礎知識」特別編集「国際情勢ベーシック・シリーズ」8）（自由国民社，1999 年）にある（2005 年に第 2 版刊行。その後絶版）。これは現代史のシリーズであった。本書は，同書のアメリカの部分を取り出し，全体を，とくに 19 世紀部分を圧縮しつつ，全面的に書き換え，同時に G. W. ブッシュ，オバマ，トランプ諸政権に関する記述を加えた。

　19 世紀末までの叙述では，アメリカの植民・建国，そして初期の歴史の独自性を，諸外国との比較の視座も交えながら，やや巨視的な形で描こうとして

いる。ともすると近視眼的で皮相的なアメリカ理解が横行する中，今日のアメリカを理解する際にも必要とされる最低限の歴史的背景について，素描であっても存在したほうが望ましいと考えた次第である。

　例えば，19世紀末，否，第二次世界大戦前までのアメリカの姿を知っていないと，恒常的な軍事的超大国となったその後のアメリカの変化が，いかに急激で巨大なものであったかについての認識をもてないであろう。また，冷戦を戦うアメリカの姿は，他の多くの国々と比較すると，それほど長くはないアメリカの歴史においても，実はそれほど長期間に及ぶわけではない。ということは，今後もこのまま続くとは限らないということも，その含意である。このような現在の姿を相対化する視座をもつには，建国期から説き起こす必要があろう。さらに，20世紀最後の四半世紀に見られた急速なイデオロギー的分極化，トランプの大統領当選を許したアメリカのエリートの影響力・説得力の退潮といった現象も，長い歴史的視座の中で評価される必要がある。思い起こせば，アメリカは19世紀前半から一般国民が実権をもった国家元首を選出してきた国であるし，国民の間の亀裂は南北戦争に見られるように，19世紀においては今日よりむしろ深刻ですらあった。

　なお，日本人読者を対象にした教科書であることも考慮に入れて，日米関係についての叙述も簡略ながら一定程度組み込むように試みた。アメリカ内政や外交史の文脈の中で対日政策を位置づけることができていれば，筆者としては望外の幸せである。

　本書を書き終えて感じたのは，故斎藤眞先生からいただいた学恩の大きさである。大きな，そして比較論的視座からアメリカを理解することは，本書でも試みたつもりであるが，先生からのお叱りの声が聞こえてくるようでもある。アメリカ史を教えることの難しさについて，先生は常に，アメリカについて「知っているつもり」になりがちな日本人の知的態度を嘆かれていた。

　また，本書の前身となる書を一緒に作らせていただいた故阿部齊先生からいただいたご教示も，本書の随所に生かされている。故五十嵐武士先生，そしてコーネル大学歴史学部のスタッフであるリチャード・ポーレンバーグ，ウォルター・ラフィーバー，ジョエル・シルビー，マイケル・カメンの各先生からい

ただいた多数のご助言にも感謝申し上げたい。

　本書は第一稿の段階で，梅川健，梅川葉菜の両氏に目を通していただき，細部に至るまで疑問点を指摘していただいた。ここに記して心より感謝の意を表したい。筆者がこれまで奉職した筑波大学，慶應義塾大学，東京大学において共に研究してきた大学院生，若手研究者，同僚教員からも，多くのことを学んできた。あわせてお礼を申し上げたい。また，ここでいちいちお名前を挙げることは差し控えさせていただくものの，日本内外にいる多数のアメリカの政治史，外交史，現代政治研究者に対しても謝意を表したい。なお，本書についての責任はすべて筆者にある。

　本書完成まで予想以上に長い時間がかかってしまった。ともかくこのような形になったのは，辛抱強くお待ちいただいた有斐閣・岩田拓也氏のおかげである。

2018 年正月明けに

久保 文明

◆コラム一覧

◆図表一覧

＊　執筆に際し，直接引用したり参考にした文献を，各章末に一覧にして掲げた。本文
　中では，著作者の姓と刊行年のみを，（　）に入れて記した。
　　　　例　（久保 1988）
　　　　　　久保文明 1988『ニューディールとアメリカ民主政──農業政策をめぐる
　　　　　　政治過程』東京大学出版会。

第1章　独立と建国

↑フィラデルフィアでの憲法制定会議（1787年）（Chandler Christy
"Scene at the Signing of the Constitution of the United States How-
ard"）

　　北米大陸に形成された13のイギリス植民地は，長らくイギリスとの相互依存
関係を受け入れていたが，18世紀半ば，イギリスが植民地への課税を強化する
と反発を強め，それはついに武力での抵抗に発展した。1776年7月4日，13
の植民地は共同で独立宣言を発した。
　　ただし，これは13の独立国家が誕生したことを意味していた。独立後これら
の国々の不安定さゆえに，一つの国家を建設する提案がなされ（合衆国憲法案），
それは批准され，アメリカ合衆国が成立した。ただし，反対派を説得するために，
憲法制定者たちは，新しい合衆国政府の権限を厳しく限定し，なおかつその権限
を行政・立法・司法に分割した。このようにして，きわめて限定的な権限のみを
与えられたアメリカ合衆国政府が発足したのである。

1 入植から独立まで

アメリカ植民地の発足

クリストファー・コロンブスがアメリカ大陸を発見したのは1492年のことであった。その前から，アメリカ大陸には先住民が長らく居住していたが，今日のアメリカ合衆国やカナダ連邦を建設したのは，それ以後北アメリカに移住したヨーロッパの人たちであった。その意味で，北アメリカの歴史は1492年から新たな段階に入った。

北アメリカに最初に植民地を建設したのはフランスであった（1604年）。イギリスによるアメリカ大陸への移民は，1607年のジェームズタウンの建設に始まる。これがのちのヴァージニア植民地の出発点になった。次いで1620年，ニューイングランドのプリマスにメイフラワー号に乗った102名の植民者が上陸した。上陸に先だって彼らは「メイフラワー誓約」を結び，契約に基づいて新しい政治社会をつくっていくことを誓い合った。

ジェームズタウンでは金銀の発見に失敗したのち植民地は停滞したが，プリマスに移住した人々は，最初から家族ぐるみで農業に従事するつもりで移住していたため，定住の意思が固く，植民地の建設に成功した。その意味で，プリマスのほうが，のちのアメリカ民主政の発展に大きな影響を与えたといえよう。

このジェームズタウンとプリマスを発端として，アメリカの大西洋岸には多数の植民地がつくられたが，それらは大別すると，北部，南部，中部の各植民地に分けることができる。北部植民地では，自営農民による小規模農業が中心であり，植民地の経営形態でも，本国政府から比較的自由な自治植民地の形をとることが多かった。これに対して，南部植民地では，大農園主によるタバコや綿の単品栽培が中心であり，最初は国王の特許状に基づく株式会社が経営にあたっていたが，のちには王領植民地として，本国政府が直接統治するようになった。この両者の中間的な位置を占めたのが，ニューヨーク，ペンシルヴェニア，ニュージャージーなどの中部植民地である。これらの植民地では，大地主制と小農経営が混在し，また経営形態でも，国王が貴族など特定の個人に領有権を与える領主植民地の形をとっていた。

対英関係

　イギリスのアメリカ植民地は，イギリス重商主義体制の中に組み込まれていた。アメリカ植民地は本国イギリスの原料や食料の供給地と位置づけられており，航海法に列挙された品目については，イギリスにしか輸出できなかった。また，本国の製造業を保護するため，植民地の製造業に対しても，さまざまな制限が加えられていた。

　植民地アメリカの本国イギリスに対する経済的従属を維持するための政府機関が，1696 年に設けられた商務院である。商務院は植民地行政を司り，本国政府の代弁者である植民地総督に指示や命令を与えていた。総じて，本国政府の統制は徐々に強まる傾向がみられ，植民地の経営形態も，自治植民地や領主植民地から王領植民地に変更されることが多かった。その結果1752 年までに13 の植民地のうち 8 つが王領植民地になり，自治植民地はコネティカットとロードアイランドの 2 つだけになった。

　ただし，以上のことは，植民地の利益が本国によって無視されていたことを意味するものではない。例えば，アメリカ産のタバコはイギリス本国にしか輸出できなかったが，その代わり本国やアイルランドでのタバコ栽培は禁止されたうえ，外国タバコには重税が課せられていたので，アメリカのタバコ栽培業者は独占的な利益を貪ることができた。また，植民地の製造業に対する制限といっても，大西洋を挟む広大な大陸で取り締まりを効果的に行うことはほとんど不可能であり，密貿易もさかんに行われていた。

　こうした事情に加え，植民地は何よりその安全を確保するため，イギリス本国の軍事力に依存せざるをえなかった。当時ヨーロッパでは，イギリス，フランス，スペインなどの列強が対立・抗争していたが，その抗争はしばしばアメリカ大陸にも波及したのである。

フレンチ・アンド・インディアン戦争

　17 世紀から 18 世紀にかけて，イギリスの主な競争相手はフランスであった。ヨーロッパにおけるこの両国間の戦争は，しばしばアメリカ大陸にも影響を及ぼした。ヨーロッパにおけるアウグスブルグ同盟戦争，スペイン継承戦争，オーストリア継承戦争は，植民地ではウィリアム王戦争，アン女王戦争，ジョー

ジ王戦争として戦われた。ただし，これらの戦争は，アメリカ植民地と先住民との間の紛争が直接の原因となって起こっており，先住民と連携していたフランス植民地を叩くことがイギリス側の戦争の目的であった。したがって，ヨーロッパでの対立に加えて新大陸内での対立が，これらの戦争の背景にあったといえよう。1754年，ヨーロッパで七年戦争が勃発する2年前，オハイオ川流域（現在のピッツバーグ付近）でフレンチ・アンド・インディアン戦争が始まった。この戦争は，その名の通り，イギリス対フランスと先住民の連合軍との戦いであった。

　この戦争では，イギリス軍が当初フランス・先住民連合軍の奇襲攻撃に敗れたが，新大陸に対するフランスの脅威を取り除くことを決意したイギリスは，フランスの植民地となっていたカナダを攻撃した。その結果1759年にケベックが，60年にはモントリオールが陥落し，全カナダはイギリスの支配下に置かれるに至った。1763年にはパリ条約が結ばれ，イギリスが全カナダを領有することが公式に承認される。こうして，新大陸のフランス植民地はイギリスの統治下に置かれたが，イギリスは1774年にケベック法を制定して，旧フランス植民地におけるフランス語の使用，カトリック教会の活動，フランス民法の適用など，フランス的文化の存続を容認した。それ以後，カナダはイギリス系の植民地と旧フランス系の植民地とが並存する新たな時代を迎えることになる。

　フレンチ・アンド・インディアン戦争は，アメリカ植民地にも大きな影響を与えた。この戦争によって，アメリカ植民地人の進出を阻んでいたフランス領植民地はいずれも排除され，西部の広大な土地は植民地人にとって無限の機会を提供するように思われた。しかし，戦争の終結とともに発せられた「1763年の国王の宣言」は，新たにイギリス領となったアレガニー山脈以西の地域を先住民の保留地とし，植民地人の移住を禁止した。加えて，イギリスの本国政府は，広大な殖民地の防衛という名目のもとに，本国正規軍の植民地常駐を強行し，駐留費用の植民地負担を強制した。フレンチ・アンド・インディアン戦争の勝利によって当面の敵対勢力を排除することに成功したアメリカ植民地は，本国の軍事力に依存する必要性をそれまでほど感じなくなったため，これらの措置に強く反発した。こうして皮肉なことに，この戦争は，アメリカ独立革命

図 1-1　植民地時代のアメリカ（1763 年）

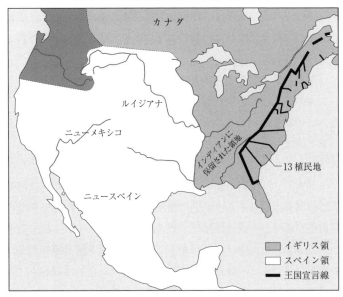

カ ナ ダ

ルイジアナ

ニューメキシコ

インディアンに
保留された属地

13 植民地

ニュースペイン

イギリス領
スペイン領
王国宣言線

［出所］　阿部・加藤・久保 2005：17 をもとに作成。

への序曲となったのである。

　なお，13 のアメリカ植民地政府の仕組みをみると，まず本国政府の下部機構として，国王に任命された総督と，その諮問機関である参議会がそれぞれの植民地に置かれた。総督は国王の命令を受けて植民地行政を担当し，後述する植民地議会の立法に対しては拒否権を行使できた。参議会の議員は，総督の推薦に基づいて国王によって任命されるのが普通であった。これに対して，植民地の利害を代表していたのが，植民地人の投票によって選出された植民地議会である。総督と植民地議会とは，しばしば激しく対立した。

反英感情の拡大

　植民地の防衛費を植民地自身に負担させようとする最初の試みは，1764 年の砂糖法と翌年の印紙法であった。印紙法は新聞，パンフレット，各種法律文書など約 50 種に対して印紙を貼ることを定めたものであり，関税ではない内国税を植民地議会の同意を得ることなく課税したことによって，反英感情が植

民地全体に拡大することになった。植民地人が「代表なければ課税なし」のスローガンを掲げ，イギリス製品の不買運動によって抵抗した結果，植民地市場を失うことを恐れた本国の商人たちの請願によって印紙法は廃止され，砂糖法の税率は引き下げられた。

しかし，財政危機に悩むイギリス政府は，植民地への課税を断念しなかった。1767 年，砂糖法を砂糖以外の商品にまで拡張強化したタウンゼンド諸法が制定された。この法律に対しても植民地人は不買運動で対抗し，結局 1770 年にタウンゼンド諸法も廃止となった。植民地の反英感情を再燃させたのは，1773 年末に制定された茶法である。同法は，東インド会社の破産の危機を救うために，大量の茶をアメリカ市場に安く輸出することを定めていた。この措置によって，茶の密貿易で利益をあげていた植民地の商人は大きな打撃を受けたため，再び反英抗争が勃発し，茶の陸揚げが拒否された。ボストンでは，急進派が茶船を襲い，茶 342 箱を海中に投棄した。この「ボストン茶会事件」は，イギリス政府の権威に対する真っ向からの挑戦を意味したため，本国政府はマサチューセッツ植民地に対して強圧的な制裁措置をとった。

独立宣言

1774 年に入ると，先に述べたケベック法が施行されて西部への進出が阻止されたため，南部の植民地でも反英抗争が拡大した。こうして，1774 年 9 月から 10 月にかけて 12 の植民地の代表 55 名がフィラデルフィアに集まり，第 1 回大陸会議を開催して，全イギリス商品の「不輸入，不輸出，不消費」を呼び掛けた。翌 75 年 4 月 19 日，マサチューセッツのレキシントンとコンコードで，イギリスの正規軍とアメリカの民兵（農民など，正規の軍人でない民間人を軍事要員として組織した武装組織のこと）が衝突，独立戦争の幕が切って落とされることになる。次いで，1775 年 5 月には，第 2 回大陸会議が開かれ，ジョージ・ワシントンがアメリカ連合軍の総司令官に任命された。彼の作戦指揮の最初の目標は，ボストンからイギリス軍を駆逐することで，それは 1776 年 3 月に達成された。この間，彼は 2 万を超す兵員の徹底的訓練に当たり，普通の市民の集団を規律正しい軍隊に作り変えることに成功した。

この時期，本国からの独立は，まだ植民地人の一致した目標にはなっていな

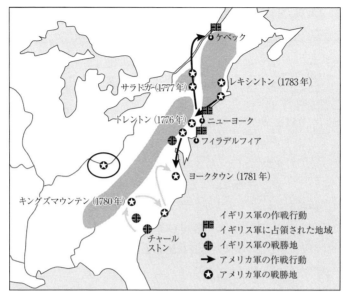

図 1-2 独立戦争（1775–83 年）

サラトガ（1777 年）

トレントン（1776 年）

レキシントン（1783 年）

ニューヨーク

フィラデルフィア

ヨークタウン（1781 年）

キングズマウンテン（1780 年）

チャールストン

ケベック

イギリス軍の作戦行動
イギリス軍に占領された地域
イギリス軍の戦勝地
アメリカ軍の作戦行動
アメリカ軍の戦勝地

［出所］ 阿部・加藤・久保 2005：20 をもとに作成。

かった。多くの植民地人は，イギリス国王への忠誠心あるいはイギリス国民として の帰属感を，依然として断ち切ることができずにいたからである。それら を断ち切り，植民地人を独立に踏み切らせるうえで重要な役割を果たしたのが， トマス・ペインの『コモン・センス』であった。この小冊子は，1776 年 1 月 に発行され，約 3 カ月間に 12 万部を売りつくしたといわれる。そこでは，イ ギリス帝国からの離脱こそが常識（コモン・センス）であると説かれていた。こ うして，独立の気運が高まる中で，1776 年 7 月 4 日，大陸会議はトマス・ジ ェファソンによって起草された独立宣言を公布した。独立宣言は，まず「生 命・自由・幸福追求」の権利を確保することが政府の目的であり，政府がこの 目的を踏みにじった場合，人民には政府を倒す権利があるとし，次いで，イギ リス国王ジョージ 3 世の暴政を列挙して，アメリカ植民地独立の正当性を明ら かにしている。

ところで，独立戦争の第 1 段階でワシントンは一応勝利を収めたが，その後 5 年に及ぶ戦争の過程で，植民地側はしばしば深刻な危機に直面した。その最

悪のものは，1776年のロングアイランドでの敗戦であろう。ワシントンは，ニューヨークを占領しようとした約2万5000のイギリス軍をロングアイランドで迎え撃ったが，千余名の兵士を失って，辛うじて退却した。結局，ニューヨークはイギリス軍に占領され，戦争中は最後までイギリス軍に掌握されていた。1777年は，ワシントンにとってさらに厳しい試練の年となり，78年に入ると戦線は膠着状態に陥った。

　植民地側が苦戦を強いられた最大の理由は，海上戦力の圧倒的な差であった。イギリス軍は海上を制圧し，海岸線をほぼ封鎖していた。したがって，1778年にアメリカの外交努力が実ってフランスとの条約が締結されたことは，アメリカ側にとって大きな成果であった。1781年，フランス艦隊がイギリス艦隊との衝突で勝利をあげ，アメリカとフランスの連合軍は，ヨークタウンに結集していたイギリス軍の封じ込めに成功した。イギリスは同年10月19日，ついに全面的に降伏し，1783年9月3日に講和条約が調印されて，最終的に13の植民地の独立が認められたのである。

2　初期アメリカの風土

信仰，個人主義，豊富な土地空間

　ベンジャミン・フランクリンは独立戦争の末期，ヨーロッパ人に向け，アメリカではどのような人が歓迎されないかについて語っている。それは生まれ(birth) 以外に推薦できるところがない人であった。彼によれば，ヨーロッパでは初対面の人に身分を尋ねる（What is he?）が，アメリカでは何ができるか(What can he do?) を尋ねる。

　フランスからの移住者であったミシェル・ギョーム・ジャン・ド・クレヴクールは，次のように述べていた。

　　ヨーロッパにいたときはうわ土も水も与えられずに，あるいはしおれ，あるいは欠乏と飢餓に苦しまれていた。それが今ここに移植されたおかげで，彼らも根を下ろし，葉を繁らせることになった。かつては貧民の仲間に数えられるだけで，いやしくも公民の列に加えられなかったが，ここでは公民の地位を占めているのである（訳文

は一部変更）（クレヴクール 1982：74）。

　また，18 世紀半ばにアメリカを訪れたスウェーデンからの旅行者は，次のように記した。

> いまだに未開拓の豊潤な土地がたくさんあるので，新たに結婚した者は何らの困難なく 1 区画の土地を獲得し，そこで妻子とともに安楽に暮らしていくことができる。彼の享受している自由はとても大きいので，彼は自らを一国一城の主とみなしている（齋藤 1995：46）。

　これらの文章は，北アメリカ大陸で起きていたことが，ヨーロッパでの常識と大きくかけ離れていたことを示唆している。一つは，入植した人々の相互の関係は，同時代のヨーロッパと比較すると，はるかに平等であり，人々は能力によって評価されていた。もう一つの大きな違いは地理的・空間的なものであり，土地がふんだんに存在していて，一般の人々にも入手が比較的容易であったことである。

　前者については，いくつかの要因を指摘できる。ピューリタン的信仰の世界では，神のもとですべての個人が平等であった。個人主義という点で，これは最も近代的思想の一つであったともいえる。その発想は政治の世界においてもしばしば投射され，信仰にかかわらず，政治社会の運営は参加者の同意によると規定される傾向があった。メイフラワー誓約はその一つの例であろう。ここでは，上陸後の社会の運営は，信仰と無関係に参加者が協力し合うという契約が交わされている。ニューイングランド地域でみられたタウンミーティング式の決定方式は，このような発想の延長線上で理解できよう。

　入植の経緯も重要である。絶対主義的政府のもと，軍隊が先陣を切ったスペイン・ポルトガルによる中南米攻略と異なり，ピューリタンは本国政府から離脱し，信仰に生きることをめざした。前者では本国の抑圧的政治体制がそのまま現地に持ち込まれたが，後者ではイギリス国王の統治のもとにとどまっていたものの，入植者が望んだものに近い社会が成立した。そこでは自分たちの信仰を実践するうえでの自由と自治が，かなり大幅に認められていた。上から力で支配する権力が弱体な中，統治は社会の構成員の参加と同意に基づかざるをえない側面がアメリカには存在した。

　植民地が成熟し，人口も増え，タウンミーティングによる直接民主主義が機

　先住民は文字通りヨーロッパ人の渡来以前からアメリカ大陸に住んでいた。コロンプスがアメリカに到着した頃，南北アメリカには 1338 万 5000 人程度の先住民が居住していたと推計されている。そのうち，北アメリカに約 100 万，中部アメリカに約 560 万，南アメリカに約 678 万 5000 人が住んでいた。

　先住民はしばしば一括してインディアンと呼ばれるが，実際には多くの部族に分かれていた。北アメリカの内陸部に居住したチェロキー族やセミノール族などがその例である。部族は先住民の生活の単位であり，土地も部族が共同で所有および利用していた。

　先住民とイギリス系移住者との関係は多様であった。1620 年にプリマスに上陸した移民たちは，厳しい冬を生き延びるために先住民からの助力が必要であった。しかし，友好的な関係は長く続かず，1637 年にはピクォート戦争が起きた。ここでは，ニューイングランドの移住者がコネティカットの先住民を襲撃し，500 人以上を殺害した。

　先住民に対する接し方は，スペイン・ポルトガルの植民地となった中南米地域と北米のイギリス植民地では異なっていた。中南米でも先住民に対する襲撃や略奪はみられたが，スペインとポルトガルは基本的には先住民をキリスト教に改宗させ，自国の文化に同化させようとした。それに対して，北米では同化ではなく排除が選択された。

能しにくくなる中で，やがて選挙制度も導入される。地域・植民地によってさまざまな違いがあるものの，一般的なあり方は，イギリスで行われていた制限選挙の導入であった。イギリス本国同様の資格制限が持ち込まれた。それは，例えば 50 エーカー（1 エーカーは約 1224 坪）の（あるいは 40 シリングの収入のある）土地所有であった。しかし，重要な違いは，イギリスでは制限的であったこの資格要件が，北アメリカ大陸では土地の取得が容易であったがゆえに，そのような効果を強くもたなかったことである。その結果，小農民を含む相対的に多くの人々が選挙権を獲得することになった。

　ただし，植民地時代の初期には，地域によると宗教的少数派に対して不寛容な神聖政治的な統治も行われた。例えばマサチューセッツ植民地は異端に対して抑圧的であったために，ロジャー・ウィリアムズは追放され，1636 年にプ

このような違いを生み出した要因の一つとして，宗教が指摘されることが多い（ウェーバー 1989）。中南米に移住した人々の圧倒的多数はカトリック教徒であったが，彼らにとっては，先住民も含めて，すべての人間は神の被造物であり，ひとしく神の救済に預かるべき存在であった。

これに対して，北米，特にニューイングランドに移住したイギリス人の主流は，カルヴァン派のプロテスタントであり，彼らは，神の救済を確信した各個人がいかにして信仰の純粋さを守り抜くかに強い関心を抱いていた。教会は神の救済に預かったしるしをもつ人々だけで組織されるものであり，それをもたないものは，白人であれ，黒人であれ，そして先住民であれ，教会員になれなかった。基本的に，先住民は教化の対象にはならず，また先住民の言語や文化に対しても大きな関心をもたれなかった。

アメリカの独立後も，白人と先住民の関係は緊張をはらんだままであった。新生の合衆国政府は先住民との大規模な戦争を避けようとしたため，彼らとの間に条約を結び，有償で土地を手に入れることにした。しかし，条約は時に無視され，しばしば先住民には遠く離れた不便な土地が認められるに過ぎなかった。不満に感じた先住民との武力衝突が頻発し，先住民が勝つこともあったが，基本的には白人側が力で圧倒していった。

ロヴィデンス植民地（のちのロードアイランド植民地）を拓いた。

入植と移民

北アメリカ大陸におけるイギリス系ヨーロッパ人の流入の特徴は，入植と定住を求めたことにある。例えば，中南米に進出したスペイン人・ポルトガル人の大多数は軍人であり，侵略と金銀財宝の略奪が主目的であった。支配が長期に及ぶにつれ，ようやく定住者も増加した。こうした軍主導の中南米諸国の侵略と異なり，北米では，まさに入植者自身が進んで移住したのであり，本国政府の関与は薄かった。

ピューリタンたちは，当時のイギリス社会においてまだ少数で異端であった。それゆえに彼らはイギリスで抑圧され，北米の地に逃れたが，そこでは自分た

ちの価値観に立脚した社会を構築することがかなりの程度可能であった。

　ヨーロッパではまだ小さな断片のような存在でしかなかった思想や勢力は，やや誇張していえば，北米大陸ではそれを阻む対抗勢力がさほど強力でなかったために，むしろ主流の思想ともなった。これを，かつて政治学者ルイス・ハーツは断片理論と呼んだ（ハーツ 1994）。中南米では本国の主流の思想と体制が移植されたが，このような移植による断片の主流化は，北米だけでなく，オーストラリア，ニュージーランド，南アフリカなどにおいてもみられた。ただし，世界史的な時差があるため，また政府と入植者の関係の違いによって，移植された思想や勢力は大きく異なる。中南米やケベックには絶対主義の思想が，北米には生まれたばかりの自由主義的な思想が，そしてオーストラリア，ニュージーランド，イギリス系南アフリカには 18 世紀から 19 世紀にかけて，やはり新しく誕生した労働者階級の思想が流れ込んだ。自由主義や労働者階級の思想は，出生地ヨーロッパでは，当時まだ一断片に過ぎなかったが，入植地では遮(さえぎ)る存在が強力でなかったために，主流の勢力ないし思想となることが可能であったのである。

---

3 「危機の時代」

連合規約

　イギリスからの独立を宣言したアメリカ植民地は，1781 年に連合規約を採択して，アメリカ連合を形成した。この規約によって，連合の名称はアメリカ合衆国と定められ，大陸会議は連合会議となった。各邦（もはや植民地ではなく，むしろ独立国家としての性格をもつ 13 の政治体については，日本語で慣例として「邦」という言葉を当てている）の主権は完全に存続することが認められていたが，宣戦，講和，条約，貨幣，郵便，借款，各邦間の紛争の調停などに関しては，連合会議が管轄権をもつものとされた。各邦は議決に際して各 1 票をもち，また重大事項の決定には 13 邦中 9 邦の賛成を要するとされた。連合規約の最大の特色は，連合会議が直接個々人に命令を下すことができず，その権限が邦にしか及ばなかったことであろう。その意味で，アメリカ連合は文字通り独立諸邦

の同盟であり，十分な権限を備えた中央政府はまだ存在していなかったといってよい。

　連合会議が，統一国家の中央政府ならば当然に保持しているはずの課税権や通商規制権をもたなかったことは，多くの困難な問題を引き起こした。まず，課税権の欠如は政府の財政状態を著しく悪化させた。連合会議は独自の財源を確保するため，輸入税を徴収する権限，あるいは通商規制権限を認めるように各邦に要請したが，賛成は得られなかった。

　連合会議の無力に加えて，各邦政府も安定した社会秩序を作り出すことに成功しなかった。うち続いた戦争とその後の不況とは，小農民を中心とした多くの債務者を生み出すことになり，債権者と債務者の対立は，当時の各邦議会における主要な対立の一つであった。1786 年には，不換紙幣を発行して債務者の利益を守ろうとする勢力が，7 邦において議会の過半数を制していた。逆に，債務者の側に立つ勢力が議会の多数を得ることができず，債務者が他の州よりも不利な立場に置かれていたマサチューセッツでは，1786 年に多くの債務者が参加したシェーズの反乱が起こった。この時期は「危機の時代」と呼ばれる。

憲法制定過程

　合衆国憲法制定の直接の要因はシェーズの反乱であったとされる。その背景には，小農民・債務者層と商工業者・債権者層との間の対立激化があった。各邦の議会において小農民を基盤とする急進派が多数を占め，紙幣の増発などのインフレーション政策，あるいは債務返済の猶予を実施したことは，債権者の利益や権利を著しく損なうものであり，経済秩序を不安定にした。強力な中央政府が存在しないことに起因する通貨制度の統一の欠如や貿易規制の無力化は，商工業者の富の追求を困難にしていた。そのため，債権者や商工業者は強力な中央政府の樹立と，それに必要な憲法の制定とを熱望していたといえる。

　しかし，合衆国憲法の制定が単にこうした特定勢力の利益にとってのみ必要であったとみることはできない。連合の時代のアメリカは，連合会議の無力さゆえに，対内的にも対外的にも広範にして深刻な危機に直面していたのである。

　1787 年 5 月にフィラデルフィアで開かれた合衆国憲法制定会議は，まず連合規約改定のための会議として招集された。これは，そもそも憲法案の起草た

図 1-3　独立直後のアメリカ（1787 年）

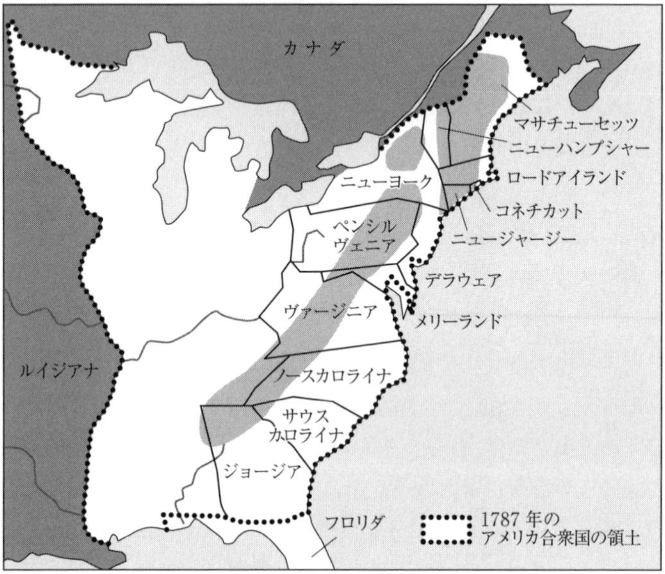

カナダ

マサチューセッツ
ニューハンプシャー
ロードアイランド
コネチカット
ニュージャージー

ニューヨーク

ペンシル
ヴェニア

デラウェア

ヴァージニア

メリーランド

ルイジアナ

ノースカロライナ

サウス
カロライナ

ジョージア

フロリダ

1787 年の
アメリカ合衆国の領土

［出所］　阿部・加藤・久保 2005：29 をもとに作成。

るものは，議会とは異なった機関，しかも憲法案の起案という目的だけのために選出された代表から成る機関でなされなければならないとする観念に基づいており，憲法制定権と立法権とを明確に区別する発想に基づいていたといえよう。会議は 5 月 25 日から 9 月 17 日までの 3 カ月有余にわたる審議によって，憲法草案の確定に成功した。

　この間，審議の対象になったのは，集権的傾向の強いヴァージニア案と分権的傾向の強いニュージャージー案であった。ヴァージニア案は，新たに設立される中央政府に「ナショナル」な性格を与えることを提案し，三権分立制，二院制，立法部への強力な権限の付与をその主な骨子としていた。これに対して，ニュージャージー案は，連合規約を骨格として残し，連合会議の権限強化と連邦行政部および連邦司法部の設置により，危機に対処しようとするものであった。その特色は，行政部の首長に関しては複数制がとられ，拒否権を認めていないこと，また，立法部は連合会議の構成を踏襲しており，各邦一票主義による一院制が提案されていたことなどにあった。

合衆国憲法の内容

　憲法制定会議における審議の結果，結局はヴァージニア案を基礎とする草案が作成された。その主な内容は次の通りである。まず立法部については，二院制がとられ，下院議員は各邦の人口に比例して国民の直接選挙によって選出されるのに対して，上院議員は各邦平等に2人ずつ邦議会によって選出される。下院議員は全員が2年ごとに改選されるのに対し，上院議員は任期6年で3分の1ずつ2年ごとに改選される。両院の権限は原則的には対等であるが，下院には歳入法案の先議権が与えられ，上院には官職任命同意権と条約批准同意権が与えられる。

　大統領は任期4年で，間接選挙で選ばれる。すなわち国民は，まず各邦ごとに大統領選挙人を選び，次いで大統領選挙人団が大統領を選出する。大統領は議会に直接に法案を提出することはできないが，教書を送って必要な立法を勧告することはできる。また，大統領は議会が可決した法案を，理由を付して議会に送り返すことができるが（拒否権），上下両院が3分の2以上の多数で再可決すれば，大統領はもはや拒否権を行使することはできない。

　連邦最高裁判所の裁判官は，大統領によって任命されるが，終身官であり，その職務に対する報酬は在任中減ぜられることはないとされている。最高裁判所の法令審査権は，憲法上明文をもって定められてはいないが，憲法起草者たちは裁判所が法令審査権を行使しうるものと考えていたように思われる。いずれにしても，それは1803年の「マーベリー対マディソン」判決において，連邦最高裁判所のジョン・マーシャル長官によって確立されることになる。

　合衆国憲法は，その草案が確定されるまでに，さまざまな妥協を経て成立した。それがしばしば「妥協の束」といわれる理由である。連邦議会を上下両院に分かち，下院の議席は各邦の人口に比例して配分されるのに対し，上院の議席は各邦平等に配分されることにしたのは，大邦と小邦との間の妥協の結果であった。しかし，より大きな妥協は中央集権を主張する保守派と，各邦に多くの権限を残すことを主張する急進派との間の妥協であろう。ただし実際には，急進派は憲法制定会議に代表を送っていなかった。制定会議に出席した人々は，大体において強力な中央政府を設けることに同意していたといってよい。

　しかし，憲法を成立させるために結局は反対派の同意を得て批准を勝ち取る

ことが必要であった，すなわち，多数の邦の同意を獲得する必要があるからに
は，制定会議のメンバーも急進派の動向を考慮に入れざるをえなかった。その
結果，なるほど中央政府は実現されたが，それをきわめて限定された権力しか
もたない政府として正当化しなければならなかったし，統一国家が形成された
にしても，連邦制という形で各邦の権限は可能な限り保持されるものとなった
のである。

　実は憲法制定過程における最大の妥協は，南部における黒人を，南部の人口
にどの程度算入するかをめぐって結ばれていた。これは下院議員の各邦への配
分と関係していた。下院議員数は，人口に基づいて各邦に比例配分されること
になったが，南部では人口の少ない州が多く，なおかつ黒人人口は南部人口全
体の約3割を占めていた。そこで南部は，黒人奴隷も南部の「人口」に加える
よう要求したのである。むろん，これは彼らが投票できることを全く意味して
いない。北部諸邦代表は当初抵抗したが，統一国家を発足させることを優先さ
せ，最終的には譲歩した。それが「5分の3条項」といわれるものであり，要
するに黒人1人を0.6人と数えるという妥協であった。北部はこのような妥協
をしないと，南部が合衆国に加わらないのではないかと恐れたのである（この
結果，南部白人の1票の価値は北部白人より大きいものとなった）。

　ところで，憲法草案は制定会議で可決承認された後，各邦の審議に付され，
13邦中9邦の批准を経れば成立するものと定められていた。各邦においては，
憲法案を審議するための邦会議が設けられ，その代表は各邦の有権者によって
特別に選挙された。各邦における批准の経過をみると，5邦は早くも1788年1
月までに憲法案を批准している。マサチューセッツでは同年2月に至り，「権
利宣言」追加を条件としてようやく承認を得た。この権利宣言に関しては，
1791年にジェームズ・マディソンらの努力によって，憲法修正10ヵ条として
結実することになる。そして6月3日にさらに3邦の承認をみるに及んで，憲
法の発効に必要な9邦の批准が得られ，ここに新国家が誕生した。ヴァージニ
アとニューヨークは，やや遅れて批准した。

　ニューヨークでは反対論が強力であったが，それに対して，憲法案を支持す
る勢力の先頭に立ったのは，アレクサンダー・ハミルトンである。彼は，マデ
ィソンおよびジョン・ジェイとともに，ニューヨークの新聞に85篇に及ぶ憲

法擁護論を執筆した。これらの論稿を集めたのが『ザ・フェデラリスト』であり，それはアメリカ合衆国憲法の最良の注釈書とされてきただけではなく，政治学の古典の一つになっている（ハミルトンほか 1999）。

4　アメリカ合衆国建国の特徴

13 の主権国家

しばしば誤解されているのが，連合規約体制下のアメリカの性格である。すでに統一国家であったという説明もしばしばなされる。たしかに，先に述べたように，宣戦，講和，条約，貨幣などに関しては連合会議が管轄権をもっていたし，連合会議はイギリスから獲得した北西部領土（テリトリー）も管理した。しかし，主権はあくまで 13 の邦それぞれにあり，連合会議は強制力をもって，個人あるいは個々の邦の行動を規制することはできなかった。基本的には，1776 年 7 月 4 日には 13 の独立が存在したと理解すべきである。

ひとたび主権国家となった政治体にとって，一部であったとしても，主権を譲り渡すことは容易でない。しかし，アメリカ合衆国建国に至る道は，憲法制定者たちがそれを提案し，各邦がそれを自発的に受け入れていく過程であった。しかも，それは基本的に説得と交渉によっており，武力による威嚇は皆無であったことに注目しなければならない。それが，1868 年の明治維新，1861 年のイタリア王国統一，あるいは 1871 年のドイツ帝国統一などとの大きな違いである。

時代も状況も全く異なるが，極端な比喩を使えば，アメリカ合衆国建国の過程は，主権国家が，交渉を通じて自主的に主権の一部を上位の政府に委任するという点で，現代の欧州連合（EU）成立の過程に似ている（むろん，現時点では，アメリカ合衆国と異なり，EU は主権国家としての性格をもつところまで到達していない）。

なお，憲法制定というと，日本ではすでに国家が存在しており，それを前提にして憲法を制定するといった状況を想像しやすいが，アメリカにおいては，アメリカ合衆国という新国家の発足と連邦憲法制定は同一行為であり，個々の

邦の側からみれば，憲法を批准することは，アメリカ合衆国という新しい国家
に加わる決断を下すことを意味していた。

民主主義と共和主義

18世紀末のアメリカでは，「民主主義」という言葉はまだ肯定的な意味を与
えられていなかった。新政府樹立を推進した指導者は，例えば「民主主義の過
剰（excess of democracy）」，あるいは「多数の専制（tyranny of majority）」とい
った表現を使って，1780年代に多くの邦でみられた立法部優位かつ小農民主
導の政治状況を批判した。民主主義には数に任せた暴民の支配というニュアン
スとともに，直接民主主義的な政治手法も含意されていた。邦議会で優位に立
っていた人々は概して，上位に新しい政府をつくることに反対であり，連合規
約体制の維持ないし改善で十分と考えていた。

それに対して，憲法制定者がめざしていたのは，教養と財産をもち，狭い私
益を離れて広く公共の利益を考え，行動するだけの経済的自立と余裕をもった
社会的なエリートによる統治であった。これは共和主義といわれた政治思想で
あった。

前者は農民を代表として債務者を多く抱えていたが，後者は基本的に債権者
の集まりでもあり（その意味では彼らも「私益」と無縁でなかった），彼らは強力な
権限を与えられた中央政府をもつ新しい国家の建設を望んでいた。

ただし，当時のアメリカ社会において保守派に属していた彼らも，決して君
主主義者ではなかった。ここがヨーロッパとの違いである。彼らの課題は，急
進的小農民のような多数派を握る「党派（faction）」より起こる危険性から公共
の福祉や個人の権利を擁護し，なおかつ同時に人民の意志に立脚した政治
（popular government）の精神と形態を確保すること」であった（『ザ・フェデラ
リスト』第十篇）。最終的には人民の意志に拠りながらも，一時的な多数派の意
見に左右されない政治が確保される（すなわち通常の意味での民主主義を抑制でき
る）制度的枠組みを構築する。これがいかに困難な課題であるかは，容易に想
像できるだろう。

具体的には，邦政府から，とりわけ邦の立法部から貨幣発行や信用制度など
についての立法権を取り上げ，それを上位の政府に移すこと，さらにその上位

の政府において，立法部を牽制^{けんせい}ないし抑制する制度を導入することであった。
これは，立法部から独立した大統領による拒否権，あるいは連邦最高裁判所に
よる違憲立法審査権として実現する。さらに，マディソンによれば，共和国の
規模が拡大すればするほど多様な利益を包み込むことになり小農民など，特定
の党派や利益が支配的になる可能性が低くなる。だからこそ，13 の邦が一緒
になり，一つの大きな政治体をつくることそのものが，上記の困難な課題に応
える方法なのであった。

　ちなみに，イギリスの植民地時代に多数存在した君主制論者は，アメリカ革
命成功後にイギリスに帰るか，カナダに逃れた。ヨーロッパのほとんどの国で
は君主制が実践されている中，アメリカ合衆国では君主制支持者は政治勢力と
してはほぼ完全に消滅した。それに対して，独立宣言にもその影響がみてとれ
るジョン・ロック的な自由主義的思想は，アメリカにおいて圧倒的な影響力を
発揮することになる。アメリカ政治の軸は，同時代のヨーロッパと比較すると，
自由主義の方向に大きく傾斜していた。

◆ 引用・参考文献

　阿部齊・加藤普章・久保文明 2005『北アメリカ——アメリカ・カナダ〔第2版〕』
　　（国際情勢ベーシックシリーズ⑧）自由國民社。

　ウェーバー，マックス／大塚久雄訳 1989『プロテスタンティズムの倫理と資本主
　　義の精神』岩波文庫。

　クレヴクール／秋山健・後藤昭次・渡辺利雄訳 1982『クレヴクール——アメリカ
　　農夫の手紙』（アメリカ古典文庫2）研究社出版。

　齋藤眞 1995『アメリカとは何か』平凡社ライブラリー。

　ハーツ，ルイス／有賀貞訳 1994『アメリカ自由主義の伝統』講談社学術文庫。

　ハミルトン，A.＝J. ジェイ＝J. マディソン／斎藤眞・中野勝郎訳 1999『ザ・フェ
　　デラリスト』岩波文庫。

　ペイン，トマス／小松春雄訳 2005『コモン・センス他 三篇』岩波文庫。

　Franklin, Benjamin 1782, *Information to Those Who Would Remove to America.*

　Hartz, Louis ed. 1964, *The Founding of New Societies*, Harcourt, Brace & World.

第2章 民主主義の民主化と内戦

⬆アンティータムの戦い後に，グラブ農園に立つリンカン（中央）と参謀たち（1862 年 10 月 3 日，撮影：アレクサンダー・ガードナー）。

　建国の時点で，すでに同時代の他の国々よりも相当民主的であったアメリカは，19 世紀前半，さらに民主化されることになった。特にジャクソン大統領期には，普通選挙が全国で普及し，また官僚制には官僚の特権化を防ぐ猟官制が導入された。外との関係では，アメリカは 19 世紀前半，西への膨張を続けることになる。テキサス，カリフォルニアなどを獲得し，その版図は太平洋岸にまで達した。
　そのようなアメリカにとって最大の試練は，黒人奴隷制を擁する南部と北部の対立であった。それは結局，凄惨な内戦である南北戦争をもって決着がつけられることになった。黒人奴隷制は廃止され，アメリカはその後，北部主導で発達した。

1　ジャクソニアン・デモクラシー

ジャクソン台頭

　初代大統領ワシントンから第6代大統領ジョン・Q. アダムズまで，6人の大統領はすべて名望家といわれる社会的有力者であり，連邦政府を構成する官吏もほぼ名望家たちであった。ハミルトンの表現を借りれば，アメリカ合衆国は「豊かで生まれのよい者（rich and well-born）」によって統治されていた。合衆国憲法を制定した目的の一つは，各邦にみられた「民主主義の過剰」を抑制することであったが，建国の父祖の目的は当初見事に達成されていた。

　しかし，第7代大統領になったアンドルー・ジャクソンは，前任者と異なる出自をもっていた。彼は貧しい移民の子として生まれ，12歳のときにすでに独立戦争に参加している。テネシー州のナッシュヴィルで弁護士を開業したが，高い学校教育を受けたことはなかった。彼は1796年にはテネシー州選出の下院議員に選出され，次いで上院議員からテネシー州最高裁判所の長官になった。1815年には，ニューオーリンズの戦闘でイギリス軍に大勝して全国的にその名が知られるようになった。彼は西部人の典型とみなされ，支持者から高く評価されていた。

　これに対して，1820年代のジャクソンの政敵アダムズは，パリ，アムステルダム，ライデン，ハーグなどの大学で学んでおり，西欧文明に強い親近感を抱いていた。第2代大統領の子である彼は，ジェントルマン的エリートの典型であった。そのため，大統領選挙ではこうした対比が徹底的に利用された。ジャクソン派の人々は，この選挙戦は，「書くことのできるアダムズと戦うことのできるジャクソンとの争い」，あるいは「ジャクソンが法を作り，アダムズがそれを引用する」といったスローガンを用いた。

1828年大統領選挙

　ただし，ジャクソンの大統領への道は平坦でなかった。1824年の大統領選挙では，ジャクソンとアダムズのほかに，2人の政治家が立候補しており，ジャクソンは最多数の得票と選挙人を集めたにもかかわらず，選挙人の過半数を

獲得できず，当選者の決定は憲法の規定によって下院に持ち込まれた。そこで大統領に選ばれたのは，アダムズであった。

　しかし，1828 年の選挙でジャクソンはアダムズを破り，ついに大統領の座を手にした。ジャクソン派が大勝した理由には，次のような要因が挙げられる。

　第 1 に，普通選挙制の普及である。アメリカでは，選挙権は各州の立法によって定められるので，普通選挙制の実現も州によって時期が異なる。すでに 1800 年に，ニューハンプシャー，ヴァーモント，ペンシルヴェニア，ノースカロライナ，ジョージアなどの州では，選挙資格に対する財産制限は撤廃されていたが，その後も拡大した。この動向が，支持基盤が下層国民であったジャクソンを有利にした。ちなみに，1830 年になると普通選挙制を認めていない州のほうが例外的となった。そして，おおよそ 1830 年代にはアメリカ合衆国全土で，（多くの場合 21 歳以上の）成年白人男子普通選挙制が実現したのである。

　第 2 に，ジャクソン派が反アダムズ政権の諸グループの組織化に成功したことである。普通選挙制の実現とともにそれまでのアメリカ政治を支配してきた名望家は徐々に後退し，それに代わって有権者の組織術に長じた職業政治家（ポリティシャン：名望家の義務として政治に従事するのでなく，利益・生計を得るために政治家となっている人々）が台頭した。ジャクソン派の勝利を可能にしたのは，こうした職業政治家をジャクソン支持に向けて組織化したことであった。

ジャクソンの政策

　ジャクソンがまず手がけたことは，官職交替制，すなわち徹底した猟官制の実現であった。彼は 1829 年 12 月，議会に第 1 次年次教書を送り，その中で，官職の任期をすべて 4 年に限り，官吏層の固定化を打破することを求めた。ジャクソンの主張は大体次の 2 点に要約できる。第 1 に，政府が真に民衆のものであるためには，官吏の在任期間を短くして，常に民衆の統制が及ぶようにしなければならない。第 2 に，官職の内容は簡単なものであり，誰もがその責務を果たす資格をもつのであって，特定の人々のみがその資格をもつのではない。こうした論理に基づき，ジャクソンは，国民多数の支持を得て当選した大統領は当然に官吏を交替させうるものとしたのである。

　このジャクソンの要求は，同時に政党の側からの要求でもあった。かつての

名望家に代わって新たに登場してきた職業政治家は，まさに政治によって生きる人々であったから，当然に報酬を要求した。この報酬の一部として役立てられたのが，大統領による官職の配分であった。すなわち，大統領選挙で勝利を占めた党派は，その勝利の報酬として，官職の配分を受けるのである。このように官職が獲物として扱われるところから，この方式は猟官制＝スポイルズ・システム（スポイルズは獲物の意。「獲物は勝者の手に」という言葉から始まった）と呼ばれ，その後長期にわたって，アメリカの政党が全国的組織化を進めるための有力な武器となった。

　ジャクソンはまた，第2合衆国銀行の特許状更新に拒否権を発動した。1791年に設立された第1合衆国銀行は，1811年の特許状期間満了とともに廃止されたが，16年に再び第2合衆国銀行が20年の期間をもって設立された。第2合衆国銀行は，基本的には，アメリカ経済の健全な発展に貢献したといわれているが，その健全通貨・信用収縮政策は，通貨信用の拡張を望む南部・西部の農民に強い不満を抱かせた。また，その特権的地位は，地方銀行，特に南部・西部の地方銀行に反感を引き起こしていた。1832年，連邦議会は合衆国銀行の要望に応じて，特許状をさらに20年間更新する法案を可決したが，これに対しジャクソン大統領は拒否権を発動した。これ以降，アメリカは1913年に連邦準備制度ができるまで，中央銀行不在となった。

　こうして，この時期，支持基盤も政策も，大きく民主化の方向に転換した。ジャクソン大統領が在任したこの時期のアメリカ政治は，しばしばジャクソニアン・デモクラシーという。

リンゴ酒選挙

　1840年の選挙で，ジャクソンの反対派であったホイッグ党は，大統領候補にウィリアム・ハリソンを指名した。この選挙戦こそ，史上「リンゴ酒選挙」として有名なものである。この選挙において，ホイッグ党が用いた宣伝の手段は，1828年にジャクソン派（民主党）が用いたものと全く同一であった。ホイッグ党は貴族的政党だという民主党の宣伝に対抗するためにも，ハリソンの庶民性を強調しなければならなかった。ホイッグ党はハリソンを丸太小屋に住む素朴な農夫として宣伝し，庶民の飲み物リンゴ酒を各地で大量に振る舞った。

またホイッグ党は，機関誌をわざわざ『丸太小屋』と名づけ，名望家的エリートであったヘンリー・クレイも，選挙の争点は丸木小屋対大邸宅，リンゴ酒対シャンパンであると演説した。

選挙の結果は，無名の挑戦者ハリソンが，現職のマーチン・ヴァン・ビューレンを破って大統領に当選した。それは，いわばエリートを中核的支持者とするホイッグ党もまた，コモン・マン（庶民）信仰を受け入れたことを示すものであった。

2　19世紀アメリカの国家と社会

民主主義の民主化

イギリスでは19世紀を通じて激しい普通選挙権獲得運動が展開されたが，それでもその実現は20世紀に入ってからであった。イギリスの成年男子についていえば，投票権を得ていたのは，1832年の選挙法改正後で5人に1人，85年の改革後でも5人に3人に過ぎなかった（Katznelson 1985）。すでにみたように，アメリカでは1830年代には白人成年男子については，ほぼ普通選挙となった。

大統領選挙の実施方法も，この頃変化した。それまで州議会あるいは一般有権者の投票で一人一人個別に選出されていた大統領選挙人は，1820年代頃から，政党が各州に割り当てられた数と同数の大統領選挙人を，当初からパッケージとしてひとまとめにして用意するようになった。この方式のもとでは，有権者は政党が用意したパッケージに，すなわち当該政党が擁立した大統領候補に直接投票するのとほとんど同じことになる。この結果，大統領選挙人による投票は著しく形骸化し，大統領選挙はもはや間接選挙でなく，実質的には国民による直接選挙となった。統治の実権をもった国家元首を，普通選挙かつ直接選挙で選出する国は，同時代にはほかにほとんど存在しなかった。

さらに，猟官制の導入によって官吏の職も多くの国民に開放されることになった。建国当初からすでに相当民主主義的であったアメリカの政治は，1820年代から30年代にかけて，いっそう民主化されたのである。

希薄な連邦政府

すでに述べたように，合衆国憲法によって州政府から連邦政府に与えられた権限はわずかであった。建国から20世紀初頭に至るまで，連邦政府が実際に遂行した国内政策も，国内交通網の整備，補助金の分配，郵便，関税，公有地の処分など，ごく少数であった。

厳格な三権分立制のもと，連邦行政部は当時，法案の準備・作成などにおいてもわずかな役割しか演じられず，独立性の強い立法部（連邦）議会が制定した法律の忠実なる執行者にとどまっていた。

新たに発足した連邦行政部の規模も小さかった。国務省は建国当初，特許や貨幣鋳造まで担当していたが，それでも1789年発足時点で長官を含めて6人しか本省におらず，1801年になっても職員数は9人であった。同年，本省では陸軍省に18人，郵政省に10人の職員が置かれていたのみであり，本省勤務職員の総数は130人に過ぎなかった。

このように，権限も規模も当初から小さかった連邦行政部は，すでにみたように，ジャクソン期の猟官制の導入によって，政治的にさらに弱体化した。

アメリカにおいて，大統領選挙で勝利した政党の幹部が公務員の採用・昇進を情実で決定するという猟官制が大々的に導入されたことは，この地で，ヨーロッパの特権的な官僚（元来は家産官僚で，君主に仕える私的な家臣団であった）とは，きわめて異なる官僚が誕生したことを意味していた。ある意味で，猟官制は官僚の専門的能力をほとんど重視せず，民主主義の論理を官僚制の中にそのほぼ限界まで導入したものであるといえよう。

マックス・ウェーバーはアメリカでの体験について以下のように書いている。なぜ無能な人々を役人にしておくのかをアメリカ人に尋ねたところ，「あんた方のお国のように，こっちをなめてかかったお偉い官員さまよりも，こっちでなめてかかれる連中を役人衆にしておく方がこっちも気が楽なのさ」という答えが返ってきた（ウェーバー 1980：68）。アメリカ独特の「役人観」が，ここによく表現されている。

「弱い国家」における強い政党

アメリカの政治学者の一部は1980年代から，アメリカの連邦政府の特徴を

語る際に、「弱い国家（weak state）」という概念を使用するようになった。この場合の国家とは、領土・国民・主権をもつ国家のことではなく、社会との対置で理解される国家を意味しており、統治あるいは支配の制度・機構としての性格が強い。政府と意味内容が重なる部分も少なくない。

　19世紀のフランスや1871年に統一された後のドイツなどでは、支配する機構としての国家と、支配される側の社会の分離は明確である。しかし、アメリカではその関係はより連続的であり、そのあり方はかなり異なっていた。アメリカの国家は「国家なき国家（stateless state）」と呼ばれることすらある。

　すでにみたように、ジャクソン期以降、大統領は、普通選挙によって国民からほぼ直接選ばれるようになった。軍隊は小規模であり（→3章）、警察などの治安機構は連邦政府には存在せず、州政府の管轄であった。猟官制の結果、行政部に長く居座る特権的官僚は存在しなくなり、選挙で勝利した政党によって、その人事権は支配されていた。政権交代のたびに、役人は上から下まで頻繁に交代を余儀なくされた。

　これまでみたように、連邦行政部に与えられた憲法上の権限もきわめて限定されていた。なおかつ、19世紀においては、南北戦争期を例外とすると、全体として連邦政府の中では連邦議会がきわめて強い権限を発揮していて、議会こそが連邦政府における主役であった。

　その議会で強い影響力をもったのが、政党であった。建国当初はフェデラリスト党とリパブリカン党が政権を争ったが、1800年の大統領選挙で後者が勝利し、その後、フェデラリスト党は衰退し、リパブリカン党の圧倒的優位の時代となった（1810年代以降、政党対立が消滅したことから、「好感情の時代」と呼ばれる）。

　ちなみに、1800年の大統領選挙は新生の共和国であるアメリカ合衆国にとって、初めての本格的政権交代であった。これを平和的に成し遂げたことで、アメリカ民主主義および共和政の基盤が固まった。すなわち、憲法の規定通りの、選挙による政権交代が軌道に乗ったのである。

　ところで、1820年代半ばからリパブリカン党は、ジャクソンを支持する集団と、それに対抗する集団に分裂した。前者は民主党と名乗り、後者は自らをホイッグと称した（民主党は、今日の民主党につながっていく）。

アメリカの2大政党は，有権者の中に根を張り，連邦議会選挙にせよ大統領選挙にせよ，政党の支持なしではきわめて当選が困難な状況を作り出した。政党は，議会内ではもちろんのこと，大統領に対しても，そしてさらには官僚制に対しても，選挙や人事を通じて強い影響力を及ぼすに至っていた。

　アメリカの政府が「弱い国家」あるいは「国家なき国家」と呼ばれた理由の一部は，このように行政部に対して議会が優位に立っていたこと，そして議会は政党を通じて社会（市民，社会運動，そして利益団体）を強力に代表していたことにある。

3　初期アメリカの外交と膨張

2つの道

　建国当初のアメリカ合衆国では，自国の将来の方向性について2つの相対立する見解が存在した。一つは農業立国論的な考え方であり，アメリカはその豊かな土地空間を利用して農業国として，また農民の国として発展していくべきだと主張した。もう一つは通商立国論的な考え方であり，アメリカは商工業の発展を重視すべきであると主張した。前者は南部や西部の農民に，後者は東部沿岸都市の商工業者に支持された。前者の見解をもつ代表的政治家はジェファソンであり，後者のそれは財務長官を務めたハミルトンであった。

　ただし，この2つの見解の間にはいわば体制論的，イデオロギー的相違も存在した。ジェファソンは，共和政体を採用し，ヨーロッパと比較して大きな貧富の差もないアメリカは，君主制で大都市の腐敗にまみれ，貧困が蔓延するヨーロッパとは異なる道を歩むべきであると考えた。農業社会であり続ける限り，その社会は健全で平等なままであると彼は信じた。他方ハミルトンは，ヨーロッパ，特にイギリスをより先進的な社会とみなし，それに追いつき，追い越すために，アメリカも商工業の発展に最大限努力すべきであると考えた。

　1789年からの12年間のフェデラリスト党の政権下では，商工業利益に傾斜した政策が採用された。それが明確に示されているのが，1791年に議会に提出された「製造業に関する報告書」であり，ここでハミルトンは移民の奨励や

保護関税政策などを提唱した（ハミルトン 1990）。

　1800年の大統領選挙で当選したジェファソンによるリパブリカン党の政権
は，基本的に南部のプランター（プランテーションの経営者）と西部の農民層を
基盤とした農業利益を代表していた。はたして，この後，アメリカは北米大陸
に広大な領土を獲得して巨大な大陸国家に発展していく。

モンロー・ドクトリン

　独立後アメリカは一転して，ヨーロッパの国際政治にかかわることを避けよ
うとする孤立主義的態度をとるようになった。その外交思想は，初代大統領ワ
シントンの告別演説の中で明確に述べられており，1823年，第5代大統領ジ
ェイムズ・モンローによって，モンロー・ドクトリンとして定式化された。そ
の背景には，幼弱な独立国アメリカをヨーロッパ列強の侵略から守ろうとする
現実主義的な配慮があった。アメリカはフランスの助力を得てようやくイギリ
スからの独立に成功したのであり，ヨーロッパ列強の侵略を独力で防衛するだ
けの軍事力はもっていなかった。そこで，アメリカはヨーロッパの国際政治に
かかわらないことを宣言するとともに，ヨーロッパ諸国もアメリカ大陸の問題
にはかかわらないよう求めた。その意味で建国初期の孤立主義は，現実主義的
な側面を有していた。

　しかし，アメリカの独立が確固たるものになっても，孤立主義は消滅しなか
ったばかりか，その意味を変えて存続することになる。すなわちアメリカの孤
立主義は，「文化的に純粋無垢で健康な」新世界アメリカを，「腐敗堕落した」
旧世界ヨーロッパから隔離しようとする発想をもつようにもなった。こうした
転換が起こったのは，おおよそジェファソンからジャクソンの時代にかけてで
あったといってよい。王室のもとでの権謀術数外交，権力外交，あるいは頻繁
な戦争などに対してアメリカ人は強い違和感を抱いた。こうして孤立主義は，
アメリカ的価値を防衛するという高度にイデオロギー的な役割をもつことにな
る。そして，ここにその後のアメリカ外交の最も重要な特徴ともいうべきイデ
オロギーの優位が確立される出発点があった。

　ただし，この孤立主義は，アメリカがヨーロッパ以外の地域に対して関心を
もたなかったことを意味するものではない。むしろ，アメリカは南北両アメリ

カ大陸やアジアの諸国に対して，膨張主義と呼んでよいほどの積極的な関心を
もっていた。

反常備軍のイデオロギー

　このような，ヨーロッパとの相違に対する強烈にして尖鋭な意識は，常備軍
に対してアメリカ人が抱いた態度にも及んでいた。すなわち，アメリカ人は建
国期から20世紀に入るまで，常備軍に対して懐疑的な態度を取り続けていた。

　その最大の理由は，植民地時代に宗主国イギリスの常備軍によって，アメリ
カ人がたびたび痛めつけられたことによる。有名な独立宣言のあまり有名でな
い後半部分に，イギリス国王ジョージ3世が議会の承認なく平時に大規模な常
備軍を植民地に駐留させ，また軍を文民の権力から独立かつ優越させたことに
ついての告発が記されていることからも，植民地人が常備軍に抱いた強い敵意
をうかがうことができる。

　もう一つの理由は，独立戦争における勝利はワシントンが率いた正規軍では
なく民兵によってもたらされたと，多くのアメリカ人が信じたことである。実
際は正規軍の貢献度のほうがはるかに大きかったが，「民兵による勝利」は，
その後初期アメリカ史における揺るぐことのない神話となった。さらに，慢性
的に労働力不足のアメリカにおいて，軍隊は無用の長物であるとみなされた。
これに，1812年から14年まで行われた英米戦争後のアメリカの国際環境が理
由として加わる。ヨーロッパは南北アメリカ大陸に介入する余力をそれほども
たなくなり，アメリカは，ある意味で3000マイルに及ぶ巨大な大西洋という
無償の安全保障（free security）を手に入れることになった。

　陸軍は先住民インディアンとの戦いのために一定程度必要とされ，実際に彼
らを圧倒する力をもったが，同時代のヨーロッパ列強と比較すると，海軍とも
どもいずれも小規模であった。このようなアメリカにおける軍のあり方が徐々
に変化するのは，19世紀末になってからのことであった（→ *Column* ⑤）。

「明白な運命」

　きわめて軽武装でありながら，アメリカの19世紀前半における領土拡大に
はめざましいものがあった。18世紀の末にアメリカが独立したとき，アメリ

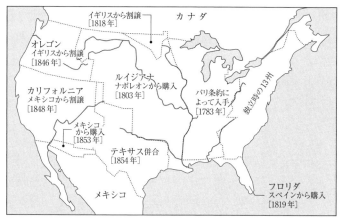

図2-1　アメリカ合衆国の拡大

［出所］　阿部・加藤・久保 2005：47 をもとに作成。

カの地理的な範囲は大西洋に沿った 13 州に限られていた。内陸部の一部は，連邦政府の直轄地（テリトリーと呼ばれた）であったが，ほかに先住民が居住していた地域やメキシコの領地が広く存在していた。しかし，アメリカは先住民を排除し，メキシコの領土を併合しながら大西洋から太平洋に向かって領土を拡大し，19 世紀の半ばには，太平洋に至る大陸国家を作り上げる。ニューヨークのジャーナリスト，ジョン・オサリヴァンは，「神によって与えられたこの大陸にわれわれが拡大する」ことを「明白な運命（manifest destiny）」と呼んだが，それこそアメリカの膨脹主義の典型的な表現であった。

　ジャクソニアン・デモクラシーの時代は，膨脹主義が対外的に表面化した時期でもあった。ジャクソン派の政党である民主党は，1840 年の選挙でホイッグ党に敗北した後，44 年の選挙にジェイムズ・ポークを候補に立てて勝利を収めた。ポークは，「54 度 40 分か戦闘か」の好戦的なスローガンを掲げて勝利したが，このスローガンの意味は，暫定的に米英共有になっていたオレゴン地方について，北緯 54 度 40 分まで，すなわち全オレゴンをアメリカ領として認めよということにあった。このオレゴン問題は，結局 1846 年に北緯 49 度で折半するというイギリスの提案を受け入れることで解決された（当時すでに，メキシコとの戦争に入っていたアメリカは，イギリスと紛争を起こすことを望まなかっ

た）。

　ポークが，オレゴン問題と並んで公約に掲げていたのは，テキサスの併合で
あった。テキサスは元スペイン領で，メキシコの独立後はメキシコ領であった
が，アメリカ人移住者が増えるとともにメキシコに反旗をひるがえし，
1836年に独立を宣言した（「一つ星の共和国〈Lone Star Republic〉」）。テキサス人
は合衆国への併合を望み，結局ポークが大統領に就任する直前に，テキサスの
併合が実現した（1854年）。ポークは，オレゴン，テキサスに加えて，カリフ
ォルニアをも領土に加えることを望み，メキシコに売却を求めたが拒否された。
しかし，1846年にテキサスの境界線紛争に端を発して，米墨戦争が勃発した
ことは，カリフォルニアの獲得を望んでいたポークにとっては絶好の機会とな
った。この戦争に屈服したメキシコは，1848年のグアダルーペ・イダルゴ条
約でアメリカにカリフォルニア地方とニューメキシコ地方を割譲した。こうし
て，カリフォルニア地方はアメリカの領土になったが，その直前この地方で金
が発見され，アメリカの西部は空前のゴールド・ラッシュの時代を迎えた。

　北米大陸におけるアメリカ合衆国の領土拡大は，これまでみたように，そこ
に軍事的側面が存在したことは否定できない。ただし，その後の統治のあり方
については，やや特異な方法によって遂行された。まず，西部の領土はすべて
連邦政府の所有となる。一定の基準を満たした場合，当該地域は準州としての
地位が与えられる。さらに要件を充足し，連邦議会によって認められれば，州
に昇格できる。ただし，合衆国憲法の規定によって，州は共和政体を採用しな
ければならない。すなわち，住民による自己統治を実践できなければ州になれ
ない。

　要するに，アメリカ合衆国の西部への膨張は，共和国と共和政の拡大でもあ
った。この点で，アメリカの膨張は，力の論理に基づいた，過去の多くの「帝
国」拡大の論理と異なる。この特異性は，例えば住民の圧倒的多数が黒人であ
るキューバをめぐる併合論とその反対論からもうかがうことができる。19世
紀半ば，アメリカにとって軍事的にはキューバ獲得がそれほど困難ではなくな
ったものの，住民の自己統治が可能か，あるいは白人が支配すべきか，しかし
その場合，その統治形態は共和政といえるのか，そして共和政は臣民をもちう
るのか，などの問題に逢着していた。

4 南北戦争

前　史

　アメリカの南部諸州と北部諸州との間には，独立以来，対立関係が続いていた。対立の争点の一つは関税問題で，商工業の比重が高い北部が，国内市場の保護育成の必要から高率の保護関税を主張していたのに対し，農産物と綿花の輸出に依存する度合いの大きい南部は，輸出入の活発化のために，低関税を主張していた。この対立は，ジャクソン時代にピークに達したが，その後有力な政治家であったクレイらの努力によって妥協が成立し，沈静化していた。

　もう一つの争点は，黒人奴隷制であった。南部では，19世紀の半ばにおいても，依然として黒人奴隷制が大きな意味をもっていたのに対し，漸次工業化の道を歩みつつあった北部では，労働力として奴隷よりもむしろ賃金労働者が必要とされていた。そのため，北部では奴隷解放が進んだのに対して，南部では逆に奴隷人口が増大していた。

　こうした傾向は，南部にその将来について強い危惧の念を抱かせるものであった。もともと南部と北部との対抗関係において，南部は数的に劣勢を余儀なくされていたが，奴隷制を認めない自由州が増えていくにしたがって，北部の優勢はますます動かし難いものになっていた。その結果，まだ州として独立していない准州を自由州とするか奴隷州とするかは，北部と南部との間の深刻な争点となるに至った。カンザス，ネブラスカという2つの准州における奴隷制の是非を住民の選択に委ねた1854年のカンザス＝ネブラスカ法は，一時的な妥協策として南北間の宥和を可能にしていたミズーリ協定（あるいは「ミズーリの妥協」〈1820年〉）を無効にし，南北の分裂をますます決定的なものにした。

開　戦

　カンザス＝ネブラスカ法成立の約1カ月後，ホイッグ党を中心にさまざまな勢力が結合して，共和党が結成されたが，同党には奴隷制度に反対する広範な勢力が結集していた。1860年の大統領選挙では，民主党が南北に分裂したのに対して，共和党は穏健な政治家とみられていたエイブラハム・リンカンを指

「生まれながらにして平等（born equal）」。これはフランスの貴族アレクシス・ド・トクヴィルがアメリカ社会を形容した言葉である（トクヴィル 2005・08）。たしかに, 身分制度がない点で, この時代のアメリカ社会のあり方は画期的であった。生まれの身分は低くとも, 社会的上昇の可能性が開かれていた。アメリカ独立革命成功後, それまで広範に行われていた長子相続制のような封建的制度も消滅した。

ただし, 他の側面からみると, アメリカはそれほど平等ではなかった。貧富の差は当然存在した。さらに深刻なことに, 南部ではほとんどの黒人が奴隷として扱われていた。また, 先住民であるインディアンは, 次第に白人入植者によって力で圧倒されていく。

アメリカの黒人のほとんどは, 当初アフリカから奴隷として強制的に連行されてきた。ただし, 北米の植民地が建設された頃は, まだ黒人奴隷制度は確立されておらず, 初期においては, 白人の年季奉公人が労働力として用いられていた。黒人奴隷が北米植民地に最初に輸入されたのは 1619 年であったが, しばらくの間, 黒人奴隷と白人年季奉公人の間で労働条件の大きな違いは存在しなかった。しかし, 時間の経過とともに, 年季奉公人より反抗的でなく, 廉価の労働力とみなされた黒人奴隷への依存度が高まり, 黒人を奴隷として扱うことが制度化されていった。例えばヴァージニア植民地の議会は, 1661 年, 黒人は終身奴隷として白人年季奉公人と異なった扱いを受けることを定めた法律を制定している。

黒人奴隷制はアメリカ合衆国成立後も存続し, 1865 年にようやく廃止された。北米の黒人奴隷制は中南米のそれと異なる特徴を有していた。第 1 の相違点は, 北米の黒人奴隷が商品として苛酷に扱われたのに対し, 中南米では人間として扱

名した。選挙は共和党のリンカンの勝利に終わったが, 南部が決定的に少数派に転落する危険性を察知した南部 7 州（のちにさらに 4 州が加わった）は連邦脱退を宣言しアメリカ連合国を結成, ここにアメリカ合衆国は重大な局面を迎えるに至った。リンカン大統領は, 連邦統一を維持するために, 南部諸州による先制攻撃に応戦する形で, 本格的な戦闘を開始した。こうして巨大な規模の内戦, すなわち南北戦争が勃発した。

当時, 北部 23 州の人口 2200 万人に対して, 南部 11 州の人口は 900 万人,

われた。

　中南米では奴隷の殺害は自由人の殺害と同様の罪に問われたし，奴隷の結婚は自由人と同様の手続きで教会にて行われた。

　第2に，北米では黒人解放のために，結局長期にわたる凄惨な内戦が必要であったが，中南米では黒人が奴隷から解放される機会が多様な形で存在していた。例えば，奴隷は自由時間に働いて得た金で自由を買い戻すことができたし，不当な懲罰を受けた奴隷も解放された。

　第3に，人種間の関係も異なっていた。北米では異人種間の結婚や混血児は社会的に認められていなかったが，中南米ではどちらも認められていた。ちなみに，北米では，外見的には白人でも遺伝的に黒人の血統を引く者はすべて黒人とみなされた（『1滴の血の理論』）。中南米では白人，黒人，そして先住民の間で混血が進み，こうした人々が多数を占める国すら少なからず存在する。

　このような北米と中南米の相違の根幹には，社会体制の違いが横たわっている。中南米では身分制が社会制度の中核であり，白人の間にも，そして白人と黒人・先住民との間には，いくつもの段階が存在した。奴隷は最も低い身分であったが，それでも人間として扱われた。

　それに対し，近代的な社会体制をもつことになった北米では，その構成員は自由で平等であり，自己統治の担い手であった。そして，この制度は，構成員の間の高度な同質性と自治能力を前提としていた。問題は当時の北米の白人の目から見て，黒人や先住民は，社会を担う平等な一員とみなされたかどうかという点である。19世紀半ばまではその答えは否であった。その結果，黒人は法的に，そして先住民は空間的に，構成員から排除された。

しかもそのうち350万人は黒人であった。また，北部が動員した軍隊200万に対して，南部の軍は85万，さらに北部は工業生産の80％を占めていた。こうした数字だけからみれば，北部は圧倒的に有利な地位に置かれていた。

　しかし，戦局は必ずしも北部に有利に展開しなかった。名将ロバート・リーに率いられた南軍はしばしば北軍を破り，戦争は当初の予測を超えて長期化した。東部戦線では，1862年4月，北軍は，11万の兵をもってアメリカ連合国の首都，ヴァージニア州リッチモンドを攻撃した。しかし，南軍の指揮官リー

図 2-2　南北戦争

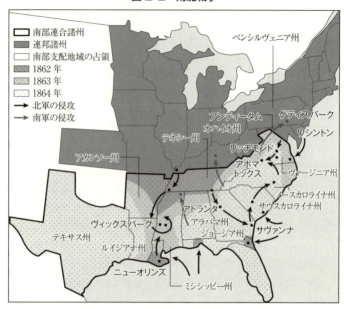

凡例:
- □ 南部連合諸州
- ■ 連邦諸州
- □ 南部支配地域の占領
  - 1862 年
  - 1863 年
  - 1864 年
- → 北軍の侵攻
- → 南軍の侵攻

（地図中の地名）ペンシルヴェニア州／アンティータム／オハイオ州／ゲティスバーグ／ワシントン／テネシー州／リッチモンド／アポマトックス／ヴァージニア州／アーカンソー州／ノースカロライナ州／アトランタ／サウスカロライナ州／ヴィックスバーグ／アラバマ州／サヴァンナ／ジョージア州／テキサス州／ルイジアナ州／ニューオリンズ／ミシシッピー州

[出所]　阿部・加藤・久保 2005：52 をもとに作成。

は，巧妙な作戦でこれを撃退し，逆にポトマック川を渡り北部に侵入した。北軍がこれを迎え撃ち，アンティータムの戦いが展開された。この戦いで北軍は辛うじて南軍の北進を阻むことに成功した。

ゲティスバーグの戦いと南軍の降伏

北軍の戦意は衰えず，国際情勢も北部に有利に作用して，南部は徐々に孤立することになる。1863 年 6 月，南部の生存を賭けて，リーは 7 万 6000 の兵を率い，ペンシルヴェニア州に進攻した。これに対し，8 万の北軍を率いたのはジョージ・ミード将軍で，両軍は 7 月 2 日ゲティスバーグで激戦を展開し，結局南軍はペンシルヴェニアから撤退した。約 4 カ月後の 1863 年 11 月 19 日，リンカン大統領はこのゲティスバーグに造成された国立戦没者墓地で，歴史に残る名演説を行い，「人民の，人民による，人民のための政治を絶滅させない」ことの重要性を説いた（リンカン 1957）。

1964年3月には，ユリシーズ・グラントが合衆国陸軍総司令官に任命された。それ以降，南北戦争は軍事的にはリー対グラントの対決になっていく。グラントの目標は，北軍の開戦以来の目標であったリッチモンドの占領であったが，1865年4月，リーの軍はリッチモンドを放棄し，ほどなくヴァージニアのアポマトックスでグラントに降伏した。南部連合は結局5年間で崩壊した。

　南北戦争における死者の数は，北軍36万，南軍25万8000，合計61万8000で，第二次世界大戦の死者の数31万8000のほぼ2倍に達している。南北戦争は内乱であり，内戦であったが，その形態において，20世紀に支配的になる現代的総力戦を予告するものでもあった。

　南北戦争の目的は，リンカンの立場からは，連邦を維持することにあり，奴隷制度の撤廃は戦争の直接の目的ではなかった。しかし，戦争の進展に伴い，北部諸州には奴隷制即時廃止を要求する声が強まったし，また南部との戦争を有利に展開するという軍事上の必要もあり，リンカンは1863年1月に奴隷解放を宣言した。そして，1868年には，憲法修正第14条によって，黒人の法的平等が公式に確認された。

リンカン暗殺

　リンカンは1864年の大統領選挙で再選された。連邦の維持のために戦ったリンカンにとって，戦後の最大の課題は，南部をできるだけ早く連邦に復帰させ，南部と北部の再統合を図ることであった。そのために，彼は南部出身の民主党員アンドリュー・ジョンソンを副大統領に起用し，南部諸州の連邦復帰に関しては，1860年に投票した有権者の10%が連邦に忠誠を誓えば復帰を認めるという寛大な条件を提案していた。連邦議会で優位を占める共和党は，より厳格な条件を要求しており，大統領と連邦議会との間には鋭い対立が生まれつつあった。このような中，1865年4月14日，フォード劇場で観劇中のリンカンは，南部出身の一俳優に狙撃暗殺された。

　リンカンの南部に対する宥和策は，副大統領から大統領に昇格したA. ジョンソンに受け継がれた。しかし，連邦議会の強い抵抗に直面してA. ジョンソンの政策は次々に挫折し，特に1866年の選挙で共和党の急進派が大勝すると，A. ジョンソンの指導力はいっそう低下した。こうして，南部再建は共和党の

急進派の主導のもとに進められ，1867年3月には，一連の「再建法」が制定されて，テネシー州を除く南部諸州は軍政下に置かれることになった。軍政のもとで，南部諸州の政府や議会を支配したのは共和党であり，時には解放された黒人がそれに協力した。

　しかし，この共和党による南部支配は徐々に崩れていき，最終的には，1876年の大統領選挙での共和党候補の当選を認める代償として，連邦軍の南部からの撤退を約束させた「1877年の妥協」で終結することになる。その後，南部諸州は徐々に民主党政権の支配下に置かれるが，南部の白人は民主党一党のもとに団結することで，自分たちの影響力を極大化しようとした。これが，1960年代までアメリカ政治の特徴の一つとされてきた「堅固な南部（Solid South）」にほかならない。

◆ 引用・参考文献

阿部齋・加藤普章・久保文明 2005『北アメリカ――アメリカ・カナダ〔第2版〕』（国際情勢ベーシックシリーズ⑧）自由國民社。

ウェーバー，マックス／脇圭平訳 1980『職業としての政治』岩波文庫。

齋藤眞 1995『アメリカとは何か』平凡社ライブラリー。

トクヴィル，アレクシス・ド／松本礼二訳 2005・08『アメリカのデモクラシー』第1巻（上・下），第2巻（上・下），岩波文庫。

ハミルトン，アレグザンダー／田島恵児・松野尾裕・浜文章訳 1990『製造業に関する報告書』未来社。

リンカン，エイブラハム／高木八尺・齋藤光訳 1957『リンカン演説集』岩波文庫。

Katznelson, Ira 1985 "Working-Class Formation and the State: Nineteenth-Century England in American Perspective," in Peter B. Evans, Dietrich Rueschemeyer and Theda Skocpol eds., *Bringing the State Back In*, Cambridge University Press.

第3章　産業化と多民族国家化

⬆自由の女神と多数の移民（1900 年，ニューヨーク。写真提供：Roger-Viollet）。

　19 世紀末，アメリカは世界最大の経済大国となったが，国内では多数の問題が生起していた。その一つが巨大企業による独占の問題であった。反独占の運動が農民を中心に起こり，連邦レベルで独占を規制する法律が成立したが，大きな効果はもたなかった。

　南北戦争後の政治では，共和党と民主党がほぼ互角に競い合ったが，その対立の軸は南北という地域であり，またアングロ・サクソン系かそれ以外かであり，思想的にはどちらの政党とも自由主義的な枠の中に収まっていた。

　19 世紀後半から 20 世紀初頭に至るまで，イタリア，東欧，ロシアなどからの移民が増え，さらに日系移民も加わった。アメリカの民族的多様性は高まったが，早くから移民したアングロ・サクソン系との軋轢・対立も深まっていく。

1　産業化の進展と独占問題の登場

工業国家アメリカの成立

南北戦争後から19世紀の終わりにかけて，アメリカでは全国的に近代産業の著しい発展がみられた。この時期のアメリカはすでに産業革命の完成期にあったが，特に1861年から95年までの35年間の工業の発達は目ざましく，工業生産総額は6倍に増加して約100億ドルになり，農産物年産額の約2倍になった。国際的にみると，1860年代にはアメリカは，イギリス，フランスに次いで世界第3位の工業国であったのが，70年代にはイギリスに次いで第2位となり，90年代には世界第1位になった。

近代的工業の中心は鉄鋼業であった。アメリカの鉄鋼業は，1850年代から70年代にかけて5大湖周辺で相次いで良質の鉄鋼脈が発見されて大きく発展した。革新的な製鋼法を取り入れて巨大な製鋼事業を作り上げたのが，アンドリュー・カーネギーであった。彼は1875年に新方式による製鋼所を建設し，1901年にはUSスティールを立ち上げた。

産業化と切り離せない関係にあるのは，交通・通信手段の発達である。この時期の最も重要な変化は，大陸横断鉄道の建設である。1869年に最初の横断幹線ユニオン・パシフィックおよびセントラル・パシフィック鉄道が開通した。しかし，それは同時に，アメリカの社会や政治に弊害ももたらした。

連邦政府はこの事業のために多くの便宜を計った。1862年のパシフィック鉄道法によって，沿線の両側10マイルずつの公有地を鉄道会社に無償で贈与したことは，その典型例である。この結果，鉄道建設事業は巨大な利益を約束する事業となり，それをめぐって多くの不正が横行することになった。

大陸横断鉄道と並んで重要な意味をもつのは，電信・電話の発明と普及であった。電信の原理はサミュエル・F. B. モールスによって発明され，早くも1856年には，この発明を利用するためにウエスタン・ユニオン社が設立された。電話機は1876年にアレクサンダー・グラハム・ベルによって初めて公開されたが，数年を経ずして大企業の事務室などで実用に供されるようになった。

産業資本主義から独占資本主義へ

　鉄鋼業や鉄道事業などにみられたように，この時期のアメリカでは，産業の各部門においてカルテル（企業連合：圧倒的なシェアをもつ企業が相互に価格や販売量に関して協定を結び，競争を避ける状態）やトラスト（企業合同：同様の目的で企業が合同する状態）が急速に進められた。

　トラストの口火を切ったのは，スタンダード石油会社であった。スタンダード石油会社は，1863 年にジョン・D. ロックフェラーによって設立されたが，82 年に彼の会社はスタンダード・オイル・トラストとして再組織され，アメリカ最初の巨大トラストとなった。

　こうしたトラストは他の分野でも急速に出現した。鉄道が顕著な例であったが，そのほかにも多数の産業分野のトラストが 1880 年代後半から 90 年代前半にかけて形成された。

　トラストの形成に際しては，金融資本が大きな役割を果たした。その代表が，ジョン・P. モーガンによって設立されたモーガン商会である。1912 年の連邦議会のある委員会の調査では，モーガンおよびウィリアム・ロックフェラー（ジョン・D. ロックフェラーの弟，金融業者）の資本が支配している金融業者が，鉄道，海運，公益事業，銀行，運送会社，石炭，鉄鋼，保険の各業種にわたって，341 の重役の地位を占め，その支配下にある資産が 220 億ドルに達することを指摘している。

反独占の動き

　こうしてアメリカの経済は 1880 年代を境にして，産業資本の時代から独占資本の時代への転換を開始した。独占企業のもとで大量生産が可能になり，生産額の急激な上昇と生産費あるいは価格の低下が実現されたことは，独占企業のプラスの面を示している。しかし，独占企業が形成されていく過程では，多数の中小企業，自営業者，熟練した職人が没落することになった。また，生産費の低下にもかかわらず，独占価格のゆえに不当な価格が消費者に強制されることにもなった。特に独占企業の存在が，ジャクソニアン・デモクラシー以来確固たる伝統になってきた自由競争の原則を侵すものであると多くの国民から認識されたことは，アメリカにおいて独占に対する非難を生んだ重要な理由で

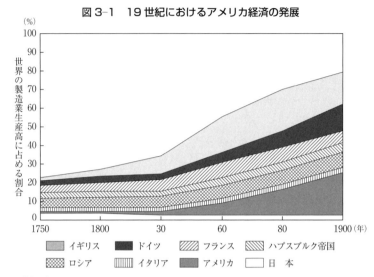

図3-1　19世紀におけるアメリカ経済の発展

凡例：
- イギリス
- ドイツ
- フランス
- ハプスブルク帝国
- ロシア
- イタリア
- アメリカ
- 日　本

［出所］　https://commons.wikipedia.org/wiki/File:Graph_rel_share_world_manuf_
1750_1900_02.png?uselang=ja の図（元データは Bairoch 1982）をもとに作成。

あった。

　多くのアメリカ人にとって，ジャクソン大統領の時代は普通選挙が全国に行
き渡っただけでなく，まだ巨大企業がほとんど存在せず，中小企業の自営業者
や職人，そして自営農民が社会の主役であると感じられた時代であった。そう
いう意味で，特に黒人奴隷がほとんど存在しなかった北部では，法的にも経済
的にも一定程度平等な社会が成立していた。ヨーロッパでは，歴史的に，君主
との関係で特権的な経営者・貴族・職能組合などが少なからず存在しており，
その結果，独占は比較的普通の現象であった。それに対して，19世紀末のア
メリカ人の多くは，自営の地位から急速に大きな組織に圧倒され，あるいはそ
こに埋没してしまう存在になりつつあった。アメリカで独占やトラストが深刻
な政治問題となった原因は，ここにある。

　特に鉄道における独占が生み出す弊害，例えば，独占企業に対する低率運賃，
農民に対する高率運賃などは，農民を中心に強い非難の声を招き，鉄道運賃な
どの法的規制を要求する声が高まった。その結果，イリノイ州など農民運動の
影響が強い中西部の州では，鉄道運賃を規制する州法が制定された。しかし，

図 3-2　大陸横断鉄道の完成

［注］　1869 年に，プロモントリーで西からの線路と東からの線路がつながった。これに
より，西海岸から東海岸へは 8 日間で移動できるようになった。
［出所］　ウォルマー 2016: 128-129 をもとに作成。

連邦最高裁判所はこれらの立法に対し，1877 年に合憲判決を出しておきなが
ら（「マン対イリノイ州判決」），86 年，「ウォバッシュ対イリノイ州判決」におい
ては，連邦憲法の州際通商条項を適用し，州の境界を越えて営業する鉄道には
州の規制権は及ばないと論じ，違憲とした。この判決によって，理屈上，州を
またいで営業する鉄道料金を規制できるのは連邦議会だけとなり，連邦議会に
農民の要求が向けられることになった。

　これに応えて制定されたのが，1887 年の州際通商法である。この法律によ
って，鉄道運賃の決定・変更などは，州際通商委員会の規制に服することにな
った。これに並んで，独占一般に対する規制は，1890 年のシャーマン反トラ
スト法によって実現された。同法は，西部農民の強い独占規制の要求によって
具体化されたものであり，特に複数の州にまたがる独占企業を禁止しようとす
るものであった。しかし，同法は現実には大きな役割を果たすことができず，
アメリカにおける独占の発展は，この法律とはほぼ無関係に進行した。

2　19世紀後半の政党政治

共和党優位から2大政党拮抗へ

　南北戦争および再建の時代（1865～77年）を通じて，共和党は経済界や農民の強い支持を得て，すべての重要な公職を独占し，連邦政府のあらゆる部分を支配した。

　しかし，それは必ずしも共和党の恒久的な一党支配を生み出すことにはならなかった。再建の時代が終わるとともに，南部の白人は民主党のもとに結束した。北部の代弁者と目された共和党は南部で強い反発を受け，その結果，1970年代頃に至るまで南部の政治の特色とされていた民主党の一党支配（Solid South）が出現した。また，北部農民は当初，共和党の支持者であったが，やがて彼らの一部は，高率保護関税に反対し始めた。しかも民主党は，北部大都市に流れ込んだ移民層の多くを支持基盤に加えた。こうして，共和党に不満を抱く人々が急速に民主党の支持勢力を形成していった。

　このようにして，アメリカの政党制は南北戦争後，民主・共和両党を軸とする拮抗した二大政党制の形態をとった。ただし，19世紀の後半においては，両政党の対立は必ずしも明確な政策上の対立に基づくものではなかった。経済界の利益を代弁した共和党が高率保護関税を推進したのに対して，輸出産業の綿花を抱える南部を地盤とした民主党が低関税政策を主張したことが，最も明確な政策的な対立点であった。基本的な対立軸はむしろ，北部か南部か，プロテスタントかそれ以外（カトリックあるいはユダヤ系）かであり，要するに東北部・西部・南部というセクションや民族・宗教が対立軸であった。

　1860年から1930年までの間，共和党が大統領選挙で敗北を喫したのは，わずか4回に過ぎない。いずれの場合も，共和党内の紛争あるいは分裂が，民主党に勝利を許す原因の一つであった。それでも，民主党との得票差は必ずしも大きくはなかった。連邦議会選挙では，1874年から94年までの20年間において，上院では共和党が通算14年間多数を占めていたのに対し，下院では民主党が通算16年間多数を占めた。こうした状況は1896年の選挙まで続く。

　この時期，私的利益のために政治を利用することは，支配的な慣行であり，

汚職が横行していた。作家のマーク・トウェインは，この時代を「金メッキ時代」と呼び，うわべは金ピカに輝いていても，その内側には安物の真鍮（しんちゅう）しか残されていないことを看破していたが，政治もまた同様であった。

政治的腐敗の原因として特に悪評の高かったのが，猟官制であった。官職への任用は選挙における貢献度，それもしばしば金銭上の貢献度に応じて行われ，さらに官職にある者に対しては，党への献金が半ば強制的に課せられた（給与支給の際には党への献金が差し引かれていた）。たしかに，猟官制は政治・行政の民主化の象徴であったが，次第にその否定的側面のほうに関心が寄せられるようになる。

公務員制度改革連盟は，長年にわたって猟官制の弊害を説き，公開の選抜試験に基づく資格任用制の採用を主張していた。このような中，1881年，就任4カ月に過ぎなかったジェームズ・A. ガーフィールド大統領が，失意の猟官者の凶弾に倒れたことをきっかけに，一般の世論も改革の必要性を認めるに至った。こうして，1883年にペンドルトン法が制定され，公務員制度改革はその第一歩を踏み出すことになった。この法律のもとでは，資格任用制は官職総数の3%に当たる約1万4000のポストに適用されたに過ぎなかったが，その範囲はそれ以後，少しずつ拡大されて今日に至っている（現在は局長級以上の職を除き，基本的に資格任用である）。

第三党運動の衰退

二大政党制が一般的であったアメリカにおいても，第三党が一時的にその勢力を伸ばした例は存在する。1892年の大統領選挙では，人民党が102万票（選挙人22），1912年にはセオドア・ローズヴェルトの革新党が412万票（選挙人88），24年にはロバート・ラ・フォレットの革新党が483万票（選挙人19）をそれぞれ獲得した。しかし，いずれの場合にも第三党の寿命は短く，二大政党をしのぐ勢力を獲得するまでには至っていない。

その理由は多様であるが，主なものとして挙げられるのは，選挙制度が大政党に有利である小選挙区制であることである。また，アメリカの制度では，大統領選挙で勝利をめざす場合，特定の地域やセクションで優勢な政党となっても，大きな連合を作らざるをえない（例えば，民主党を構成する南部WASPと北

部のカトリック系，ユダヤ系移民の連合）。アメリカの政党が，イデオロギーよりも官職を追求していたことは，このような連合を柔軟に構築するうえで好都合であった。

　実は，アメリカにも社会主義政党は存在した。19世紀末に社会労働党，1901年には社会党，19年には共産党が結成された。しかし，社会党は1912年，20年，32年の大統領選挙でそれぞれ80万～90万票を得たにとどまり，党勢は伸び悩んだ（→ *Column* ④）。

　また，19世紀に一定の勢力を確保した第三党として，禁酒党を挙げることができる。禁酒の実現のみに絞った単一争点政党であるため，勢力伸長に限界があったが，信仰心の強いプロテスタント系有権者の根強い支持があり，19世紀後半から今日に至るまで存続している。しかも，1919年には禁酒を定めた合衆国憲法修正を実現しているので，その影響力を過小評価してはならない。

自由放任主義の哲学

　アメリカ国民に共通な信条は，かつてハーツが指摘したように，政治的には自由主義であるといってよいが，この時期にはそれが自由放任主義のかたちをとっていた（ハーツ 1994）。それは，経済的な自由競争の強調と対応するものである。19世紀の後半には，ホレイショ・アルジャーの書いた多数の少年向けの物語（いずれも正直で勤勉で貧しい少年が，着実に成功への道を歩むといったものであった）が広く愛読された。また，この時期には，チャールズ・ダーウィンの進化論と進化論的発想を社会哲学に適用したハーバート・スペンサーの社会進化論も，アメリカ人の間で広くもてはやされた。社会進化論は，「生存競争」「適者生存」といった進化論の概念を人間社会の発展法則に適用したものであり，経済的自由競争における成功者の立場を「生存競争」に生き残った「適者」として正当化するものであった。これらは，イギリスのような固定的な階層社会では，とても受け入れられない思想であった（サムナーほか 1975）。

　たしかに，この時期，連邦政府は労働者の権利を擁護する政策をほとんど実施せず，社会福祉政策にも着手しなかった。ただし，アメリカには自由放任主義と並んで，参加民主主義の論理と現実があった。アメリカでは普通選挙に象徴されるように政治参加は広範に認められており，また，経営者を含めて，さ

まざまな団体や運動が議会を通して影響力を行使することは比較的容易であった。参加民主主義においては，政府は常に自分たちが選挙で信任して作った「われわれの政府」とみなされるので，権力に対する距離感は生まれない。必要とあれば，権力を用いて経済や社会の諸領域に干渉することも当然とされる。この時期においても，一方で自由放任主義が広く受け入れられながら，他方で公務員制度改革やシャーマン反トラスト法の制定など，むしろ権力の干渉範囲を拡大する立法がみられたのは，こうした傾向によるものである。

　19世紀末，アメリカは自由放任主義の伝統の中にいながら，それを貫くのか，参加民主主義からの要請に応え，経済への大胆な介入を是認するかという，きわめて重要な選択を迫られていた。

3　多民族社会アメリカの成立

先住民の歴史

　アメリカの独立後，移住者と先住民の関係は緊張をはらんだままであった。初期の連邦政府は先住民との大規模な戦争は避けようとしたため，先住民との間に条約を結び，有償で土地を手に入れることにした。しかし，条約はしばしば無視されたし，条約によって先住民に認められる土地は，不便で劣悪な所が多かった。先住民は徐々に白人との軍事的衝突で劣勢となり，彼らの生活条件も悪化していった。

　南北戦争後も，先住民との戦争は続いた。土地を奪われ，さらに遠隔の土地に移動することを強制された先住民の中には，武力をもって抵抗する者が少なくなかったからである。こうした戦闘では，先住民が勝つこともあった。例えば，1876年6月には，リトルビッグホーンの戦いで，ジョージ・カスター将軍の率いる第7騎兵隊264人が殺されている。ただ，先住民は，全体としては抑え込まれていった。

　この状況で，白人の中には先住民に対する同情の念をもつ者も増えていく。1887年の一般土地割当法（通称ドーズ法）は，こうした背景のもとで制定された。それは隔離・排除から保護への転換であった。ドーズ法の狙いは，先住民

に一定の土地を配分することで，農民化を図り，アメリカ的生活様式に同化させることであった。しかし，先住民は部族を単位として生活しており，土地も部族による共同所有であったので，それは先住民の生活様式の完全な否定にほかならなかった。現実には，配分された土地も結局は白人の手中に落ちることが多かった。

1934年のインディアン再編成法は，そのような結果についての反省に基づいている。その主な内容は，個人への土地割り当ての禁止，大幅な部族自治の承認，部族制度の維持，資源保護への政府援助などである。この法律はしばしば「インディアンへのニューディール」と呼ばれ，先住民に対する政策の180度の転換を意味していた。その後1960年代には，アファーマティヴ・アクション（積極的差別是正措置）の一環として，先住民の地位改善を促進する多くの法律が制定された。先住民は，依然として多くの問題を抱えているとはいえ，1990年には人口が195万9000人となり，それ以前の20年間で2.5倍に増えていることは，先住民が活力を取り戻しつつあることを示すものである。ちなみに2010年国勢調査では，アラスカの原住民を加えた人口は，約293万人となっている。

WASPとイギリス系移民

WASPとは，White Anglo-Saxon Protestant（アングロ・サクソン系プロテスタントの白人）の略である。アングロ・サクソン人とは，イギリス民族の根幹を成す人々の呼称にほかならない。狭く定義すると，それはドイツ北西部のサクソン地方からイングランドに移住した人々を指すが，現在では，イングランド，スコットランド，ウェールズなどに住む多様な出自の人々の総称として使われることが多い。広い意味では，イギリス系の移民に限らず，西欧系や北欧系の移民も含めて，アングロ・サクソンとみなすこともある。ちなみに，プロテスタントの中身もきわめて多様であり，場合によると，実際にはカトリック教徒でないという程度の広い意味をもつ。

イギリスからの移民の特徴の一つは，農業に従事することをめざして，新大陸に移住した人々が圧倒的に多かったことにある。さらにいえば，彼らは入植し，自分たちの価値観に立脚した新しい社会を作ろうとしていた。それは，中

南米への移住者が鉱山の発掘や毛皮の取引などをめざしていたのとは, 対照的であった。その結果, スペインから中南米への移住者では, 圧倒的に単身男性の比重が高く, 女性はほとんどいなかったのに対して, イギリスからの移住者では, 家族単位で移住した者が多く, 女性の移住者も少なくなかった。また, イギリスからの移住者の多くは, 本国では中産階級に属していた。

イギリスからの移民は宗派的にかなり多様であったが, アメリカへの影響という点で抜きん出ていたのはプロテスタントの一部をなすピューリタンであった。ピューリタンの信仰の中心にあるのは, 予定説である。予定説によれば, 神の選びにあずかる人はあらかじめ定められており, それは神の絶対意思に基づくもので, 人間にとっては隠された力であった。神と人との間には, 恩恵契約が結ばれ, 神の側の救済の約束と人の側における神への絶対的帰依の約束とが交わされる。ここで重要なのは, 神の恩恵は直接個人に及ぶのであり, 教会や司教を通じて及ぼされるのではないということである。個人が社会の基本的な構成単位であるとする個人主義の起源は, ここに見出される。

ピューリタンの影響に帰せられるもう一つの観念は, 選民思想である。ある個人が自分は神に選ばれていると確信することと, こうした個人から成る集団全体が神に選ばれていると確信することとの間にはごくわずかな差しかない。アメリカに渡ったピューリタンは, 個人レベルでの救済の確信から出発して, やがて集団ないしコミュニティ・レベルでも選ばれた民であることの確信をもつに至ったと考えられる。

入植と移民

20世紀初頭のアメリカ社会においても, 依然としてWASPの影響力が大きかった。このようなWASPの影響力が確立した要因としては, 宗教的・文化的なものに加えて, 独立当時のアメリカ社会では, イギリス系の移住者が数の上でも圧倒的優位に立っていたことを無視することはできない。1790年に行われた第1回国勢調査の結果に基づく推定では, イングランド系が全体の約5分の3, それにウェールズ系, スコットランド系, アイルランド系などを加えたアングロ・サクソン系は, 全体の5分の4以上を占めていた。ほかにドイツ系, オランダ系, フランス系, スウェーデン系などの移住者がいたが, こうし

た白人プロテスタント系の移住者は急速にアングロ・サクソン的文化に同化していったため，18世紀末のアメリカにはかなり同質性の高い文化が存在したといえよう。

　ただし，同質性を過大に評価して，アメリカ社会を文字通りの「人種のるつぼ」とみることは，大きな誤りを犯すことになる。現実には，各民族はそれぞれのアイデンティティを完全に失うことはなかった。

　近年，政治学者のサミュエル・ハンチントンが指摘した「入植者」と「移民」の相違は興味深い（ハンチントン 2017）。単純化すると，入植者は自分の価値観に立脚した新しい社会を構築しようとするのに対して，移民はすでにできあがった社会とその価値観を受容せざるをえない。あるいはそれに憧れて移住する移民すら多数存在する。その意味で，アングロ・サクソン系アメリカ人の比率は歴史が下るにつれ徐々に下がっていくものの，彼らの価値観は社会に深く根を下ろし，依然としてアメリカ社会の価値観の根幹を形成し続けると考えられる。

4　「新移民」とアジア系移民の流入

新移民と「約束の地アメリカ」

　19世紀後半から20世紀にかけてアメリカに移住した人々の多くは，重要な点でそれまでの移民と異なっていた。その主力はラテン系とスラブ系，宗教的にはカトリック教徒，ロシア正教徒，あるいはユダヤ教徒などであり，貧しい農村の出身者が多く，また英語を解さなかった。彼らはしばしば「同化が困難な移民」という意味も込めて「新移民」と呼ばれた。この時期にアメリカへの移民が増えた理由は，第1に，ヨーロッパの過剰人口の増大であろう。第2に，ロシアや東欧では，文化的・宗教的に抑圧されている少数派集団，例えばユダヤ人やポーランド人やアルメニア人などが，抑圧を逃れる機会を求めていた。第3に，大西洋を渡る交通手段の発達も，こうした人々の移住を容易にした。

　また，アメリカにおいて，例えば1862年に自営農地法（ホームステッド法）が制定されたという知らせも，ヨーロッパの人々には驚きであるとともに大き

資料　1924 年移民法からの抜粋

数的制限

第 11 条　(a)　各国別の年間割当数は，1980 年の合衆国国勢調査に基づき決定される。同年，合衆国本土に居住していた当該国生まれの者の数の 2 パーセントとする。ただし，いずれの国についても最低割当数は 100 とする。

　　　　　　(b)　1927 年 7 月 1 日に始まる会計年度ならびにそれ以降の各会計年度に関する国別年間割当数は，1920 年にアメリカ本土に居住する当該国に期限をもつ人口が，1920 年アメリカ本土に居住する人口に対し占める比率と，同等の比率を 15 万に対して保つように定めるものとする。ただし，いずれの国についても，最低割当数は 100 とする。

合衆国への入国の禁止

第 13 条　……

　　　　　　(c)　合衆国の市民となりえない外国人は下記の場合を除き，合衆国に入国することを許されない。

　　　　　　　　　(1)　第 4 条 (b)(d) または (e) の規定にもとづいて割当外移民として入国を認められる外国人

　　　　　　　　　(2)〔略〕

　　　　　　　　　(3)　第 3 条に定められた移民に該当しない者

他の移民法への追加としての法

第 25 条　本法の条項は，旧来の移民法の定める条項に付加されるもので，それにとって代わるものではない。それにより本法は，既成法の一部として施行され，そこに含まれる刑事上およびその他の条項で適用不能でないものは，すべて本法の条項に関連して適用され，または強化されるものとする。

〔出所〕　大下ほか編 1989：170 をもとに作成。

な魅力であった。これは，西部の連邦政府直轄地において 5 年間農業に従事したアメリカ人に，1 区画 160 エーカー（約 65 ヘクタール）を無償で払い下げるという政策であり，まさに「アメリカの夢」を象徴する措置であった。

　ヨーロッパから移住した人々にとって，アメリカは約束の地であるはずであったが，アメリカは必ずしも楽園ではなかった。実際のところ，新移民の圧倒的多数は東部の大都市に住み，労働者としての生活を送ることになるのである。ただし，自分の生活は苦しいままであったとしても，子どもは中流階級に上昇してよい生活を送ること，これが彼らにとっての「アメリカの夢」の核心であった。この世代を超えた上昇意欲が，アメリカの移民を，そしてアメリカの価値観を理解する際の鍵である。

アイルランド系移民とマシーン

1845年から49年にかけて，アイルランドは「じゃがいも飢饉」に襲われ，貧しい農民たちの中には飢餓を逃れるために海外への移住に走る者が相次いだ。

1840年から60年の間に，アメリカに渡ったアイルランド系移民の総数は200万人近くに達した。宗教的には，彼らは圧倒的にカトリックであった。この時期，アイルランド系移民は運河・鉄道などの建設に多大の労働力を提供したため，都市や鉄道を作ったのは，「馬力，蒸気にアイリッシュの労働力」だったともいわれた。しかし，アイルランド系移民は徐々に東部の大都市で警察や消防署の中に一大勢力を築くようになり，次いで政界に活躍の場を広げるようになる。そのとき，彼らが活用したのがマシーンであった。

マシーンとはアメリカで主として大都市に発達した集票機構である。マシーンは大都市有権者に徹底した日常のサービスを提供し，選挙の時には彼らの票を集めてマシーンの推す候補者を当選させる。マシーンは当選して官職に就いた者から報酬を得て，有権者サービスに費やした資金を回収し，かつマシーンとしての利益を獲得する。マシーン自体は政治権力と癒着した金儲けのための営利組織であった。このマシーンを操作しつつ政界の黒幕として活動したのがボスである。アイルランド系移民はマシーンを利用して多くの都市でボスを輩出した。ニューヨーク市のタマニー・ホールはマシーンの代表的存在であった。

このようなマシーンが発達した前提として，普通選挙の普及を指摘する必要がある。同時に，アメリカでは帰化，すなわちアメリカ国籍（市民権）の獲得が容易であったことも重要である。入国管理は憲法上連邦政府の業務であったが，19世紀のほとんどの間，州政府に任されていた。その結果，州による相違が存在したものの，おおよそ数日から数カ月待てば，ほとんどのヨーロッパ移民は問題なく帰化でき（入国管理はようやく1891年から連邦政府が管理することになった），それは選挙権の獲得も意味していた。港で待ち構えていたマシーン職員からすると，船で到着する移民の成年男子は多数の票にみえたに違いない。

移民の側にもマシーンの支援は有益であった。入国手続き，親族・同郷人との引き合わせ，住宅・就職・冠婚葬祭の世話，警察や役所との交渉・陳情など，マシーンは移民を助けるために，ほとんどありとあらゆる面倒をみた。その見返りが，選挙の際の票である。マシーンは政治腐敗の一部であったが，同時に

福祉政策がない時代の貴重な非政府の福祉提供機関でもあった。

共和党は結党当初から WASP の政党としての性格が濃厚であったが，民主党は東北部の都市で，共和党に対する劣勢を補うために，積極的に移民票に接近した。その結果，特に南北戦争後，共和党の支持基盤は北部の WASP 票となり，民主党の支持基盤は南部の白人票と北部の非 WASP 移民票となった。非 WASP の移民とは，アイルランド系，ユダヤ系などを意味していた。すでに述べたように，これによって民主党は 19 世紀後半，選挙では共和党とほぼ互角の戦いを展開できたが，内戦の敗者と非 WASP の新参者の連合であったため，当時のアメリカ社会の傍流であった傾向は免れない。

大都市の選挙において，急激に増え始めた非 WASP 票は徐々に存在感を発揮するようになった。すでに 1870 年代にボストンではアイルランド系市長が誕生した。そしてアイルランド系市長のもとで，アイルランド系移民は大量に市役所に雇用された。これは，旧来からの WASP 系住民からみると，自らの政治権力の喪失であった。ここから，WASP 系住民を中心として，都市政治改革運動が開始される。

マシーンは，政治の表舞台を WASP に独占されたアイルランド系移民が政治権力を奪取するための武器であった。20 世紀に入るとともに，アイルランド系移民は全国的な政治でも影響力を発揮するようになる。1928 年に民主党の大統領候補に指名されたアル・スミスは，ニューヨーク州知事まで昇り詰めたが，アイルランド系移民で，カトリック教徒であり，そのために選挙では大敗した。1960 年には，ジョン・F. ケネディが，アイルランド系移民として初めて大統領に当選した。

イタリア系移民とユダヤ系移民

イタリア系移民の数がピークに達したのは，1880 年から 1920 年にかけての 40 年間であった。この間にイタリア系海外移住者総数の約 8 割に当たる約 400 万人がアメリカの土を踏んだ。1910 年代の後半になると，移住者は政党のマシーンに頼ることが有利であることに気づき始め，マシーンはアイルランド系だけではなく，イタリア系の間でも政治的な武器として利用されていく。1930 年代になると，大都市の市政でもイタリア系の活躍が目を引くようになった。

ニューヨーク市長を務めたフィオレロ・ラ・ガーディアは，その典型例である。

　19世紀前半にアメリカに移住したユダヤ系はほとんどがドイツからの移住者であった。その数は1880年頃で約28万人といわれ，経済的に成功した者も少なくなかった。1880年代からユダヤ系の移住者は急増し，1920年代には，ユダヤ系アメリカ人の総数は約300万人に達するが，新しく増えた部分の約8割がロシアを含めた東ヨーロッパからの移民であった。この時期に東ヨーロッパからのユダヤ系移民が急増したのは，これらの地域で，ポグロムと呼ばれるユダヤ人迫害の嵐が吹き荒れていたためである。そのため，その多くは貧しく，また英語も話せず，東部の大都市で労働者として過ごすことが多かった。

　アメリカにも反ユダヤ主義は存在した。しかし今日では，ユダヤ系アメリカ人の地位は安定しており，特に学問や芸術の世界で卓越した人々を多く生み出している。その中には，第二次世界大戦中にナチズムの抑圧を逃れてアメリカに移住した物理学者のアルバート・アインシュタイン，精神分析学者のエリッヒ・フロム，哲学者のハンナ・アレントなどが含まれており，ユダヤ系アメリカ人の業績を無視して，20世紀のアメリカ文化を語ることはできない。

日系移民

　アジア系移民の歴史は，19世紀後半の中国系移民に始まる。1847年から数年間続いた広東省での飢饉が原因で，50年代には4万人以上の中国人がアメリカに渡った。当時アメリカでは，大陸横断鉄道の建設が進められており，低賃金でも勤勉に働く中国系の労働者は，雇用者にとっては貴重な存在であった。しかし，1870年代アメリカ経済が不況期に入ると，中国系移民は白人労働者にとっては脅威となったため，カリフォルニア州では中国系移民の排斥運動が広がった。その影響は連邦議会にも及び，1882年には中国人の入国を禁止する「中国人排斥法」が成立して，在米中国系移民に対する市民権の付与も停止された（それが撤廃されたのは，第二次世界大戦中の1943年であった）。

　中国人排斥法によって生じた低賃金労働力の不足を補ったのは，日系の移住者であった。日系移民が目立って増え始めるのは，1890年代からである。1910年代と20年代には20万を上回る日本人が，アメリカへ移住した。

　日本からの移民は，最初は沿岸部で鉄道工夫や製材人夫として働く者が多か

　1941 年に日米間で戦争が勃発するとともに，アメリカ政府は軍事地区を指定し，そこに居住する者で国防を犯すおそれのある者に強制退去を命ずる権限を軍に与えた。これが日系移民の強制隔離である。その対象には市民権をもたないドイツ人やイタリア人も含まれていたはずであるが，実際には，日系アメリカ人だけが対象にされた。

　日系アメリカ人は最初，カリフォルニア州やワシントン州など 15 カ所に作られた仮収容所へ行き，次いで転住所と呼ばれた収容所に送られた。転住所はユタ，アリゾナ，アイダホなどに 10 カ所設けられたが，いずれも砂漠や荒れ地に作られており，そこでの生活はきわめて厳しいものであった。アメリカで生まれた日系アメリカ人 2 世は，アメリカの市民権をもちながら（すなわちアメリカ国民でありながら）転住所での生活を強いられており，若い男性の 2 世の中には，戦場で華々しい活躍をすることでアメリカへの忠誠を示そうとする者も少なくなかった。第 100 歩兵大隊所属の第 442 連隊は，日系 2 世の志願兵だけから成る戦闘部隊であったが，イタリア戦線で赫々たる戦果を残したことで有名である。第 442 連隊は戦死傷者が多かったことでも知られており，日系 2 世は文字通り血で忠誠を証明したといえよう。

　第二次世界大戦終了後，日系アメリカ人は強制立ち退きに抗議して補償を求める運動を進め，その成果として，1948 年には立ち退き賠償請求法が制定された。ただし，賠償額は約 2 万 6600 件に対して総額で約 3700 万ドルに過ぎず，十分な額とはいえなかった。1980 年代に入ると，連邦議会は「戦時民間人強制立ち退き・収容委員会」を設置し，公聴会を開いて，強制立ち退きの事実を調査した。さらに日系アメリカ人の補償を求める運動も高まり，日系アメリカ人に対する謝罪と補償を定めた「1988 年市民的自由法」が制定されて，強制立ち退きと収容を経験した日系アメリカ人で生存している者には，2 万ドルが支払われることになった。今日の日系アメリカ人は，アメリカ社会の中で安定した地位を保持しているといってよい。

❈❈❈❈❈❈❈❈❈❈❈❈❈❈❈❈❈❈❈❈❈❈❈❈❈❈❈❈❈❈❈❈❈❈❈❈

ったが，やがて内陸部に入り，土地を入手して，農業に従事する人々が増え始めた。それとともに，日系移民に対する排斥運動も強まることになる。1906年にはサンフランシスコで日本人学童通学拒否事件が起こった。この事件は「日米紳士協定」によって一応の解決が図られるものの，それ以後日本人移民

の増加にブレーキがかかることになる。次いで，1913年には事実上日系アメリカ人の土地購入を禁止し，借地権も3年以内に制限する外人土地法がカリフォルニア州で制定され，やがて同様の法がワシントン州やオレゴン州でも施行された。

こうした傾向の延長上に制定されたのが，1924年の移民法である。同法は，移民を制限するために割当制を設けたが，割当基準を1890年の出身国別人口，割当数を2%とし，移民総数を16万5000とすることで，東欧や南欧からの移民を大幅に制限した。その結果，割当の枠外に置かれた周辺諸国（カナダ，メキシコなど）以外の移民は，事実上禁止された。

1924年の移民法は，しばしば「排日移民法」と呼ばれるが，それは同法が割当数において日系移民を締め出したからではなく，「帰化不能外国人」の移住を禁止していたからである。1882年の中国人排斥法でまず中国人が帰化不能外国人とされ，次いで1922年の最高裁判決で日本人も帰化不能外国人と認定されていたので，24年の移民法は日本からの移民を最終的に封ずるものであった。帰化不能とみることは，日系移民を他の移民とは異質なものとして差別することにほかならない。

◆ 引用・参考文献

ウォルマー，クリスチャン／北川玲訳 2016『鉄道の歴史——鉄道誕生から磁気浮上式鉄道まで』創元社。

大下尚一・志邨晃佑・有賀貞・平野孝編 1989『史料が語るアメリカ——メイフラワーから包括通商法まで 1584～1988』有斐閣。

久保文明 1990「アメリカ政治史における国家と階級——若干の考察」小川晃一・片山厚編『階級意識とアメリカ社会』（アメリカ研究札幌クールセミナー 第9集）木鐸社。

サムナーほか／本間長世解説，後藤昭二訳 1975『社会進化論』（アメリカ古典文庫18）研究社出版。

ハーツ，ルイス／有賀貞訳 1994『アメリカ自由主義の伝統』講談社学術文庫。

ハンチントン，サミュエル／鈴木主税訳 2017『分断されるアメリカ』集英社文庫。

Bairoch, Paul 1982, "International Industrialization Levels from 1750 to 1980," *Journal of European Economic History*, 11.

第4章 「フロンティアの消滅」と人民党の挑戦

⬆ヘイマーケット事件（1886年5月4日，シカゴ。提供：Bridgeman Images／時事通信フォト）

　「フロンティアの消滅」は必ずしも事実ではなかったが，アメリカ社会の転換期と心理的ムードを象徴していた。激しい労働争議が頻発し，農民による抗議運動も台頭した。特に農民同盟を母体にした人民党は，政権奪取を目標にしていた。1896年の大統領選挙は，民主党が人民党や農民運動の支援も得て戦ったが，共和党に敗北し，その後，共和党優位の時代が続くことになる。

　農民同盟の主力は中西部よりもむしろ南部であり，そこでは白人小農民と黒人の共闘が模索され，実践された。これに対して，地主など白人の上層階級は激しく反発し，黒人に対する差別制度を導入して共闘を阻止しようとした。19世紀末までに，南部諸州では，州や地方政府によって，黒人を差別する無数の法律が制定された。これは1960年代まで続くことになる。

1 「フロンティアの消滅」

フロンティアとアメリカの民主主義

　19世紀末から20世紀初めにかけて，アメリカの社会には大きな変化が起こっていた。それを象徴する言葉の一つが「フロンティアの消滅」であった。フロンティアとは，開拓地と未開拓地の境界地帯を意味していた。フロンティアの向こう側には，まだ開発されていない地域が存在しているのであり，そこは人々に新たな発展の機会を約束する。フロンティアが存在している限り，人々には新たな富と地位を求めて，冒険を試みることができる。多くのアメリカ人は，このように考えていた。

　アメリカでは19世紀中，西部が未開拓地として存在し，フロンティアは少しずつ太平洋岸に向かって移動していった。もちろん未開拓地といっても，無人の荒野だったのではなく，先住民やメキシコ人が移住していたが，白人の開拓民は基本的にはそれらの人々を排除しながら西漸を続けた。

　広大なフロンティアの存在は，アメリカとヨーロッパを区別する重要な標識の一つであった。歴史家フレデリック・ターナーは，未開拓地におけるフリー・ランド，すなわち自営農民が無償で入手できる土地の存在（自営農地法のこと。→第3章）が，イギリスとは異なったアメリカ型民主主義の形成を可能にしたと主張した。要するに，安価な土地と豊富な資源が社会的平等をもたらし，その社会的平等の上にアメリカ型の民主主義が成立したと指摘したのである。たしかに，普通選挙も女性参政権の普及も，西部が主導権をとっていた。そのうえで，ターナーは，19世紀末におけるフロンティアの消滅をもって「アメリカ史の第1期は終わった」と喝破したのである（ターナー 1955）。

フロンティアとフロンティア・ライン

　ただし，ターナーの議論にはやや難もある。それは「フロンティア」の定義にかかわる。商務省国勢調査局は1890年に「フロンティア・ライン」の消滅を宣言したが，それはフロンティアそのものの消滅を意味していなかった。すなわち，それは，国勢調査でフロンティアの定義とされてきた「人口1平方マ

イル当たり2人以下」の地域の帯が消滅したことを示していたに過ぎない。かつては北から南まで，常にフロンティアの帯＝ラインが存在していたが，それがついに帯あるいは線として途切れた。ターナーは，実はフロンティアの消滅とフロンティア・ラインの消滅を混同していた（すなわち，19世紀末にはまだ広大なフロンティアが存在していた）。また，フロンティア・ラインの消滅とアメリカ社会の変化との因果関係も，厳密には証明されていなかった。

　それにもかかわらず，この1890年前後から，アメリカ社会にはいくつかの新しい現象が現れていた。同時代のアメリカ人の多くが，アメリカは変わりつつあると感じても不思議ではなかった。それは，急激な産業化，巨大企業の登場，激しい労働争議と貧富の格差の拡大，大量の移民の流入，農民の抗議運動などであった。多くのアメリカ人にとって自画像であったジャクソン大統領時代の理想郷は，確実に消えつつあったのである。

2　労働運動の台頭

ヘイマーケット事件とアメリカ労働総同盟の台頭

　この時期のアメリカ社会に起こった，大きな変化の一つは，労働運動の興隆であった。産業革命の進行とともに，労働条件の悪化や生活水準の低下がみられ，労働者の間には労働組合を結成して，労働条件の改善を図ろうとする機運が高まった。

　アメリカ最初の労働組合は，1866年にボルティモアで組織された全国労働組合であったが，73年に消滅した。次いで労働者の全国的組織化に成功したのが，労働騎士団である。労働騎士団は最初，雇用主の干渉を避けるために秘密結社として組織されたが，1878年頃から急速に勢力を伸ばした。その後，1881年に秘密結社であることをやめ，86年には組合員数70万人以上を数えるに至った。しかし，この1886年を境として，労働騎士団は急速に衰退する。衰退の理由は，一つには運動の内部的要因であったが，同時にヘイマーケット事件の不幸な影響を無視することはできない。

　1886年5月3日，8時間労働を求める全国的なストライキが行われていたと

　これは，ある意味でアメリカの政治や歴史の本質に迫る問いである。

　アメリカでは，資本主義の変革をめざす社会党も組織され，特にユージン・デブスに率いられたアメリカ社会党は 1912 年の大統領選挙で約 90 万票（6%）を獲得し，併せて行われた議会選挙でも，連邦下院で 2 議席，17 州の州議会で 33 議席を獲得した。しかし，これが社会主義政党の絶頂期であり，その後は凋落の一途をたどった。

　アメリカで社会主義政党が不振であった最大の理由は，労働者と企業家との間に階級と呼べるだけの明確な一線が存在しなかったことであろう。ヨーロッパでは，階級は世代を超えて存在する固定された越え難い垣根であり，労働者の子どもはやはり労働者であることが圧倒的に多かった。しかし，アメリカでは，労働者もいつかは経営者になりうると，多くの労働者が考え，期待していた。移民第 1 世代が貧困の中で一生を終えたとしても，自分の子どもはミドルクラスに上昇するというのが，「アメリカの夢」の核心であった。こうした国では，労働者も常に社会的上昇意欲を強くもち，社会主義が支持を得ることは容易でない。

　これに対して，ドイツ人学者ヴェルナー・ゾンバルトは，アメリカにおける社会主義不在の原因を，極貧にあえぐヨーロッパの労働者と比較した場合の，アメリカの労働者の生活水準の高さにあると考えた。ローストビーフとアップルパイの魅力の前では社会主義は勝利できない，と喝破した彼の言葉は有名である。このような経済状況の違いも一つの理由である（Sombart 1976）。

　他の説明も存在する。一つは，移民社会アメリカの多様な人種・民族構成である。労働者は，WASP，カトリック，ユダヤ人，ギリシャあるいはロシア正教系

✕✕

きに，シカゴのヘイマーケット市場では，演説中の無政府主義者が警官に襲われ，数人が死亡した。翌 4 日，抗議集会が警官隊によって解散を命じられたとき，爆弾が投じられ，労働者と警官の双方に多数の死傷者が生じた。誰が爆弾を投じたかは特定できなかったにもかかわらず，無政府主義者 8 人が逮捕され，5 人が死刑を宣告された。無政府主義者と混同されることを嫌った熟練労働者は騎士団を脱退し，組合員数は 2 年後に 20 万人に激減した。

　騎士団を脱退した熟練労働者の多くは，アメリカ労働総同盟（AFL）に参加した。労働騎士団が賃金制度から解放されて全労働者の共同体を作るといった

などに分裂し，さらに場所と時代によればアフリカ系，アジア系も存在した。このような中で，労働者としての一体感を涵養するのは容易でなかった。

　さらにこの点を敷衍すると，特に居住パターンを重視した分析が注目に値する。政治学者アイラ・キャツネルソンの議論によると，以上のような特殊性がありながらも，実はアメリカの労働者も職場，すなわち工場においては，労働者としての一体感と鮮鋭な階級意識をもっていた。しかし，アメリカで特異なのは居住パターンである。アイルランド系，イタリア系，ギリシャ系，あるいはロシア・ユダヤ系など，出身，言語，宗教ごとに固まって住んでコミュニティを形成する傾向が顕著であり，教会（ユダヤ教ではシナゴーグ）が生活およびコミュニティの中心であった。民主党は，そして共和党もイタリア系に対して，このような居住区域を拠点にして，民族・宗教・言語を基盤にした選挙活動を展開した。工場を中心に組織活動を開始し，当時大都市で誕生しつつあった労働者政党あるいは社会主義政党はこれに対抗して，階級意識に訴えながら，職場を基盤にして政治活動を展開した。しかし結局，このせめぎあいで勝利したのは，居住地域を基盤にした民主党・共和党の二大政党であった（Katznelson 1985）。

　このような説明の前提にある事実にも，注目する必要がある。それは，アメリカの労働者は 1830 年代以降，基本的に投票権を獲得していたということである。ヨーロッパではしばしば，普通選挙権獲得運動と社会主義運動は一体となっていたが，アメリカでは事情は大きく異なっていた。

　アメリカには「社会主義がない」のみならず，ヨーロッパでは普通にみられる社会民主主義も存在しない，あるいは存在してもきわめて弱体であるといえる。

理想を掲げていたのに比べると，AFL は熟練労働者による職能別組合の全国組織として，組合員の労働条件の改善を当面の課題としていた。熟練労働者は，肉体労働者がもっていない熟練した技能や経験を有しており，他の労働者で代替困難な職務を担っていた。それゆえに，経営者に対して強い立場に立つことができ，特権意識も強かった。

　AFL の指導者サミュエル・ゴンパースは，社会主義がアメリカで不人気であることを熟知していたので，組合の活動目標を 8 時間労働の実現，賃金の上昇，児童労働の禁止などに置き，労使交渉とストライキを併用しながら目標の

実現を図った。こうした現実主義的戦術は，熟練労働者の支持を得て，1900年に AFL は 100 万人近い組合員を擁することになる。これに対して，不熟練労働者の場合は，移民も含めて供給源が豊富であり，経営者はいつでもストライキに訴える労働者を解雇して，新しい労働者を雇うことができた。そのため，不熟練労働者の組織化は困難であった。しかも，経営者はしばしば政府の力を借りて，彼らの要求をねじ伏せた。

ホームステッド争議とプルマン争議，および独占禁止法

　政府の力で労働組合を弾圧した争議の一つが，1892 年のホームステッド争議である。ピッツバーグの近郊ホームステッドには，カーネギー製鋼の工場があったが，経営者は従業員の賃下げを提案し，組合はストライキで対抗した。会社側は工場を占拠した組合員を排除するために，ピンカートン探偵社の私兵を雇ったが，私兵が組合員に撃退されるのをみた会社側は，州政府に兵の出動を要請した。それに応えて，ペンシルヴェニア州知事は 8000 人の州兵を派遣し，工場から組合員を排除した。会社側は新しい労働者を雇い入れて工場を再開したが，組合側のストライキ首謀者は逮捕され，騒乱罪や殺人罪で裁判にかけられた。この争議の結末は組合側に深刻な影響を与え，鉄鋼業の組合は以後 40 年間組織されなかった。

　政府の干渉によって労働組合側の敗北に終わったもう一つの争議は，1894 年のプルマン争議である。プルマンは寝台車両のメーカーであり，プルマンの従業員はシカゴ郊外の社宅街に住んでいたが，会社側は雇用主と家主の二重の資格で従業員を管理していた。会社側の横暴な管理が導火線となって，デブスの率いるアメリカ鉄道組合はプルマン社との全面的な対決に突入した。会社側は，連邦政府に支援を求めたところ，グローバー・クリーヴランド大統領（民主党）は，郵便保護を名目に，連邦軍 2000 人を派遣して争議を鎮圧した。デブスはスト停止の命令を拒否したため，騒乱罪で有罪となった（彼は獄中で社会主義を学び，のちにアメリカ社会党の指導者となった。→*Column* ④）。

　この二大争議にみられるように，アメリカでは連邦政府や州政府がしばしば労働争議に介入したが，その根拠とされた法律の一つが独占禁止法であった。シャーマン反トラスト法は，「州際的あるいは国際的営業または通商を制限す

る企業合同あるいは共同謀議はすべて違法であり，こうした営業または通商の独占は刑事犯として取り扱われる」ことを定めていた。しかし実際には，独占の定義が曖昧なために，企業合同の阻止には効果がなく，むしろ労働争議を抑圧するために利用された。独占禁止法を労働争議に適用するのを止めさせるには，1914年のクレイトン反トラスト法制定を待たなければならなかった。

　相次ぐ組合に対する弾圧にもかかわらず，労働運動が消滅することはなかった。特に穏健路線のAFLはその組合員数を，1897年の50万人から1904年には200万人以上へと大幅に増やした。それでも，労働者全体に占める組合員の比率は低いままであった。その理由の一つは，最大の労働組合AFLが，すでに述べたように，熟練労働者による職能別組合であり，不熟練労働者の組織化に着手しなかったからである。AFLが放棄した社会主義を掲げ，急進的な路線をとる産業別組合として，世界産業労働者組合（IWW）も結成されたが，組合員数が10万人を超えることはなかった。1917年になっても，組織労働者の総数は約300万人にとどまり，それは全労働者の11%に過ぎなかった。多くのヨーロッパ諸国と比較して労働運動が弱いことは，アメリカ史の特徴の一つであろう。

　このような国内状況にもかかわらず，この時期，アメリカには膨大な数の移民が絶えることなく押し寄せてきた。

3　農民運動の展開

グレンジャー立法と農民同盟の台頭

　労働運動とともに，アメリカ史の前面に現れた社会運動として，農民の運動を無視することはできない。南北戦争から19世紀末に至る間，アメリカの工業はめざましい発展を遂げたが，この間農業も成長した。農業生産額は1869年から99年の間に25倍となり，農業の生産性は44%の伸びを示した。工業化が脱農業化を意味しなかったことは，アメリカ史の重要な特徴である。

　しかし，農産物価格は大体において低い水準に止まっており，特にヨーロッパが豊作のとき，農産物価格は大幅に下落した。また，農業機械の普及はめざ

ましかったが，多くの農民は工業製品と農産物との価格差に悩まされた。農地を取得するために負債を背負うことを余儀なくされている農民もあり，農民の経済状態は必ずしも安定していなかった。特に1873年，83年，そして93年と，十年ごとに欧米経済を襲った深刻な景気後退は，農産物と農地の価格を大幅に下落させた。

　農民を苦しめた要因の一つに，倉庫会社の保管料や鉄道会社の運賃の問題があった。農民が生産した穀物は，有利な価格で販売できるまで，倉庫に保管しておく必要があったし，都市部まで輸送する必要もあった。ところが，倉庫会社や鉄道会社は，独占的な立場を生かして保管料や運賃を一方的に決めることができ，農民に重い負担を課した。

　こうした倉庫会社や鉄道会社の規制を求めて活発な政治運動を展開したのが，グレンジャー運動である。この運動を担ったのは，1867年に結成された農業擁護者会であった。この団体はもともと農民の互助と親睦のための団体で，その地方支部がグレンジと呼ばれた。会員数は，1875年で86万人前後，グレンジの数は2万ほどであった。グレンジの会員は，やがて倉庫会社と鉄道会社の料金の規制を求めて，各地で政治運動を始めた。

　運動はすぐに成果をあげた。1869年から74年の間に，イリノイ，アイオワ，ミネソタ，ウィスコンシンの諸州で，倉庫会社や鉄道会社の料金を規制する州法が制定された。まさに参加民主主義の勝利であった。このグレンジャー立法に対して，倉庫会社や鉄道会社は，公権力の私権に対する不当な介入であるとして強く反対したが，その際憲法上の根拠として援用されたのが，憲法修正第14条であった。同条項は，奴隷制廃止後に黒人の権利を守るために制定されたもので，その第1項に「いかなる州といえども正当な法の手続きによらないで，何人からも生命，自由または財産を奪ってはならない」とある。この「何人からも」の人には，個人だけではなく法人も含まれるというのが，倉庫会社や鉄道会社側の主張であった。

　こうした主張に対して初めて憲法判断を下したのが，先に述べた1877年の「マン対イリノイ州判決」であった。この判決で連邦最高裁判所は，私有財産もそれが公益にかかわるときは，単なる私権ではなくなり，当然州の規制に服することを求められるとして，グレンジャー立法を合憲とした。しかし1886

年の「ウォバッシュ対イリノイ州判決」で，連邦最高裁判所はグレンジャー立法を違憲であるとした。「マン対イリノイ州」事件では修正第14条の拡張解釈に反対した連邦最高裁判所は，1880年代に入ると，修正第14条の「人」は「法人」を含むという解釈をとるようになる。グレンジャー立法はこうして挫折したが，グレンジャー運動も1870年代の終わり頃には，事業の失敗もあって急速に衰退した。

　当時の農民が抱えていたもう一つの問題は，通貨の不足であった。農民には債務を負っている者が多く，インフレ政策を期待する者が多かった。そのための一つの方策は，南北戦争の間，正貨の代わりに流通していた法定貨幣（裏が緑色の紙幣であったためグリーンバックと呼ばれる）を廃止せずに，さらに増発することであり，1874年には，それを中心的なスローガンに掲げる政党グリーンバック党が結成された。同党は1878年の中間選挙で14人の党員を連邦議会に送り込むなど，多くの支持者を集めていたが，80年代に入ると急速に衰えた。その理由の一つは，紙幣増発よりも銀貨の無制限鋳造を求める声が強くなったためである。西部を中心に各地で銀の鉱山が発見され，銀の生産量が急増すると，インフレ政策を期待する人々は，金だけでなく銀も貨幣制度の根幹に据える金銀複本位制を採用し，銀貨を無制限に鋳造することを要求したのである。

　グレンジャー運動やグリーンバック党が衰退した後，1880年代に入って農民の支持を集めたのは，農民同盟であった。農民同盟も元来は農民の互助組織であったが，1880年代末に農業不況に陥ると，政治活動に力を入れるようになった。そして1890年の中間選挙では，連邦議会議員，州知事，州議会議員などに農民同盟の代表を送り込むことに成功する。農民同盟は北部と南部では別の組織になっていた。北部の組織は「全国農民同盟」，南部の組織は「全国農民同盟産業連合」と呼ばれていたが，南部の組織は黒人農民を別組織として傘下に加えており，その勢力は北部の組織を上回っていた。

　1890年の中間選挙で成功を収めた南北の農民同盟は，他の農民団体や労働騎士団などとともに，新しい全国政党，人民党（People's Party of America）を組織することに踏み切り（1891年結党），翌92年7月，ネブラスカ州のオマハで最初の全国党大会を開催した。

資料　人民党の政策綱領（1892 年）

前文　省略
政綱
ゆえにわれわれは以下のように宣言する。
第一　今日達成された合衆国の労働する諸勢力の連合は不変であり，永続するであろう。その
　　　精神が，わが共和国の救出と人類の向上のために，万人の心に宿らんことを。
第二　富はこれを創造する者に属し，対価なしに労働から引き出された金は，すべて盗みであ
　　　る。「働かざるもの，食うべからず」。農村と都市の労働者の利益は同じであり，両者の敵
　　　もまた同じである。
第三　われわれは，鉄道会社が人民を所有するにいたるか，あるいは人民が鉄道を所有すべき
　　　かを決するときが到来したと信じる。……
財政　われわれは，安全，健全，かつ弾力的な，全国政府によってのみ発行される全国通貨を
　　　要求する。……
　　一　われわれは，現行の 16 対 1 の法定価値比率で，金貨・銀貨の自由かつ無制限な鋳造
　　　　を要求する。
　　二　われわれは，流通貨幣の量を 1 人当たり 50 ドルにまで急速に増加することを要求す
　　　　る。
　　三　われわれは累進所得税を要求する。……
　　四　……われわれは，州および国家の全歳入が節倹かつ正直に運営される政府の必要不可
　　　　欠の経費に限定されることを要求する。
　　五　われわれは，人民の所得を安全に預金し，交換を便宜ならしめるために，郵便貯蓄銀
　　　　行を政府が設立することを要求する。
運輸　……政府は人民の利益のために鉄道を所有・運営すべきである。電信と電話も……人民
　　　の利益のために，政府によって所有・運営されるべきである。
土地　土地は……人民が代々受け継ぐ財産であり，投機的目的のために独占されてはならず，
　　　また外国人による土地所有は禁止されねばならない。現在鉄道ほかの諸会社が実際の必要
　　　限度以上に所有しているすべての土地，および外国人が現在所有している土地は，政府に
　　　よって返還を求められ，実際の入植者のためにのみ取っておかれねばならない。……

［出所］　大下ほか編 1989：124 をもとに作成。

人民党と 1896 年の選挙

　人民党は，グリーンバック党のリーダーであったジェームズ・ウィーヴァー
を大統領候補に指名し，農民の年来の要求を党の綱領として掲げた。その主な
ものを挙げれば，農産物を抵当にした連邦政府による低利の融資，金銀の価値
比率を 16 対 1 とする銀貨の無制限鋳造（フリー・シルバー），鉄道・電信・電話
の公営化，累進所得税の導入，郵便貯金制度の採用，移民の制限，8 時間労働
制の支持，住民投票や住民提案の制度化などである。この綱領には，労働者の
利害にかかわる要求も含まれていたが，ウィーヴァーの獲得した票はかなりの
程度中西部の農民票に限られていた。それでもウィーヴァーは 103 万票

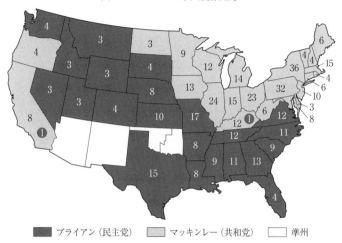

図 4-1　1896 年大統領選挙

■ ブライアン（民主党）　■ マッキンレー（共和党）　□ 準州

（8.3%）を集め，カンザス，コロラド，アイダホ，ネヴァダの 4 州で選挙人 22
人を獲得した。人民党は連邦議会へ十数人の議員を送ることにも成功し，第三
党としては幸先の良い出足であった。

　1894 年の中間選挙でも 150 万票を獲得した人民党は，96 年の大統領選挙で
党勢のいっそうの拡大を期待していた。しかしながら，民主党は人民党に近い
政策を支持するネブラスカ州選出の下院議員ウィリアム・ブライアンを大統領
候補に指名して，人民党を当惑させることになる。民主党の支持層の中には，
東部の非 WASP 系移民層のほかに，南部と西部の農民も多く，したがって金
銀複本位制を支持する者も少なくなかった。こうした農民層の支持を背景とし
て，大統領候補に指名されたのがブライアンである。ブライアンは金本位制を
激しく攻撃した名演説「金の十字架」演説で党大会を熱狂させた。また彼は，
都市に対する農村の優位を説いて，農民の要求を重視すべきことを説いた。

　ブライアンの民主党に綱領の重要部分を「横取り」された人民党は，大きな
ディレンマに陥った。独自候補を立てれば共和党を利することになり，候補を
立てなければ解党の危機に立たされる。結局，人民党は副大統領に独自の候補
を立てながら，大統領候補にはブライアンを指名する。

　民主党に対抗する共和党は，ウィリアム・マッキンレーを大統領候補に立て，

金本位制の堅持を掲げた。ブライアンの人気の急上昇に危機感を抱いた共和党は，マーカス・ハナ上院議員を選挙参謀として，巨額な選挙資金を集め，広範な宣伝戦を展開した。結局共和党のマッキンレーが得票数710万票（51.0%）で選挙人271人を獲得し，649万票（46.7%）で176人の選挙人しか獲得できなかったブライアンを破り，大統領に当選した。1896年の大統領選挙では，共和党も民主党も金本位制をめぐって分裂し，有権者の再編成が行われたが，この選挙に勝つことで共和党は恒常的に優位に立つことになり，以後1932年まで，民主党は大統領選挙でも連邦議会選挙でも劣勢を余儀なくされた。

　この選挙で民主党が敗北し，しかもその後36年間にわたって少数党にとどまったことについては，大きな原因が存在していた。農村派で，同時に厳格なプロテスタントであったブライアンの政策は，都市労働者には奇妙に聞こえたほか，食糧品価格の高騰を招く点でも支持されにくかった。何よりブライアンは，強く禁酒を支持しており，カトリックが多く，飲酒に寛大な大都市の非WASP系移民の文化・生活慣習・宗教に正面から敵対的であった。民主党は南部では相変わらず強く，西部農民層では支持を増やしたが，大都市ではむしろ支持を減らした。逆に，共和党は元来WASPを支持基盤としていたが，マッキンレーとハナのもとで，文化的寛容を説き，非WASP系有権者での劣勢をある程度巻き返した。そして何より，1893年の深刻な景気後退が，時の与党民主党に「不景気の党」の印象を強くかつ長く有権者に与えていた。

4　ポピュリズム運動の衝撃

前向きか後ろ向きか

　人民党とブライアンの運動を合わせてポピュリズムの運動と呼ぶことが多いが，狭義には人民党を指す。広義には，ポピュリズムとは一般に大企業や中央政府などの強大な権力に対する民衆の反発に根ざした運動や思想を指しており，今日でも頻繁に使用される。その場合には，農民運動的な性格は払拭され，労働者や低学歴層なども含んだ運動・思想を意味することが一般的である。

　ただし，19世紀末のポピュリズムの運動に限ると，それは政府による経済

的領域への介入を要求するものであり，その意味では当時支配的であった自由主義・自由放任主義と対立する改革派としての側面をもっていた。

しかし，そこでは，自由主義そのものが否定されていたわけではない。アメリカの農民は，彼ら自身企業家にほかならない。ポピュリズムの運動は，自由競争を通じてより豊かになろうとする農民たちの努力が，独占企業によって阻害されていることに対する反発であり，政府の介入によって独占企業の影響力が弱まれば，かつての自由競争の社会を復活させうると期待していた。ただし，このような政府観は，この当時のアメリカでは大きな支持を得ていなかった。

歴史家リチャード・ホーフスタッターは名著『改革の時代』において，ポピュリストの理想郷は過去，すなわち1830年代のアメリカにあり，未来にはなかったと指摘した。すなわち，彼はそれを，基本的に時計の針を戻そうとする後ろ向きの運動であったと批判した（ホーフスタッター 1967）。

しかし，第1に，人民党は一部産業の公営化や累進所得税の導入なども唱えていたので，完全に旧来の自由放任主義に戻ろうとしていたわけではなかったことにも留意する必要がある。

第2に，より根本的に重要なのは，アメリカ史において，特に19世紀後半から20世紀初頭にかけて，しばしば1830年代，すなわちジャクソニアン・デモクラシーの時代が地上の楽園として語られ，その後のアメリカ史は企業の巨大化，自営農民やコモン・マンの没落の歴史，あるいは貧富の格差の拡大の歴史として認識される傾向があったことである。実際のところ，ポピュリズムにせよ，20世紀初頭の革新主義にせよ，常に古き良き過去（ジャクソン大統領時代）に戻ろうという復古主義，すなわちノスタルジア（懐古主義）的主張を含むことになる。これは，早い時期に相対的にかなり進んだ平等主義と社会的実体としての平等をアメリカが達成したからでもあり，他国にはあまりみられないアメリカ史の重要な特徴の一つなのである。

南部におけるポピュリズム

人民党は南部では異なる役割を果たした。1877年の南部復権後の南部政治，特に黒人の状況と合わせて，ここでふれておきたい。

北部による軍事占領下では黒人の地位は擁護されていた。選挙でも黒人は一

挙に進出し，例えば黒人人口の多いサウス・カロライナ州で，一時的にせよ，州下院議員124人のうち94人までを黒人が占めた（齋藤・古矢 2012：108）。また，この時期に黒人にも無償の学校教育制度が開放され，黒人児童も急速に増えた。

　しかし，北軍による占領が終了した後，南部政治の主導権は徐々に南部の白人有力者の手に戻っていった。それにつれて黒人の立場は，奴隷から自由人になっていたにもかかわらず，再び脅かされることになった。むろん，このことは，彼らが奴隷の地位にまた戻されたということではない。黒人は確実に職業選択，移動，結婚などの自由を得た。ただし，財産，教育，経営などの経験をほとんどもたない黒人にとって，厳しい資本主義的競争社会の中で自立することはきわめて困難であり，結果的に彼らの多くは小作農民などとして白人に雇用された。それでも，1880年代後半まで，北部あるいは外国からの旅行者は，彼らの予想以上に，南部において白人と黒人とがレストランの同じ部屋で飲食し，また社会的接触が多いことに驚きを表明していた（ウッドワード 1998）。

　南部の政治を大きく変えたのは，南部における農民同盟の台頭であった。農民同盟は，それ以前の農民運動と比較すると，担い手が下層農民・小農民であったことが特徴であった。特に，すでに述べたように，南部では農民同盟が，黒人農民を運動員に組み入れ，白人下層農民と黒人の共闘を進めたため，それに脅かされた白人プランター・経営者に強い衝撃を与えた。

　白人上層階級の政治家がここで展開したのが，下層白人と黒人を離反させる政策であり，それが黒人に対する体系的な分離差別制度の構築であった。自治体の条令によって，バスの場合，黒人は後ろから座り，白人は前から座るが，空いている席がなくなった場合，黒人は白人に席を譲らなければならないとされた。鉄道車両，待合室などでは黒人と白人の分離が始まり，レストランやホテルでは入り口や使用場所が分離された。重要な点は，このような分離が，州政府や地方政府（カウンティや市など）制定の法律によってなされていたこと，すなわち法的かつ公式の差別であったことである。そして，このような分離と差別（これをジム・クロウ制度ともいう）は南部のすべての州に急速に普及した。公教育においても，黒人と白人は別の学校に通うよう義務づけられた。

　黒人の選挙権に対しても，さまざまな制約が課せられた。投票するためには，

当時，北部州で普及しつつあった選挙登録制度が南部でも採用された。これは，登録手続きをとらない人を選挙から排除する機能をもったが，北部では特に渡来したばかりの（とりわけ英語も理解しない）移民を排除する狙いが込められていた。登録の際に読み書き能力試験（literacy test）が課せられたのは，そのよい例である。ちなみに，北部でこうした制度を提案したのは WASP 系の改革者であり，反対したのは非 WASP 系移民を支持基盤とする民主党であった。

　この選挙登録制度は南部州において，黒人を排除するために利用された。読み書き能力試験のほかに，選挙登録税（poll tax）も課せられた。金額は数ドル程に過ぎなかったが，登録は投票日のはるか前に設定され，支払っていても領収書の提示がないと投票できなかった（黒人には領収書保存の習慣がなかった）。読み書き能力試験は州によって祖父条項が加えられ，祖父が選挙権をもっていた場合には（すなわち白人であれば），試験が免除された。

　さらに，南部諸州の民主党は，民主党の予備選挙（primary）で露骨に黒人の参加を排除した。予備選挙も北部州から始まった制度で，20 世紀初頭から法制化され始め，1920 年頃までにほとんどの州で，州法によって実施されることになった。予備選挙とは，政党の公認候補を決定する際に，党の有力者が決めることはできず，現職がいる場合ですら必ず党員の投票によって決めなければならないとする制度をいう。北部の諸州ではいわゆる政党のボス支配を打破するため，政党の公認候補者決定手続きを民主化するために導入された制度であったが，南部では黒人差別のためにも利用されたのであった。

　こうして 1890 年代から，このような黒人に対する差別制度が急速に南部諸州で普及し始め，20 世紀初頭にはほぼ完全に定着することになった。黒人は予備選挙では民主党に投票できず，本選挙でも投票はきわめて困難となった。これと並行して，南部における共和党の支持は，1877 年の軍事占領終結と，このように黒人が投票できなくなったために激減し，南部はほぼ完全に民主党一党支配の地となった。

　人民党は黒人との共闘を行ったが，1896 年の大統領選挙での挫折後，その一部の白人指導者は，黒人は白人有力者によって容易に買収されるという理由で，むしろ白人有力者と協力し，黒人を選挙から排除する方針に転換した。1896 年の大統領選挙で人民党副大統領候補に指名されたトム・ワトソンは，

当初は白人と黒人の共闘の提唱者であったが，20世紀に入ってから転向し，1920年代初頭には民主党員としてジョージア州政界のボスにまで上りつめた。

　黒人に対する法による，すなわち政府による公式の差別制度は，本来合衆国憲法修正第14条の法の下の平等条項に違反すると考えられる。しかし，連邦最高裁判所は，1896年の「プレッシー対ファーガソン」判決において，「分離すれども平等」の原則，すなわち白人と黒人は分離されていても施設の程度が同等であれば平等条項に違反しないという解釈を打ち出し，黒人差別を容認した。こうして南部の黒人は連邦最高裁判所からも見放され，1960年代まで法的な人種差別に苦しめられることになったのである。

◆ 引用・参考文献

ウッドワード，C. ヴァン／清水博・長田豊臣・有賀卓訳 1998『アメリカ人種差別の歴史』福村出版。

大下尚一・有賀貞・志邨晃佑・平野孝編 1989『史料が語るアメリカ——メイフラワーから包括通商法まで 1584〜1988』有斐閣。

久保文明 1990「アメリカ政治史における国家と階級——若干の考察」小川晃一・片山厚編『階級意識とアメリカ社会・アメリカ研究』（札幌クールセミナー 第9集）木鐸社。

齋藤眞・古矢旬 2012『アメリカ政治外交史〔第2版〕』東京大学出版会。

ターナー，フレデリック／清水博訳 1955「米国史におけるフロンティアの意義」（1893年）アメリカ学会訳編『現代アメリカの形成』上（原典アメリカ史 第4巻）岩波書店。

ホーフスタッター，R.／清水知久・斎藤眞・泉昌一・阿部斉・有賀弘・宮島直機訳 1967『アメリカ現代史——改革の時代』みすず書房。

Goodwyn, Lawrence 1976, *Democratic Promise: The Populist Moment in America*, Oxford University Press.

Katznelson, Ira 1985, "Working-Class Formation and the State: Nineteenth-Century England in American Perspective," in Peter B. Evnas, Dietrich Rueschemeyer and Theda Skocpol eds., *Bringing the State Back In*, Cambridge University Press.

Sombart, Werner 1976, *Why is There no Socialism in the United States?*, Palgrave Macmillan.

第5章 革新主義の改革と帝国主義化

　↑1907年から09年にかけて，世界周航を行ったアメリカ艦隊（写真提供：U.S. Navy photo）

　すでに19世紀後半には，都市において腐敗撲滅を目的とした市政改革運動が始まっていたが，改革運動はさらに貧困，教育，住宅などの問題にも及んだ。20世紀に入り，改革の流れは連邦レベルでも独占，政治の民主化，食品規制などを求める大きな気運となり，T.ローズヴェルト，W.タフト，ウィルソンらのもとで改革が実現した。

　19世紀末，外交でも大きな変化が訪れつつあった。アメリカは米西戦争に勝利してキューバを保護国化するとともに，フィリピンを植民地化して，太平洋国家・帝国主義国家となった。それまで小規模の軍事力しか保持していなかったが，徐々に海軍力を強化するとともに，パナマ運河を領有し，また中国における門戸開放政策を打ち出すなど，それまでより積極的な外交政策を展開するようになった。

1 改革の潮流——地方から中央へ

革新主義の台頭

すでにみたように，1890年代，アメリカは世界最大の経済大国となったが，経済的繁栄はアメリカの伝統的信条に大きな歪みを与えた。例えば，自由競争の信条は独占企業の出現によって脅かされ，参加民主主義の伝統は，政党マシーンあるいは政治ボスの活動によって脅かされることになった。ポピュリズムの運動は，繁栄の恩恵に与かることの最も少なかった農民による，かつてのアメリカを取り戻そうとする運動であったといえるが，1896年の大統領選挙におけるブライアンの敗北によって挫折を余儀なくされた。

また，この時期は，同化が容易でない大量の「新移民」（→3章4）の渡来に特徴づけられた時代でもあった。1890年から1920年までの30年間に，それ以前の70年間を上回る約1800万人の移民が渡米したが，圧倒的多数は新移民であった。彼らの5人に4人は北部の大都市に居住し，劣悪な生活環境に耐えながら，強い上昇意欲をもって働いた。

革新主義運動とは，19世紀末から20世紀初頭にかけて，アメリカが直面したさまざまな問題に対して，改革を実現しようとした運動を意味する。それは，ポピュリズムの目標を一部受け継ぎながらも，農民よりも都市の中間層を主な担い手として展開された。

革新主義の運動は，まず地方政治から始まった。19世紀末には移民の流入にも後押しされて都市化の進行が著しく，大都市は公衆衛生，住宅，貧困，教育などの面で解決すべき多くの問題を抱えていた。しかし都市は，多くの場合，州政府の管轄のもとに置かれて自主的な解決能力に欠け，さらに政党マシーンの支配のもとで，政治的腐敗に悩まされていた。それゆえ，政治的革新を求める運動は，まず市政改革運動として始まった。

例えば，1894年に結成された全国地方自治体連盟は，各都市の自治権強化を要求する運動を進め，多くの州でその実現に成功した。また，州や市の政治的腐敗を根絶するためのさまざまな試みがなされ，その中から，政党の公認候補者指名における予備選挙の採用，女性参政権の確立，住民提案や住民投票の

制度化，工場法や最低賃金法など社会立法の具体化が，いくつかの州で実現された。オーストラリア方式といわれた秘密投票制度も，この頃から導入された。マシーンやボスには共和党系のものも存在したが，マシーンやボス支配に対抗する運動には，多くの場合，民主党および非WAPS系有権者組織に対して，共和党およびWASP層が行った批判・反撃という側面が含まれていた。

　州政治における革新主義の実現において，最もめざましい成果をあげたのは，ウィスコンシン州であった。1900年，共和党革新派のラ・フォレットは，同党のマシーン支配を打破して州知事に当選し，「ウィスコンシン主義」と呼ばれる一連の改革を実現した。その主な成果としては，予備選挙をはじめとする直接民主主義的諸制度の拡充，鉄道運賃の引き下げや大企業に対する増税といった独占企業の規制，労災補償や児童労働の禁止などの社会立法の拡大が挙げられる。

　都市における「貧民街との戦い」は，民間の社会事業家によって進められていた。ジェーン・アダムズら社会事業家は，貧しい移民の子どもを支援するセツルメント運動を興し，救貧，教育，公衆衛生などを改善するうえで大きな役割を果たした。そのほか，少年犯罪者の保護，監獄の改良，禁酒立法の拡大などを求める運動も，この時期に大きな成果をあげている。これらの運動の一部は，渡来したばかりの移民の子どもと若者を助け，そのアメリカ社会への同化を手助けする役割を担った。スーザン・アンソニー，エリザベス・スタントンらの女性参政権獲得運動の指導者たちについてはいうまでもなく，この時期さまざまな改革運動には，アダムズやフロレンス・ケリーのほか，多数の女性が参加していた。

　人々を革新主義の運動に駆り立てたものの中では，多数の文筆家が政界の不正を暴露する記事に健筆をふるったことも無視できない。こうした文筆家は，当時マックレーカーと呼ばれたが，これは「汚物を熊手でかき集める人」の意味で，T.ローズヴェルトによって軽蔑の意味で用いられたのが，その始まりだといわれている。特に重要な役割を果たしたのは，1902年以降『マックルアーズ誌』に寄稿した人々であろう。その中には，『都市の恥辱』（1904年）を著したリンカーン・ステフェンズ，『スタンダード石油会社の歴史』（1904年）を書いたアイダ・ターベルらがおり，いずれも一般市民に社会の現実を理解さ

せるうえで大きな役割を果たした。また作家として有名なアプトン・シンクレアも，小説『ジャングル』(1906年) などを通じて，シカゴ市の政治的腐敗や食品加工業の不衛生な状態などを摘発しており，1906年の純良食品・薬事法の制定も，この小説の影響が大きいといわれている。

　アメリカの崇高な理念や価値観に照らして「あってはならないことがこのアメリカで起きている」ことを広く国民に認識させたのは，このような新しいメディアであった。この時期，メディア，それによって形成される世論，そして世論から支持される改革の大義あるいは政治家の役割が，徐々に重要になりつつあった。

T. ローズヴェルトの革新主義

　革新主義の運動は，やがて連邦政府にも大きな影響を与え始めた。19世紀末までの連邦政府は，自由放任主義を原則とし，労働問題や社会問題に対しても積極的な対応を試みようとはしなかった。こうした傾向に対して，革新主義の要求を受け容れ，消極的な政府から積極的な政府への転換を図ろうとした最初の大統領は，T. ローズヴェルトであった。彼は1900年の大統領選挙で再選されたマッキンレーのもとで副大統領の地位にあったが，01年にマッキンレーが暗殺された後，大統領に昇格した。それとともに，連邦政府における革新主義の時代の幕が開くことになった。この意味で，連邦レベルでの革新主義は偶然によって始まったといえる。

　T. ローズヴェルト大統領の政治に対する見方は，彼が唱えた「スチュワードシップ」の理論によく示されている。すなわち，T. ローズヴェルトは次のように述べている。「およそすべての行政官，とりわけ高い地位にある行政官は，国民全体の「スチュワード」(奉仕者) であり，自己の能力をナプキンの中に傷つけないようにしておくという消極的貢献で十分であるというわけにはいかない。大統領が国家にとっての必要条項を，それを行う権限が明確に与えられていない限り，行いえないという見解をとりたくない。私の信念では，国家の必要から要請されることは何であれ，憲法または法律によって禁止されていない限り，行うのが私の権利であり義務であると思う」。ここには，州政府や連邦議会中心の統治から，連邦行政部，なかんずく大統領中心の統治形態への

転換が企図されていたことが示されている。

　T.ローズヴェルトは，こうした線に沿って，一般民衆がもっと「公正な扱い（square deal）」を受けるような政策をとることを表明した。ポピュリズムの時代以降，自由競争の原則に反する独占企業の存在は，多くの国民に不満と不安とを感じさせていた。彼は，こうした国民感情を背景に，いわゆる「トラスト征伐」に乗り出した。まず彼は，それまでほとんど適用されることのなかったシャーマン反トラスト法（1890年制定）を活用して，いくつかの独占企業を告発して勝訴し，解散させた。特に，1902年にモーガンの支配下にあったノーザン・セキュリティズ会社を告発したことは，多くの人々に連邦政府，連邦行政部，とりわけ合衆国大統領が民間企業より上に立つものであることを印象づけることに成功した。また，1903年にはエルキンズ法によって公益事業の料率に規制を加え，06年にはヘプバーン法によって州際通商委員会に公益事業の料率を規制できる十分な権限を与えた。

　ただし，T.ローズヴェルトは独占的な大企業をすべて解散しようと考えていたわけではなかった。国際的感覚をもっていたT.ローズヴェルトは，巨大企業の発展が時代の必然的趨勢（すうせい）であると考えていたため，また国際競争の観点からも，特に悪名の高い企業以外は告発しない方針であった。

　T.ローズヴェルトの革新主義の遺産として重要なものは，労働問題や環境問題の領域にも見出される。労働問題においては，連邦議会は大統領の要請を容れて，政府関係雇用者のための労働補償法，首都ワシントンのための児童労働禁止法，鉄道事業のための安全施設基準法などを成立させた。また，ストライキに際して，T.ローズヴェルトはこれまでの大統領と一線を画し，場合によると労働者を支持して，経営者に賃金引き上げを飲ませた。彼によると，これこそがまさに「公正な取扱い」なのであった。

　シンクレアの『ジャングル』などによって，食品工業における不衛生な状態や有害着色物質と防腐剤の使用が明らかになるとともに，消費者保護の強化を求める声が強くなった。T.ローズヴェルトの支持もあり，また同時にこのような要求に応えようとして，連邦議会は1906年，純良食品・薬事法と食肉検査法を制定した。

　アメリカにおいて天然資源，特に森林と土壌は，長い間，濫用されるままに

放置されていた。自然を愛した T. ローズヴェルト大統領は，天然資源の保存を図ることが急務であることに気づき，まず 1891 年に制定された森林資源保全法を活用して，約 1 億 5000 万エーカーの森林を国有保護林とし，さらにアラスカおよび北西地方の森林 8500 万エーカーを天然資源に関する調査が完了するまで立ち入り禁止とした。また，1902 年の低地干拓法に基づいて大規模な用水計画が始められ，アリゾナ州のローズヴェルト・ダムなどの工事が開始された。5 カ所の国立公園，2 カ所の国有猟獣保護地域と 51 カ所の野鳥保護地域が指定されたのも，T. ローズヴェルト政権時代のことである。

2 タフトからウィルソンへ

ニュー・ナショナリズムとニュー・フリーダム

　T. ローズヴェルトが 2 期にわたって大統領の職務を遂行した後，1908 年に大統領に当選したのは，共和党のウィリアム・タフトであった。W. タフトは，T. ローズヴェルトのような派手さのある大統領ではなかったが，T. ローズヴェルトの政策は，この W. タフトのもとでより多く具体化された。彼のもとで実現された主な成果としては，トラスト訴追の拡大，マン・エルキンズ法（1910 年）に基づく州際通商委員会の強化，郵便貯金と郵便小包制度の設立，連邦上院議員の直接選挙と連邦政府による所得税の賦課権とを認めた憲法修正条項の成立などが挙げられる。W. タフトもまた革新主義の原則に忠実な大統領の一人であった。

　しかし，W. タフトは，革新主義的な政策を実現した実績をもちながらも，ラ・フォレットやギフォード・ピンショーなどの党内革新派との溝を深めていた。T. ローズヴェルトはこうした形勢をみて，大統領選挙への再出馬を決意したが，共和党全国大会の指名争いで W. タフトに敗れるや，新党「革新党」を結成して，選挙にのぞんだ。他方，共和党の分裂によって有利な地位に立った民主党は，プリンストン大学の元学長でニュージャージー州知事のウッドロー・ウィルソンを大統領候補に指名した。

　T. ローズヴェルトは「ニュー・ナショナリズム」を，ウィルソンは「ニュ

ー・フリーダム」をそれぞれのスローガンに掲げて戦った。どちらも改革の思想を表明し，どちらも独占を規制しようとしていたが，両者の間には原理的な違いもあった。

　例えばニュー・ナショナリズムは独占をすべて否定せず，むしろ巨大化・集中化は時代の趨勢であるととらえていた。公益に反する巨大独占のみを解体するというのが，T. ローズヴェルトの方針であった。それは連邦行政部主導の改革であり，ナショナリズムはナショナルな政府，すなわち連邦政府が主導権をとる政治を意味していた。それに対して，ウィルソンは基本的にすべての独占解体を唱えた。独占や巨大企業が存在しなかった古き良きアメリカに戻るというのが彼の考えであった。

　それに対して，福祉政策，貧困対策などについてはT. ローズヴェルトのほうが前向きであった。ウィルソンは児童労働禁止にも当初反対であったし，貧困は完全に個人の責任であるとみなし，政府による福祉政策に否定的であった。独占批判ではウィルソンのほうが急進的に聞こえるものの，T. ローズヴェルトのほうが，巨大組織化や福祉政策が不可欠な現実に前向きに備えようとする傾向があった。

　選挙の結果，ウィルソンは一般投票の41.8％を得たに過ぎなかったが，共和党の分裂に助けられて，435人の選挙人を獲得し，27.3％の票と88人の選挙人を得るに止まったT. ローズヴェルトを破って，大統領に当選した。

ウィルソンの革新主義

　ウィルソンが具体化した革新主義的政策は，大きく3つに分けられる。第1は，関税の引き下げであった。低関税は南部を基盤の一つとする民主党の年来の主張であったが，1913年10月にアンダーウッド関税法が成立し，関税率は南北戦争以降，最低となった。この関税法による歳入減を補うために，3000ドルを超える所得には累進税を課すことが定められ，アメリカで初めて所得税が設けられることになった。

　第2は，銀行・通貨制度の改革である。1907年に不況がアメリカを襲ったが，それは時代遅れで弾力性に乏しい銀行・通貨制度によって起こったものとされ，その早急な改革の必要が痛感された。1913年2月に成立した連邦準備

法は，全国に 12 の連邦準備銀行を設置し，各連邦準備銀行は私的な機関でありながら，連邦準備券を発行する権利を認められた。さらに，連邦政府には連邦準備局が設けられ，手形割引率の調整と準備銀行の監督を行うこととされた。ここで，ジャクソン時代以来久しぶりに，アメリカで中央銀行に近いものが復活した。

　第 3 は，企業規制の強化である。1914 年に成立したクレイトン反トラスト法は，自由競争を妨害する行為と大企業の重役兼任を禁止して，独占企業の拡大を防ごうとするものであった。また，連邦取引委員会法は，企業活動に対する監督と助言という強い権限を付与された連邦取引委員会の設置を定めたものであった。なお，クレイトン反トラスト法の中で，労働組合や農業団体の通常な活動には，反トラスト法を適用しないと定められたことも，重要な成果の一つである。ちなみに，これはすべての独占を解体するものとは程遠く，議会が可決した法律は基本的に T. ローズヴェルトの考えに近いものであった。ウィルソンもこれを受け入れた。

　総じて，革新主義の主要な関心事は，経済的には独占の規制であり，政治的にはボスとマシーンによる支配を排除することであったと考えられる。独占の規制が自由競争の回復を，ボスとマシーンの除去が直接民主主義の回復をめざすものであった限りにおいて，その底流にあるものは，「在りしよき日」への復帰の願望であったといえよう。ただし，すでにふれたように，ここにはWASP 対非 WASP の権力闘争も伏在していた。また，禁酒の強化などにみられるような道徳問題も重要な争点であった。そして，この問題にもまた，アルコールに関して禁欲的な WASP と，そうでない非 WASP の間の文化的対立が絡んでいた。

　同時に，革新主義的改革の中では，女性参政権，貧困や新移民層の苦難の救済，児童労働の禁止，労働時間の短縮，労働災害制度の導入など，平等主義ないし人道的関心に基づいた弱者保護策や，現代的福祉国家につながる政策が追求されていたことも忘れてはならない。

3 アメリカの帝国主義

米西戦争

1823年に発せられたモンロー・ドクトリン（→2章3）はラテンアメリカ諸国からは少なからず歓迎されたが，当時のアメリカの実力からみて，はたして現実にヨーロッパの侵略を阻止しえたかは疑わしい。実際，それ以後にも，イギリス，フランス，スペインなどによるラテンアメリカ諸国への侵入は，しばしば企てられていたのであり，それが決定的事態に至ることを阻止していたのは，むしろヨーロッパ諸国間の勢力均衡であったといってよい。

モンロー・ドクトリンは，アメリカ合衆国がラテンアメリカの諸国に対して無関心・中立の立場をとることを意味するものではなかった。モンロー・ドクトリンに限らず，アメリカの外交は，基本的にヨーロッパに対して孤立主義的であったが，ラテンアメリカやアジアに対しては必ずしもそうではなかった。

特にアメリカのラテンアメリカに対する態度から，膨張主義を読みとることは，それほど困難なことではない。中でも最大の被害者はメキシコで，さまざまな機会に国土面積の約半分が合衆国に併合されていった。現在のカリフォルニア，アリゾナ，テキサス，ニューメキシコなどの諸州は，いずれもかつてはメキシコ領であった。アメリカの膨張主義は，19世紀末から20世紀初頭にかけて，カリブ海地域やメキシコ以南にも向かうようになる。アメリカ外交もまた，帝国主義の時代を迎えることになった。

1895年，キューバにおけるスペインの統治が圧制的で，しかも腐敗に満ちたものであったことから，キューバの解放を求める反乱が起こった。アメリカ国民の間に，キューバに対する同情が広がり，クリーブランド，マッキンレー両大統領に対しても，何らかの措置を求める声が強くなっていた。1898年2月，アメリカの軍艦メイン号がハバナ港内で原因不明の爆発を起こし，多数の死傷者が出るという事件が発生するとともに，スペインに対する開戦を求める声が一挙に高まった。こうして「メイン号を忘れるな（Remember the Main）」というスローガンが叫ばれる中，マッキンレー大統領はついにスペインとの戦争に踏み切った。当時の国務長官ジョン・ヘイが，この戦争を「すばらしい小

さな戦争」と呼んだように，実際この戦争ほど，アメリカがわずかな犠牲で大きな成果を収めた戦争はめずらしい。1898年5月1日に開始された戦闘は，わずか10週間で終わった。その間にアメリカ艦隊は，一兵も失うことなく，マニラのスペイン艦隊を壊滅させ，キューバとプエルトリコなど，中南米地域に残されたスペインの植民地を占領した。

　この米西戦争は，1898年8月12日，スペインがアメリカ側の要求を受け入れて，終結するに至った。スペインとの講和は，同年12月のパリ講和条約で正式に取り決められたが，その結果，キューバの独立，プエルトリコおよびフィリピンの併合などが実現された。しかし，キューバの独立も完全な意味での独立ではなく，アメリカの保護下に置かれた独立であった。1900年に開かれたキューバ憲法制定会議は，アメリカ側の強い要求に基づいて，グァンタナモ海軍基地のアメリカへの譲渡と，キューバの独立と秩序を維持するために，アメリカ軍が介入する権利とを承認した。このアメリカの介入を認めた条項は，プラット修正と呼ばれ，のちに両国が結んだ条約の中で再確認された。アメリカは，直接キューバを統治する責任を負うことなく，その外交政策の大枠を支配する手段を獲得したのであった。

　アメリカの国際的地位に大きな影響を与えたのは，むしろフィリピンの領有であった。フィリピンの領有は，独立を求めるフィリピン人の抵抗を排除して，ようやく実現されたが，異質な住民が居住する大陸外の領土を併合したことは，アメリカの共和政と民主主義に新しい問題を投げかけ，国内でもブライアンに率いられた強力な反帝国主義運動を引き起こした。同時に，アメリカはアジアに植民地をもつことによって，自ら帝国主義国家の仲間入りをすることになった。その意味で，米西戦争はアメリカの歴史における重大な転換点をなすものであった。

　ちなみに，これらを主導したマッキンレー大統領は，アメリカは交易するために世界市場に打って出なくてはならない，孤立はもはや可能ではないし，望ましくもないと明言し，積極的な外交に着手しようとしていた。彼は長年のアメリカの孤立主義を意図的に大きく修正しようとしていたのである。

図5-1　カリブ海諸国への干渉

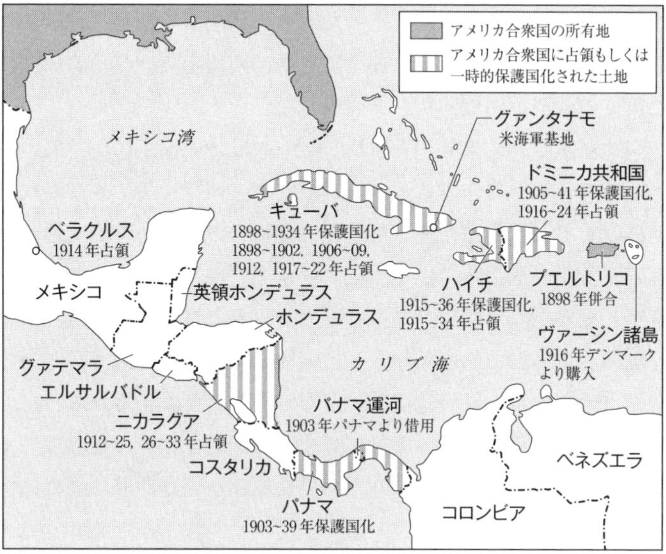

[出所]　紀平 1999：261 をもとに作成。

中国に対する門戸開放政策

　この時期，アメリカは中国への関与も開始した。19世紀末，対中国貿易は
アメリカの全対外貿易の2%を占めるに過ぎなかったが，アメリカには長年
「中国の巨大市場」に対する夢が存在していた。ただし，中国に対してはイギ
リスをはじめヨーロッパの列強が早くから清帝国から勢力範囲や租借地を獲得
しており，日清戦争後はそこに日本も加わった。アメリカの悩みは，この点で
出遅れたこと，アジア大陸で勢力範囲を確保するほど十分な軍事力を保持して
いなかったこと，そして帝国主義的政策に対する国内の支持が弱いことであっ
た。しかも，アメリカの目的は，貿易をすることにあり，必ずしも軍事的に勢
力範囲を獲得することではなかった。

　そこで，1899年9月，ヘイ国務長官は列強に対して，中国における商業上
の平等の権利を，列強それぞれの勢力範囲内で認めるように要請する「門戸開
放回状（open door circular note）」を発した。各国の回答は条件付きの曖昧なも
のであったが，ヘイは提案に対して了解が得られたと主張した。さらに翌

1900年，中国で義和団事件が起こると，アメリカを含む諸列強は軍を派遣したが，特にロシアは大軍を満洲に送った。この状況で，同年7月，ヘイは中国全土における商業上の機会均等に加えて，中国の領土的・行政的保全の尊重を要請した第2の「門戸開放回状」を発表した。

　この2つの回状は，結果的に19世紀末から20世紀前半にかけてのアメリカの対中国政策の骨格を形作ることになった。この回状は，アメリカ政府の中で，中国問題に対して，軍事力行使・勢力範囲獲得の方針でいくか，通商での機会均等を追求するかの選択肢の中で，後者を基本路線に据えることが決定されたことを意味していた。それは，ヨーロッパや日本とは異なる路線，すなわち植民地化とは異なる方針であった。アジア大陸における軍事的劣勢と通商優先の発想とが，このような方針決定の前提となっていたと考えられる。ただし，この時点では，いわゆる門戸開放政策に対する国際的な承認の程度は，まだ小さかった。この後アメリカは徐々に，門戸開放原則を国際的取り決めに格上げすることに成功していく。

4　棍棒，ドル，そして宣教師

パナマ運河，カリブ海，善隣外交

　アメリカの海外進出に関して，最も明確な戦略的構想を示していたのは，海軍戦略家のアルフレッド・マハンであった。彼の主張は，貿易による国家の繁栄と，そのための海軍力の増強を骨子とするもので，特に太平洋と大西洋とを結ぶ運河の建設と，太平洋の制海権確保の必要性を強調していた。このマハンの構想を実現することが，T.ローズヴェルトの課題であった。彼は「棍棒（こんぼう）をもって穏やかに話せ」ということわざを愛用していたが，彼がこの「棍棒」という表現で意味していたものは，強力な海軍力にほかならなかった。ちなみに，T.ローズヴェルトの外交はそのために「棍棒外交」と呼ばれた。

　強力な海軍力に機動性を与えるためには，両大洋を結ぶ運河が必要とされる。運河の候補地としては，パナマとニカラグアとが考えられていたが，かつてフランスのある会社が運河建設を企てたことのあるパナマが選ばれた。しかし，

Column ⑤　非軍事大国としてのアメリカ ✴✴✴✴✴✴✴✴✴✴✴✴✴✴✴✴✴

アメリカ軍の規模は 1840 年代の米墨戦争時に陸軍が 5 万人にまで膨らんだが，戦後は 1 万人程度にまで縮小した。ただし，その 90% は先住民に対抗するため，ミシシッピ川以西に設けられた 79 の駐屯地や要塞に駐留した。南北戦争では数百万人にまで膨れ上がったが，その後急減し，19 世紀末には 2 万 5000 人にまで縮小している。同じ頃，フランスは 50 万人，ドイツは 41 万 9000 人，ロシアは 76 万 6000 人の兵力を維持していた。第一次世界大戦時に一時的に 400 万人以上にまで膨れ上がるが，その後の戦間期にはわずか 13 万 5000 人にまで縮小した。このパターンは 1945 年後の短期間についても同様である。また，1880 年代のアメリカ海軍は，チリのそれよりも小さかった（ナイ 2015）。

要するに，アメリカでは戦争のたびに兵力の大幅な増加がみられたが，それでも 1941 年までは，アメリカの軍は列強と比べて規模も小さく，予算も少なく，影響力も乏しく，同時にあまり社会的に尊敬されていない職業であった。19 世紀の間，恒常的に，そして 20 世紀になってもかなり長い間，軍事予算は国民総生産（GNP）の 1% に満たない時代が続いていた。このような中，マッキンレーおよび T. ローズヴェルト両大統領のもとで陸軍長官を務めたエリフ・ルートは，軍を再編して 10 万人規模に増強したのである。

アメリカが本格的に，恒常的な軍事大国になるには，冷戦期まで待たなければならない。この時期のアメリカ外交の転換が，いかに歴史的なものであったかが窺い知れよう。

✴✴✴✴✴✴✴✴✴✴✴✴✴✴✴✴✴✴✴✴✴✴✴✴✴✴✴✴✴✴✴✴✴✴✴

パナマを領有するコロンビアの議会がアメリカ側の示した案を不満として，運河地帯租借に関する条約の批准を拒否したため，事態は暗礁に乗り上げた。ニカラグアに運河建設が移されることを恐れたフランスの会社は，パナマの住民を煽動して，1903 年 11 月，パナマ独立の反乱を起こした。アメリカの海軍は直ちにパナマに急行して，反乱を擁護し，パナマの独立が宣言された。T. ローズヴェルトはパナマと条約を結んで，運河の建設に着工し，1914 年運河は開通した。

パナマ運河の安全を確保するためには，カリブ海をアメリカの勢力圏に収めておく必要があった。そのためにとられた政策が，カリブ海政策である。この地域に存在する小国は，政情不安定であり，しかもヨーロッパの外債によって，

財政的にも不安定な状態に置かれていた。そこで，アメリカは税関管理権を獲得して，財政を直接に管理し，あるいはアメリカの銀行家による債務の肩代わりによって，ヨーロッパからの干渉を避けようとした。さらに，政情不安定が続く場合には，軍隊の派遣や傀儡政権の樹立に至ることも少なくなかった。その結果，T.ローズヴェルト期のアメリカはラテンアメリカ諸国に永続的な不信感を植え付けることになった。

　T.ローズヴェルトの後継者W.タフトは，国務長官フィランダー・ノックスとともに，アメリカの資本力によって，海外におけるアメリカの影響力を増大させようとした。W.タフトとノックスの外交政策は，W.タフトが教書の中で「銃弾に代えるにドルをもってする」と述べたことから，「ドル外交」と呼ばれるようになった。1909年にニカラグアに革命が起こり，新政府が組織されたが，関税に対するアメリカの監督に同意するまでは，アメリカは新政府を承認しなかった。のちにこの新政府に対する反乱が起こると，アメリカは海兵隊を送って反乱軍を壊滅させた。

　W.タフトに代わったウィルソンは，彼のもとで国務長官を務めたブライアンとともに，外交における道義性を強調した。ウィルソンとブライアンがともに熱烈なプロテスタントであったことから，彼らの外交はしばしば「宣教師外交」と呼ばれている。しかし，彼らの主観的意図はともかくとして，少なくともカリブ海諸国に対してとられた政策は，T.ローズヴェルトやW.タフトの政策を継承したものであった。まず，無政府的な混乱状態にあったハイチは，1915年にアメリカ海兵隊によって占領され，占領状態は19年間も続けられた。ドミニカも，1916年に海兵隊を派遣され，アメリカによる財政管理を拒否したために，24年まで海兵隊の軍政下に置かれた。ドル外交も宣教師外交も，最終的には海兵隊外交に帰着した。

　ウィルソンの中南米政策において，権力的な側面が最も強く現れたのは，メキシコに対する干渉である。メキシコでは，1913年に独裁政権を打倒して樹立された自由主義的政権が，再び独裁的な軍人ヴィクリアーノ・ウエルタによって打倒された。ウエルタ政権不承認という異例の方針をとったウィルソンは，ベラクルスに兵を送り，税関を占領することによって，ウエルタ政権を屈服させようとした。この方策は，ウエルタをメキシコから追放することには成功し

たが，メキシコ人民の激しい反発を買うことになった。また，ウエルタ失脚後のメキシコに激しい党派争いを引き起こすことにもなり，メキシコは長い間にわたって，政情不安とそれに伴う社会の混乱に悩まされることになった。

善隣外交への道

　1920年代の共和党政権は，T. ローズヴェルト以来のラテンアメリカに対する強引な軍事的強硬策を改めて，ラテンアメリカ諸国のアメリカに対する反感を和らげる必要を感じていた。アメリカ資本主義が，軍事力によらずに経済力によって，ラテンアメリカ諸国を従属させうると確信するまでに成長・発展したことと，第一次世界大戦後の平常への復帰の風潮が外交政策にも反映していたことなどが，その背景にあったといえよう。こうした状況を受けて，1922年にはコロンビアに2500万ドルの慰謝料を支払って，パナマ独立以来悪化していた関係を改善し，メキシコの石油国有化政策に対しても，外交交渉によってその穏健化を図り，また24年にはドミニカから撤兵した。

　こうしたラテンアメリカとの関係を改善しようとする努力は，フランクリン・D. ローズヴェルト大統領に継承され，いわゆる善隣外交が確立された。

　この時期には，ナチズムやファシズムの影響を食い止めるためにも，ラテンアメリカ諸国との緊密な協力関係を確保する必要があった。F. D. ローズヴェルトは，互恵通商協定によるラテンアメリカとの貿易拡大に努力し，同時に1933年の第7回汎米会議では，内政不干渉の協定に署名した。彼は，その具体化として，1934年にはキューバに対するプラット修正を破棄し，ハイチからの撤兵を行い，ドミニカの税関管理を打ち切り，パナマへの干渉権を放棄するとともに，パナマが受け取る年金を増額した。こうして，F. D. ローズヴェルトの善隣外交は，ラテンアメリカとの関係を改善することに，ある程度まで成功したといってよいであろう。

　ちなみに，アメリカは1934年に，10年後のフィリピン独立を約束した。このようなところに，植民地領有に固執したヨーロッパ諸国と異なるアメリカ「帝国主義」の性格を垣間見ることができる。

◆ 引用・参考文献

キッシンジャー，ヘンリー／岡崎久彦監訳 1996『外交』上，日本経済新聞出版社。

紀平英作編 1999『アメリカ史』（新版世界各国史 24）山川出版社。

齋藤眞・久保文明編 2008『アメリカ政治外交史教材』東京大学出版会。

ナイ，ジョセフ・S.／村井浩紀訳 2015『アメリカの世紀は終わらない』日本経済
　　新聞出版社。

フクヤマ，フランシス／会田弘継訳 2013『政治の起源——人類以前からフランス
　　革命まで』上・下，講談社。

Croly, Herbert 2005 *The Promise of American Life*, Cosimo Classics.

Huntington, Samuel 1983, *American Politics: Promise of Disharmony*, Revised,
　　Belknap Press.

Roosevelt, Theodore, New Nationalism Speech, Auguest 31, 1910（http://teach
　　ingamericanhistory.org/library/document/new-nationalism-speech/）.

第**6**章　第一次世界大戦と孤立主義の反撃

⬆左からハウス大佐，ランシング国務長官，ウィルソン大統領，ホワイト
元駐仏大使・米政府パリ講和会議代表団員，ブリス米政府パリ講和会議
代表団員（1919年1月。提供：Bridgeman Images／時事通信フォト）。

　第一次世界大戦が勃発した当初，ウィルソン大統領は厳正中立の立場を打ち出
しながら，1917年になってドイツへの開戦を決断した。国民には理想主義的な
説明をしたが，参戦することによって戦後秩序構築のための交渉で大きな発言力
を獲得するためであった。
　アメリカ国内では，初めての総力戦を遂行するための統制経済が実施されたが，
一部では言論の自由に対する大きな制約が課された。
　勝利後の戦後交渉でウィルソンは譲歩を続けた結果，何とか国際連盟の設立に
は漕ぎ着けた。画期的な組織であったが，上院議員3分の2の賛成を得られず，
アメリカは結局加盟できなかった。1920年代には，共和党政権はワシントン体
制を樹立することに成功したが，議会は孤立主義的な態度を変えなかった。

1 ウィルソンの中立政策とその変容

厳正中立政策の動揺

1914年7月末，第一次世界大戦がヨーロッパで勃発した。ヨーロッパを二分した戦争の勃発は，アメリカに困難な選択を課することになった。

アメリカはなぜ第一次世界大戦に参戦したのか。この問いに答えることは必ずしも容易でない。アメリカでは，当初この戦争は直接自国の安全保障にかかわる戦争であるとみなされていなかった。第二次世界大戦における真珠湾攻撃に相当する大規模な攻撃がアメリカに対してなされたわけでもない。実際，アメリカの参戦は，ヨーロッパでの開戦から2年半以上経過してからのことである。

ヨーロッパの異なった国々からの移住者によって構成されているアメリカにとって，ヨーロッパでの大戦に対する態度を決めるには，極度の慎重さが必要とされた。ウィルソンが，大戦勃発と同時に，「合衆国は名実ともに中立でなければならない」と強調したのも，その表れであったといってよい。

国内の意見分布をみると，アングロ・サクソン系が多い上流階層においては，イギリス側を支持する人々が圧倒的に多かった。しかし，中西部では伝統的なイギリス不信の感情も強く，アメリカの中立を求める人々が多かった。その声は，革新主義者や，ドイツ系アメリカ人，あるいは反英感情の強いアイルランド系アメリカ人では，さらに強かった。

厳正中立を唱えながらも，政府の態度は徐々に，実質的に連合国を支持する方向へ傾いていった。すでに1914年の秋，アメリカ政府は連合国側に有利な2つの決定を行っている。一つは，大戦の当初，兵器類の輸出に加えていた制限を解除して，武器弾薬の自由な輸出を認めたことである。もう一つは，これも当初は禁止されていた交戦国への借款供与について，その禁止を緩和したことであった。イギリスが強大な海軍力によって，ドイツやオーストリアの貿易路を封鎖していた以上，これらの措置は実質的に連合国を有利にするものであった。アメリカから連合国への輸出額は1914年の8億ドルから16年には30億ドルに激増したが，借款もドイツ側よりイギリス側への融資のほうが金額的

に圧倒していった。

ルシタニア号事件

1915 年 2 月，ドイツはイギリス周辺の海域は戦争区域であり，連合国側との通商を企てる一切の商船を撃破すると宣言した。同年 5 月，イギリスの客船ルシタニア号が，ドイツ潜水艦の攻撃によって撃沈され，アメリカ人 128 人を含む乗客 1198 人が死亡した。アメリカ政府はドイツに対して厳重な抗議を行ったが，それをドイツへの最後通告とみたブライアンは，国務長官を辞任した。ブライアンの考えでは，厳正中立を維持するためには，そもそもウィルソンはイギリスとの通商も禁止しておくべきであった。後任にはロバート・ランシングが指名された。彼は強固なイギリス支持者であり，その結果ウィルソン政権の外交はますますイギリス寄りになった。

ウィルソンの個人的な助言者であり，やはりイギリス寄りの見解をもっていたエドワード・ハウス大佐は，ドイツあるいはロシアの勢力が決定的に強大化するのを避けるために，積極的に講和条件を斡旋することによって，大戦の早期終結を図ろうと考えていた。ウィルソンもハウスのこうした考え方に概ね同意していたので，1916 年 2 月，ハウスはイギリスの外相エドワード・グレイと協議し，早期講和の実現を検討した。しかし，イギリスには早期講和を望むより，もっとよい機会を待とうとする空気が強く，早期講和は実現しなかった。

ウィルソンが大戦に対してとるべき態度に苦慮している間，1916 年の大統領選挙が近づいてきた。民主党はウィルソンを再指名し，共和党はチャールズ・ヒューズを指名した。ウィルソンと民主党は，ルイス・ブランダイスの最高裁判事任命，農業貸付法の施行と農民への信用拡大のための連邦農業信用銀行の設立，アダムソン法（8 時間労働制を規定）の制定などを短期間に行った。これらは，国内改革の推進を求めていた共和党革新派を民主党に引き寄せるための試みであった。革新党は 1912 年選挙後に勢いを失い，共和党は再び統一されつつあった。基本的に少数党であった民主党にとって，これは深刻な脅威であった。そのため，ウィルソンはそれまでの方針を転換し，革新派の政策を支持するようになったのである。

選挙前の予想では，ヒューズ有利を唱える者が多かったが，結果はウィルソ

ンの得票率 49.3%, 選挙人獲得数 277 で, 46% の得票と 254 の選挙人を獲得するにとどまったヒューズを僅差で破った。民主党は「彼はわれわれを戦争から守ってくれた」と強く選挙民に訴えたが, これがウィルソン陣営にとって勝敗を分けるスローガンであった。多くの実績をあげた現職大統領としては薄氷の勝利であり, 再び統一された共和党はその底力をみせつけた。

参戦の決定

　ルシタニア号事件はドイツの謝罪によって一応落着したが, 1917 年 2 月, ドイツ政府はついに, イギリス周辺および地中海の戦闘区域を航行する船舶は, たとえ中立国のものでも, また武装非武装を問わず, 無差別に攻撃すると宣言した。ウィルソンは国交断絶をもってこれに応じたが, それでも参戦を決意したわけではなかった。

　こうしたアメリカの態度を変化させるうえで大きな役割を果たしたのは, 第1 にツィマーマン電報が暴露されたことであった (1917 年 2 月)。これは, ドイツの外相からメキシコ大統領にあてられた公文書で, ドイツ・メキシコ連合軍を提案し, 対米参戦の代償として, ニューメキシコ, アリゾナ, テキサスの諸州をメキシコに与えることを約束していた。第2 に, ドイツ潜水艦の無差別攻撃が, 現実に非武装のアメリカ商船を撃破し, 多数の人命を失わせたことであった。

　ウィルソン大統領は大戦勃発以来, 実は2 度とこのような戦争が起こらない新しい戦後世界秩序について構想を練っていて, その観点から参戦の是非を検討していた。彼は, 戦争が日常茶飯事であったヨーロッパの政治家とは異なる戦争観を抱いていたといえる。当初の戦略は, 公正な中立者・調停者として終戦を仲介することによって, それを達成することであったが, 1917 年初めには, それができる可能性は小さくなっているように見え始めた。

　例えば, 1916 年 6 月に開催されたパリ経済会議において, アメリカが参加しない中, フランス, イギリス, ロシアは, アメリカを敵視したともいえる保護主義的かつ重商主義的な国際経済秩序を戦後に構築していくことで合意した。これは, ウィルソンがめざす自由競争, 自由放任の秩序と正面から対立する構想であった。アメリカが助けようとしている国々がめざす世界秩序とウィルソ

ンの目標が、いかに乖離（かいり）しているかをこの会議は如実に物語っていた（LaFeber 1986）。そしてウィルソンにとって、アメリカが参加しない中で決定される戦後秩序のあり方を予感させるものであった。戦争に参加して実際に勝利に貢献しないと、発言権は大きく限定されるのではないか。ウィルソンはこの点を強く懸念し始め、勝利をもたらす決定的役割を果たす国となることを模索し始めたともいえよう。

ウィルソンはついに 1917 年 4 月、参戦を決意した。和平会談の場に席を確保したいのであれば、ドアの鍵穴から叫ぶだけでなく、戦争に参加しなければならない、とウィルソンは参戦に反対していた社会事業家ジェーン・アダムズに語っていた（LaFeber, Polenberg and Woloch 1986: 98）。イギリス、フランスなどとは異なる戦後構想を抱いていたがゆえに、またそれを実現するための影響力を確保するために、仲介者としての限界を感じ、ウィルソンは参戦したと考えられる。同月 2 日、彼は議会で参戦を求める演説を行ったが、ここで「世界を民主主義にとって安全な場にするため」アメリカは参戦すると語った。別の機会には、この戦争はすべての戦争を終わらせるための戦争であるとも語った。国民と議員は、その抽象的かつ崇高、そして理想主義的な目標に驚いたが、大統領自身は、戦後秩序をめぐる交渉で影響力を確保するという具体的な目的も抱いていた。

こうして、連邦議会も大統領の参戦教書を受け入れ、上院は 82 対 6、下院は 373 対 50 をもって、ドイツに対する宣戦の布告を可決した（4 月 6 日）。上院議員のラ・フォレットらに率いられた一部の革新主義者は、なおアメリカの参戦に反対していたが、少数意見にとどまった。

2 「全体戦争」としての第一次世界大戦

戦時国内体制と世論の動員

1917 年 5 月、徴兵法が制定され、21～30 歳の男子は兵役への登録を要求された。登録者数は 3 週間の間に、960 万人に達したといわれる。参戦当時のアメリカ陸軍は、わずかに 20 万を数えるのみであったが、この徴兵制によって

軍隊に召集された人々の数は 280 万に達し，志願兵を加えると，アメリカは一挙に総数約 480 万の兵力をもつことになり，そのうちの約 208 万人がフランスに派遣された。ヨーロッパにとって，突然大西洋の彼岸から，これだけの規模の軍隊を送り込むことができる国が登場したことは衝撃であった。しかも，この国は，国際秩序について，ヨーロッパ諸国とは異なる考えをもっていた。

　連合国への物資供給を増大させ，同時に自国の軍事的装備を急速に整備する必要から，アメリカは参戦とともに，政府による計画経済を実施した。燃料の節約のために夏時間制度を採用し，重要でない工場を 1 週間に 1 日だけ閉鎖させた。戦時産業局は，政府と連合軍のために必要な物資の調達に当たった。戦時労働局，戦時金融公社などもそれぞれ，戦時体制を担った。

　特にめざましい成果をあげたのは，ハーバート・フーヴァー食糧庁長官のもとで行われた食糧生産に対する統制であった。連合国の逼迫した食糧事情を救うためには，アメリカにおける食糧の生産を増強し，さらに消費を削減することが必要であったが，フーヴァーの食糧政策は大きな成果をあげ，1918 年には平時の 3 倍に及ぶ食糧の輸出に成功した。そのほか，鉄道，電信・電話などが一時的に国営に移されるなど，第一次世界大戦の下で，アメリカは初めて「全体戦争」と大規模な統制経済を経験することになった。ちなみに，この経験はのちのニューディールに一部継承される（→7章4，8章1）。

　伝統的に孤立主義を奉じてきたアメリカ国民を，遠いヨーロッパでの戦争に積極的に動員するためには，強力な宣伝活動が必要であった。ウィルソンによる高邁な理想の提示という開戦時の行為自体も，この側面を意識していた可能性がある。

　大統領が設置した政府広報委員会は，多数の芸術家や芸能人を動員して，戦争を肯定し，敵国を憎悪させるための運動に従事させた。こうした宣伝活動は，当然にドイツに対する憎悪と偏見を植え付ける結果になり，ドイツ系アメリカ人に対する理由なき迫害を生み出しただけではなく，地域によってはドイツ語やドイツ文学，さらにはドイツ語新聞を禁止するといった行動まで生み出した。中西部ではこの時期，多数のドイツ語新聞が廃刊に追いやられ，例えば「ザワー・クラウト」（伝統的ドイツ料理であるキャベツの酢漬け）は敵性言語のため，「自由なるキャベツ（liberty cabbage）」と言い換えられた。

市民的自由の統制とロシア革命の衝撃

　こうした雰囲気が，反戦論者や戦争非協力者に対する不寛容と，さらには権力的な弾圧をもたらしたとしても不思議ではない。連邦議会は，1917 年に防諜法，18 年には動乱法を通過させたが，前者は徴兵妨害および不服従煽動者に対して 1 万ドルの罰金と 20 年間の拘留を科することを定め，後者はそれを憲法・国旗・軍服に対する不忠誠にまで拡大した。これらの法律に基づいて，政府は 1500 人以上の市民を不忠誠の理由で逮捕したが，その中には反戦運動のゆえに逮捕された社会党の指導者デブスや，社会党員として初めて連邦下院に選出されたビクター・バーガーらが含まれていた。ウィルソンによって「民主主義と自由」のための戦争とされた第一次世界大戦は，皮肉なことに国内では，市民的自由の抑圧と不寛容な精神の蔓延とをもたらした。

　アメリカ参戦によって連合国側の勝利は確実になったと考えられていたが，1917 年の西部戦線における英仏軍の敗退と，同年 10 月のロシアにおける革命の成功が，このような推測を覆した。ウラジーミル・レーニンに指導された新政権は連合国側から離脱し，ドイツと「無併合・無賠償」を条件とする単独休戦協定を結んだ。これらの結果，ドイツは一時的に西部戦線における優位を確保することが可能になった。

　ロシア革命の波紋は，アメリカの国内政治にも影響を及ぼした。ロシア革命の衝撃を受けたアメリカでは，新たな左翼の支柱としての役割をボルシェヴィズムに期待する者が次々に現れた。ロシア革命以前にも，ニコライ・ブハーリンやレフ・トロツキーがアメリカで活動していた関係から，アメリカには外国人の共産主義者が少なくなかった。彼らは，1919 年 9 月にシカゴで共産党を結成した。同時に，アメリカ人による共産主義者の組織化も進められ，ジョン・リードの指導の下に共産主義労働者党が結成された。

　ロシア革命の影響は，ジョン・ドス・パソスのような知識人や労働組合の指導者にも及び，それらの人々の間では，アメリカの共産主義革命も間近であるとする確信が抱かれ始めていた。特に 1919 年 1 月シアトルで発生したゼネストは，ロシア革命を賛美する組合指導者の影響の下で実行された。5 日間にわたって都市の機能を完全に麻痺させたこのゼネストは，「赤の恐怖」と全国で喧伝された。ミッチェル・パーマー司法長官は，これに対して令状なしの逮捕

による「赤狩り」をもって対応した。革新主義は元来、進歩と合理主義を信奉していたが、皮肉なことに、ここにきて非合理と不条理が顕著になった。

3 「14 カ条」とヴェルサイユ講和会議

終　戦

　ロシア革命によって、ボルシェヴィキ政権が成立するとともに、ボルシェヴィキの指導者たちは交戦国に対する宣伝攻勢を開始した。開戦当初には、戦争を支持していたヨーロッパの社会民主主義者や労働組合の指導者も、戦争の長期化とボルシェヴィキの宣伝とによって、戦争目的に疑問を感じ始めていた。あらためて戦争目的を明確にし、進んで戦後の平和再建の構想を明らかにする必要性を感じたウィルソンは、1918 年 1 月、議会において演説し、その中で彼の主張を 14 の論点にまとめた。これがウィルソンの「14 カ条」と呼ばれているものである。その主要な内容は、秘密外交反対、公海の自由の確立、貿易自由化の促進、軍備縮小、植民地住民の利益擁護、ロシア・ベルギー・フランスの領土回復、民族自決主義によるヨーロッパの再編成、世界平和を維持するための国際機構の創設などである。

　ウィルソンの「14 カ条」は、一方でそれまでのヨーロッパの国際政治の諸原則に対する正面からの挑戦であり、ヨーロッパ諸国にとって大きな驚きであったといえよう。他方で、アメリカ国民に対しては、伝統的孤立主義を捨てて、国際主義を採用するように迫っていた。ただし、その国際協調主義は、現実の国際政治に対する深い洞察に基づくものというよりは、むしろウィルソンの抱く道徳的理想主義によるものであった。それは現実政治を動かす手段について十分な考慮を怠っていたため、結果的にはウィルソンが望んだほどの成果をあげることはできなかった。これらの提案の一部は、アメリカで台頭していた平和運動からの提案も取り入れていたが、それらもアメリカ的な素朴にして未熟な国際政治理解に基づいていた。

　ドイツ軍は 1918 年 3 月、西部戦線で大攻勢を展開し、5 月にはパリの近郊マルヌにまで進出した。しかし、アメリカ軍の増援によって強化された連合軍

は，漸次ドイツ軍を後退させ，同年秋にはドイツの同盟国が次々に脱落するに至って，ドイツの敗色は濃厚になった。さらに，ドイツ海軍の反乱やベルリンで革命が勃発するに及んで，ドイツ皇帝は退位を余儀なくされ，ドイツ軍は抵抗能力を失った。こうして1918年11月11日，休戦協定が署名され，第一次世界大戦は終結することになった。

ヴェルサイユでの交渉

1919年1月から開かれたヴェルサイユ講和会議には，ウィルソン大統領が自ら出席した。ウィルソンは「14カ条」を基礎にした講和条約を締結しようと努力したが，ヨーロッパ諸国には，ドイツに対して多額の賠償金や領土の割譲を要求する声が強かった。そのため，ウィルソンの「14カ条」は次第に無視されていき，結局ドイツから全植民地とアルザス・ロレーヌ地方を剥奪し，ドイツ陸海軍の武装を強制的に解除し，巨額の即時支払い賠償と将来支払うべき未定の額の賠償とをドイツに負担させるなど，ドイツにとってはかなり過酷な条約が成立した。

ウィルソンはアメリカの力で勝利をもたらせば，イギリスやフランスは自分に従うであろうと期待していたが，それはやや素朴に過ぎたかもしれない。彼は参戦する前に，その条件として彼の構想に対する明確な支持を，これらの国からとっていたわけではなかった。

1917年1月の上院での演説で，「勝利なき平和」のみが恒久的平和への道であると述べていたウィルソンは，敗者に報復の念を起こさせる危険の高いこうした条約に，大きな不満を感じていたであろう。しかし，この会議が国際機構の常設に承認を与えたことは，ウィルソンになお恒久的平和への希望を抱かせるものであった。他の点で次々と譲歩を余儀なくされた中，彼は国際連盟だけは守り抜いた。その結果，ウィルソンの提唱に基づく国際連盟が，恒久的平和確立の期待を担って誕生することになった。侵略された加盟国をほかのすべての加盟国が防衛しようとする国際的な集団的安全保障機構の成立は，人類の歴史においてきわめて画期的なことであった。

ウィルソンの挫折

　ウィルソンが国際連盟の前途に寄せた熱烈な期待にもかかわらず，彼はアメリカを連盟に加入させることに失敗した。アメリカ合衆国憲法によると，条約の締結には，上院の助言と同意が必要であり，しかもその同意は出席議員の3分の2以上の多数によって与えられなければならない（上院による条約の批准）。1918年の前半においては，アメリカの世論もウィルソンの国際連盟の構想を支持していたが，パリにおける和平交渉が長引いている間に，連盟に対する批判は徐々に膨らんでいった。

　こうした批判の背景にあるものは一様でない。そこにはウィルソンに対する敵意，党派的な反対，中西部孤立主義者の反対，ドイツ系・イタリア系・アイルランド系アメリカ人のヴェルサイユ条約に対する不満などがあった。しかし最も強力な要因は，ヨーロッパの権力政治に対する幻滅であり，伝統的孤立主義への復帰を求める感情であった。こうした連盟に対する敵対的な世論を変えるために，ウィルソンは中西部と西部への講演旅行を行い，情熱的な雄弁をもって訴えた。しかし，過労が大統領から最後の体力と気力を奪い，1919年9月コロラド州プエブロでの演説後にウィルソンは病に倒れ，再び健康を回復することはなかった。

　ヴェルサイユ条約の上院での審議は，上院外交委員長ヘンリー・カボット・ロッジ（共和党）の巧妙な策略のもとに進められた。ウィルソンを嫌うロッジは連盟案に好意的に振る舞いながら，事実上連盟の効果を骨抜きにする留保条件を提案していた。これに対し，ウィルソンは無条件批准を訴えていたが，1919年11月に上院は，留保付きの条約承認案も，無条件承認案も，ともに否決した。その後も再審議を望む声が強かったため，上院は1920年2月に審議を再開し，3月に2度目の採決を行ったが，やはり両案ともに3分の2の賛成票を得ることはできなかった。こうして，ヴェルサイユ条約はついに上院の承認を得ることができず，アメリカの国際連盟加入は実現しなかったのである。

　アメリカがヴェルサイユ条約の批准に失敗したことの責任は，どこにあったのであろうか。多くの上院議員を根強く支配していた孤立主義も，明らかに原因の一部であった。同時に，ウィルソンの戦術に疑問な点が多かったことも否定できない。

例えば，大きな会議に大統領が最初から乗り込むことは，一般論としてあまり賢明ではない。また，W. タフト，ルート，ヒューズといった著名な共和党員をヴェルサイユに同行させていたならば，世論と共和党上院議員に好影響を与えたであろう。民主党は1918年の中間選挙で敗北し，上下両院で少数党に転落していたことを考えると，共和党上院議員の説得は死活的に重要であった。また，ウィルソンがロッジの修正案を受け入れ，その支持を民主党上院議員に勧めていれば，それほど実害なくアメリカの国際連盟加入は実現していたとも考えられる。ウィルソンの非妥協的な姿勢も大きな障害であったといえる。

4　孤立主義への復帰？

ワシントン体制の成立

　1920年代のアメリカは，「平常への復帰」によって特徴づけられるが，外交政策の上ではウィルソン主義の否定が支配的になった。1920年の選挙で大統領に当選したウォレン・ハーディングの支持者の中には，多数の連盟加入賛成者も含まれていた。しかし，共和党政権の指導者たちは，この問題をめぐって党内に分裂や対立が起こることを好まず，この問題が再燃することを避けた。他方，民主党も連盟加入問題に政治的情熱を燃やすことを止めてしまったので，この問題が再び政治問題になることはなかった。共和党政権は国際連盟にオブザーバーを送り，連盟のいくつかの委員会に非公式に参加したのみであった。

　しかし，このことは，この時期のアメリカが外交努力を放棄していたことを意味するものではない。すでに第一次世界大戦に参戦したことによって，世界全体と何らかの関係を結ばざるをえなくなっていたアメリカが，完全な孤立主義に復帰することはできなかった。実際，この時期に，ワシントン海軍軍縮条約やケロッグ＝ブリアン不戦条約が成立しているし，ラテンアメリカに対する善隣政策の基礎も作られている（→5章）。一部の共和党指導者は，国際連盟に加わらなくても，アメリカは十分に自らの国益を確保できると考えていた。

　彼らの基本認識は，軍事支出は無駄遣いであり，ただちに軍縮が必要であること，国際連盟のようなアメリカの主権を拘束する組織は好ましくないこと，

　T.ローズヴェルトはフィリピンが日本の攻撃に対して脆弱であることを意識していたため，おそらくは現実の必要以上に日本に妥協的であった。日露戦争では，勢力均衡の観点から，ロシアの対抗勢力としての日本を財政的・道徳的に支援した。T.ローズヴェルトは戦争中の1905年に桂－タフト協定を締結して，日本の韓国における宗主権を認めるのと引き換えに，アメリカのフィリピン領有を確認させた。また日露戦争ではどちらも圧勝しないように配慮して，終戦を斡旋した（ポーツマス条約）。さらに1908年に，国務長官ルートと高平小五郎，大使との間で高平－ルート協定を締結して，太平洋における現状維持と，中国における門戸開放主義とを確認した。

　T.ローズヴェルトはカリフォルニア州で日系移民排斥運動が起きた際には，その鎮静化に努めたが，アメリカ艦隊の世界周航（1907年から09年まで）に際しては日本にも寄港して，その威力を誇示した。

　タフト時代には，日本による南満州の独占的支配を恐れたアメリカが南満州鉄道の国際化・中立化を提案して，日米は対立した。ただし，1911年，日本は列強と初めての平等条約となる日米通商航海条約を締結したことも重要である。底流において，日米協調は続いていた。

　しかし，第一次世界大戦が勃発し，日本が1915年にいわゆる対華21カ条要求を発出するにあたって，中国をめぐる日米対立は一挙に表面化した。同年，ウィルソン大統領主導，そしてブライアン国務長官の名前で，アメリカは日本と中国の間の決定を認めないとするいわゆる不承認主義を表明した。アメリカの参戦後の1917年，石井－ランシング協定を結び，一方で中国における門戸開放主義の原則を再確認しつつ，他方で満洲における日本の特殊利益を承認した。しかし，ウィルソン大統領は，これを戦時の暫定的な妥協と位置づけていた。実際，ワシントン会議で1922年に締結された9カ国条約では，満洲における日本の特殊権益を認める文言はもはや含まれていなかった。海軍軍縮で日米が合意したため，しばらくは良好な関係が続いたものの，徐々に中国問題が日米間の深刻な争点となりつつあった。1924年からは，それに移民問題が加わることになる（→7章）。

またそれに象徴される政治的同盟は避けられるべきことなどであった。

　折よくこの頃，建艦競争にやや疲弊したイギリスが，海軍の軍艦縮小を提案した。当初から軍縮を構想していたハーディングは，日本に軍縮を受け入れさせることも目的にしてこの提案を受け入れ，1921年11月，ワシントンに，アメリカ，イギリス，日本，フランスなど9カ国の代表を集めて，軍縮会議を開催した。世界の主要国が，戦後処理を除いて，まして軍縮という目標を達成するために，これだけ一堂に会することはこれまでなかったであろう。同時に，この会議については，アメリカ自身その伝統的な政策および体質に即して，戦時動員解除の一環として率先して軍縮を実行したがっていたことを理解することが重要である。

　この会議では，国務長官ヒューズの提案が基礎になって，戦艦と航空母艦の比率をアメリカとイギリスをそれぞれ5，日本は3とすることが定められ，また戦艦のトン数は3万5000トンまでに制限することとされた。この比率は，アメリカの立場からは，日本に対する譲歩であったが，ともかく軍縮を勝ち取ったことは成果であった。この軍縮条約とともに，アジアにおける領土の相互尊重と将来の問題の平和的解決とを約束したアメリカ，イギリス，フランス，日本の4カ国条約が締結された。これによって日英同盟が廃棄となり，これまたアメリカにとって大きな収穫であった。

　さらに，アメリカはこの会議において，中国における門戸開放，中国の領土的・行政的統一性の尊重を約束した9カ国条約を締結することにも成功した。この条約によって，当初はアメリカによる一方的宣言に等しいものであった門戸開放政策（→5章3）に国際的合意としての地位が与えられ，強化された。これまたアメリカにとって大きな成果である。

　こうした一連の条約によって作り出された国際関係は，通常，ワシントン体制と呼ばれている。このワシントン体制の成立は，第一次世界大戦後における国際政治の相対的安定期を象徴するものであった。

アメリカの分裂

　カルヴィン・クーリッジ大統領の下，国務長官フランク・ケロッグらの努力により締結されたケロッグ＝ブリアン不戦条約も，同様の意味をもつものであ

表6-1　ワシントン体制の概要

ワシントン会議	史上初の軍縮を目標とした国際会議（1921-22年）
海軍軍縮条約	米・英・日・仏・伊の主力艦保有を制限 5：5：3：1.67：1.67の比率 太平洋における日本の優位を認める（アメリカの譲歩）
四カ国条約	米・英・日・仏が太平洋の領土・権益を相互承認 日英同盟は解消。
九カ国条約	中国に対する門戸開放・機会均等・領土保全の原則承認 アメリカの外交方針を国際原則として確認

った。元来はアメリカとの同盟を望んだフランスが提案したものであったが，アメリカはそれをフランスに対する防衛義務を負わないものに変えてしまった。この条約はドイツ，イタリア，日本を含む62カ国の加盟を得たが，10年を経ずしてこの条約が戦争の放棄と紛争の平和的解決とを約束した一片の反古紙に化したことを思えば，その実効性は疑わしいものであった。ただし，戦争の違法化という点で，この不戦条約がもつ世界的意義は大きい。

　この時期の対ヨーロッパ政策では，戦時貸付の問題とドイツの賠償問題とがある。アメリカは連合国諸国に多額の貸付を行っていたが，連合国諸国の財政状態はその償還を困難にしていた。そこで，1923年にアメリカ議会は支払期間の延長と元利合計額の大幅削減とに同意した。しかし，1929年以降は国際的大恐慌のため支払いの継続が不可能になり，事実上債務は棚上げされた。またドイツでは，大戦後の激しいインフレーションのため，賠償金の支払いは著しく困難であった。

　このような中，1923年には，アメリカの銀行家チャールズ・ドーズを長とするドーズ委員会が，また1929年には銀行家オーウェン・ヤングを長とするヤング委員会が作られて，ドイツ財政の立て直しと賠償支払いの延期や減額が試みられたが，問題を根本的に解決することはできなかった。

　この時期のアメリカは，国際問題に無関心であったわけではなかった。むしろ，国務省，財務省，そしてホワイトハウスにおいては，アメリカの新たな国際的な義務について，相当程度深まった認識が存在していた。それが，ワシントン体制の構築やドーズ案，ヤング案の提案を後押ししていた。結局のところ，

第一次世界大戦勃発時にはアメリカは債務国であったが，1920年には債権国になっており，この新しい地位に伴う責任を考える余地は存在した。

それに対して，議会は一貫して内向きであった。1922年にフォードニー＝マッカンバー関税法を制定し，関税をアメリカ史上最高の水準に引き上げた。これは，アメリカに輸出して外貨を稼ぐことによって，経済復興を達成したかったヨーロッパにとって，過酷な措置であった。議会はさらに大恐慌勃発後の1930年にスムート＝ホーリー関税法を実施して，関税をさらに引き上げた（平均関税率33％から40％に上昇）。これは，関税相互引き上げの報復合戦を招来することになる。ヨーロッパの旧連合諸国に対する戦時貸付問題では，ヨーロッパから債務帳消しの要請が出されていたが，議会は選挙民の反対を理由に拒否し，減額に応じたのみであった。

この時期のアメリカ政府は，このようにアメリカの新しい国際的地位を自覚した行政府と，旧来の発想のままであった議会との間で分裂していた。一部の政策が国際主義的であり，他の政策が孤立主義的に見えたのは，少なくとも一部はこのためであった（Lake 1988）。

◆ 引用・参考文献

キッシンジャー，ヘンリー／岡崎久彦監訳 1996『外交』上，日本経済新聞社。

ラフィーバー・ウォルター／久保文明・久保典子・五味俊樹・鐸木昌之・阪田恭代・木村昌人・土田宏・高杉忠明・小川敏子訳 1992『アメリカの時代――戦後史のなかのアメリカ政治と外交』芦書房。

Frieden, Jeff 1988, "Sectoral Conflict and U.S. Foreign Economic Policy, 1914–1940," in G. John Ikenberry, David A. Lake, and Michael Mastanduno eds., *The State and American Foreign Economic Policy*, Cornell University Press.

Lake, David A. 1988, "The State and American Trade Strategy in the Pre-Hegemonic Era," in G. John Ikenberry, David A. Lake, and Michael Mastanduno eds., *The State and American Foreign Economic Policy*, Cornell University Press.

LaFeber, Walter, Richard Polenberg and Nancy Woloch 1986, *The American Century: A History of the United States Since the 1890's*, Third Edition, Alfred A. Knopf.

第7章 繁栄と大恐慌

○ニューヨーク証券取引所での株価大暴落を受け，銀行に押し掛ける預金者たち（1929年10月24日，マサチューセッツ州，写真提供：AFP＝時事）。

　1920年代のアメリカは「平常に復帰」し，繁栄を謳歌した。共和党政権の国内政策は基本的に自由放任主義であった。そのような中で，プロテスタント系とそのほかの人々の間の文化的対立が顕著になった。禁酒，第2次KKK，進化論をめぐる裁判，そして移民法などが，その例である。

　繁栄の時代は1929年に暗転した。フーヴァー大統領は一部それまでのアメリカ政治では試みられていなかった政策を実施したが，効果はなかった。1932年の大統領選挙ではF. D. ローズヴェルトを擁する民主党が政権に復帰し，ニューディール政策を開始した。F. D. ローズヴェルトは積極的な失業対策，あるいは価格引き上げ策を講じたが，ロングら左派からの批判，あるいは最高裁判所による違憲判決などによってニューディールは挑戦を受けた。

1 「平常への復帰」

共和党政権の復活

1920年代は「平常への復帰」の時代であると表現される。これは元来，1920年の大統領選挙の際に共和党が使ったスローガンである。このスローガンには，それまでの戦争の時代，そして8年間に及んだ民主党政権の時代は，平常でなかったという意味も込められていた。この大統領選挙で当選したのはオハイオ州選出上院議員を務めていた共和党のハーディングであった。彼が大統領に必要な資質を備えていたかどうかは疑われているが，ヒューズ国務長官，フーヴァー商務長官，アンドリュー・メロン財務長官などのすぐれた人材を備えることで，それを補おうとした。「平常への復帰」は革新主義から自由放任主義への復帰を，そして共和党内の主導権が革新派から保守派に戻ったことも意味していたので，政府の機能は消極的なものにとどめられた。

ところで，ハーディングの閣僚からは，ティーポット・ドーム事件などのスキャンダルに連座する者が続出した。大統領自身は1923年夏にアラスカへの旅行の帰途，病気のため急死したが，彼は多くの歴史家から史上最低の大統領と評価されている。

ハーディングの死後，大統領に昇格したクーリッジは，「サイレント・カル」というあだ名がついた無口で清廉潔白な政治家であった。彼は副大統領になるまで，多くの公職を歴任したが，彼が残した実績は常にその公職の権限を減らすことであった，ともいわれている。

クーリッジは徹底した自由放任主義者であった。大統領に就任してからの彼の日課は，毎日ホワイトハウスの執務室で昼寝を楽しむことであったともいわれる。彼が昼寝をしていれば，連邦政府の仕事は増えないから，それは彼の政治哲学に合致していた。1924年の大統領選挙では，繁栄の中，クーリッジは大差で再選された。のちに大統領に就任したロナルド・レーガンが，尊敬する大統領としてクーリッジを挙げていたことはよく知られている。

不寛容の文化および文化的対立

　第一次世界大戦で強化された愛国心は，戦争終結後にもなお人々の意識に影を落としていた。1920年1月にはいわゆる「赤狩り」（→6章2）が行われ，約6000人に及ぶ人々が共産主義者として逮捕された。また，1920年4月にマサチューセッツ州で強盗殺人事件が起こると，ニコラ・サッコとバルトロメオ・ヴァンゼッティの2人の無政府主義者が逮捕され，十分な証拠がなかったにもかかわらず死刑に処された。多くの人々が刑の執行に反対したが，1927年にサッコとヴァンゼッティの刑は執行された。

　さらに，1920年代の不寛容を象徴するのは，クー・クラックス・クラン（KKK）のメンバーが身にまとった白頭巾であろう。KKKは南北戦争後に黒人差別と白人の優位を主張するために南部諸州で作られた組織であるが，一度は連邦政府の取り締まりによってほとんど消滅した。1915年に，黒人，ユダヤ人，カトリック，社会主義，国際主義，要するに非アメリカ的なものすべてに反対する組織として再建された第2次KKKは，1920年代に会員数が急速に伸び，絶頂期の24年には，その数が450万人に達したといわれる。その後，教団幹部が引き起こしたスキャンダルで致命的な打撃を受け，KKKは1929年に会員数が10万人に激減した。しかし，KKKの驚異的な台頭は，この時期に不寛容な風潮がアメリカ社会に広く存在していたことを示すものであろう。

　こうした不寛容さと密接な関連をもっていたのが，1919年に成立した禁酒のための憲法修正条項である。その前年に，連邦議会は戦時立法として禁酒法を可決していた。修正条項に続くヴォルステッド法の成立によって，全国的に0.5％以上のアルコールを含む飲料の製造・販売が禁止されることになった。その背景には，飲酒による欠勤が多い労働者に対する統制と同時に，飲酒という「不道徳な」習慣を一切認めまいとする不寛容な価値観がある。なお，禁酒立法の結果，酒の密造・密売が地下の犯罪組織に独占されて，彼らに巨大な利益をもたらした。

　1925年にテネシー州で行われたスコープス裁判も，全国の注目を集めた。公立学校の教員ジョン・トマス・スコープスは，進化論教育を禁止した州法に違反したために訴えられた。検察側弁護人には元国務長官ブライアンがつき，スコープスは結局有罪（罰金刑）となった。この法律は45年後にようやく撤廃

された。聖書を一字一句すべて真実と解釈するファンダメンタリスト（原理主義者）的考え方がいかに南部で強かったかを示す事件であった。ただし，南部の人々はこの裁判において，自分たちは全米から嘲笑の的になったと感じたため，現世において戦うことを忌避するようになった。この裁判以降，キリスト教ファンダメンタリスト的態度は長らく南部政治の表舞台から姿を消すが，1970年代になって再び登場することになる（→12章1）。

　これらの事象の背後に存在していたのは，WASP と非 WASP の間の文化的対立であった。禁酒運動は，WASP 系が推進し，カトリック系が強く反対していた。ここでは，農村・都市の対立もある程度重なり合っていた。農村では圧倒的に WASP 系住人が多く，都市では新来の非 WASP の比率が高くなる。そして大都市の酒場（saloon）は禁酒運動の標的であった（代表的禁酒推進団体はまさに Anti-Saloon League と名乗っていた）。酒場には民主党マシーンのボスの本拠地としてのイメージも付きまとっていた。

　移民政策に関しても，1920年代は転換点であった。1924年に制定された移民法は，27年までにヨーロッパからの移民受入数を毎年16万4000人に限定し，各国ごとの割り当て数は1890年におけるアメリカの人口構成の2% と規定した。これは，南欧・東欧からの移民の排除を目的としていた。そして，日本を含めてアジアからの移民は文字通り全面的に禁止された。これ以降，この法改正は日本側の対米感情を大きく損なうことになった。

大量消費社会

　1920年代のアメリカでは，大量生産の技術が発達し，繁栄と大量消費の社会が成立していた。大量生産の典型的な例は自動車であった。1928年のアメリカには2450万台の自動車が登録されていたといわれる。これは，1930年にヨーロッパ全域で使用されていた自動車の全台数の約5倍に当たる。こうした自動車の普及を可能にしたのは，フォード自動車会社が開発した流れ作業方式であった。

　大量消費社会の成立はアメリカの文化にも大きな影響を与えた。大量伝達手段の技術的発展は，新たにラジオと映画という媒体を生み出した。1920年11月2日，ラジオ放送は初めてレギュラー番組を組んで営業を開始し，やがて全

国的なネットワークをもつ放送会社が設立された。

　この時期，性についての規範と道徳も変化を遂げた。かつて性は多くのタブーに包まれていたが，1920年代に入るとともに，それは積極的に楽しむべきものに変わった。映画や雑誌は解放された性的描写で溢れるようになったが，同時にそれに対する反発も生まれた。

女性および黒人の地位

　アメリカにおいても，女性の地位は長らく低いままであった。例えば，普通選挙権は，1830年代にほぼ全員の白人男性に認められたが，黒人とともに女性はその範囲外であった（→5章）。このような中，1848年にニューヨーク州セネカフォールズにおいて女性運動が始まり，選挙権獲得をその目標の一つとした。独立宣言を下敷きにしながら，イギリス国王を男性に置き換えた宣言は有名である。スーザン・アンソニーあるいはエリザベス・スタントンらが指導者であった。

　女性の地位については，概して西部諸州のほうが東部より高かった。元来労働力が不足がちであり，また圧倒的に男性が多数であった西部において，女性は貴重な存在であった。

　選挙権を認めるか否かは女性についても州の権限であった。ワイオミングは，準州時代の1869年にすでに女性参政権を認めた。これは他の国と比較してもきわめて早い（英領ニュージーランドが1893年，ヨーロッパではフィンランドが1906年に認めたのが早いほうである）。同州は1890年に州に昇格し，女性参政権の規定もそのまま維持したため，これがアメリカでは最も早い例となった。その後も西部の州を中心に女性参政権は拡充していった（→図7-1）。

　大きな転機は第一次世界大戦であった。黒人女性を含む約40万人の女性が新たに就労し，女性が労働力として工場の現場において重要な役割を担った。そのような中，当初反対であったウィルソン大統領も，女性参政権を支持するにいたった。1920年，女性参政権に関する憲法修正第19条が批准され，その年の大統領選挙から実施された。長年の女性運動の大きな成果であった。

　ただし，この意味内容は，女性に参政権を認めないことが憲法違反となったということであった。すなわち，すでに述べたように，少なくない数の西部州

図 7-1 女性参政権を認めた州（1920年）

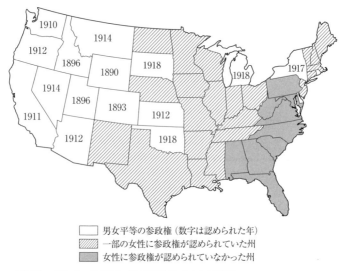

[出所] ギルバード 2003：78 の地図 71 をもとに作成。

はすでに女性参政権を認めていた。実際，モンタナ州は女性の下院議員ジャネット・ランキンを選出しており，彼女は 1917 年に第一次世界大戦参戦に反対投票を行ったことでよく知られている（クウェーカー教徒で平和主義者であった彼女は，1941 年，対日参戦決議にも反対投票を行った）。

　この時期，傑出した女性指導者も各分野に登場していた。すでにふれたセツルメント運動（→5章1）のアダムズのほか，戦闘的な直接行動によって参政権の獲得を主張したアリス・ポール，1916 年にブルックリンにて最初の産児制限クリニックを開いたマーガレット・サンガーらがよく知られている。

　第一次世界大戦はアメリカ黒人にも大きな影響を与えた。彼らは農村から都市へ，そして南部から北部・西部へと移動した。40 万人以上の黒人が南部農村を離れ，北部・西部の都市に移動したと推定されている。

　ところが，第一次世界大戦後の 1919 年，夏から秋にかけて，30 以上の都市において，ほとんどの場合，白人が黒人を襲撃することに端を発した人種暴動が起こった。「赤の恐怖（Red Scare）」ならぬ「黒人の恐怖（Black Scare）」と呼ばれることもある。シカゴやワシントン（DC）などのように，黒人が反撃し，

より大きな暴動に発展した場合もあった（シカゴでは黒人23人と白人15人が死亡した）。

南部以外の大都市に多数の黒人が就職し，彼らの期待値も上昇したが，それは帰国した白人の不安と反感を招き，また彼らは職を奪い合うことになった。黒人は依然として「最後に雇われ，最初に解雇される（the last hired, the first fired）」存在であった。

2　大恐慌下のアメリカ

株暴落から金融恐慌へ

1920年代の未曾有の繁栄の最中に，実はいくつかの陰りがあった。その一つは農業である。1920年代の共和党政権は，国内産業の保護のために保護関税政策をとり，関税率は高い水準に設定された。これは農産物の輸出に依存せざるをえない農業にとっては，大きな打撃であった。アメリカの農業は，第一次世界大戦後，生産過剰にも悩まされていた。農民たちは議会内に「農業ブロック」を結成し，政府に圧力をかけたが，その成果が，余剰農作物を政府に購入させることで，農作物価格の維持を図ろうとしたマクナリー＝ハーゲン法案の可決であった（1927年および28年）。しかし，いずれもクーリッジ大統領の拒否権行使によって成立には至らなかった。繁栄の1920年代にあって，農民の購買力は弱いままであった。

もう一つの陰りは，いくつかの在来産業に構造不況業種が存在していたことであった。造船業，鉄道業，石炭業，住宅建設業などはその例であった。繁栄を続けた自動車産業にも，1920年代末には同様の陰りが訪れようとしていた。1928年から29年にかけて自動車ブームが起こるが，長続きせず，1929年4月以降，生産台数は減少を余儀なくされた。

しかし，こうした問題があったにせよ，1920年代は株式市場が異常な活況を呈した時代であった。1929年9月3日，株価はついに史上最高の水準に達した。ところが，10月24日の木曜日，ニューヨークの株式市場は史上最悪の大暴落に見舞われた。結局，1929年9月1日から32年7月1日までの3年足

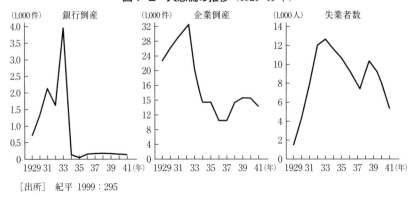

図7-2　大恐慌の推移（1929-41年）

（1,000件）　銀行倒産

（1,000件）　企業倒産

（1,000人）　失業者数

［出所］　紀平 1999：295

らずの間に，総額では740億ドル，率では82%の価値が株式市場から消え去った。

　株の大暴落は，アメリカの産業全体に大きな衝撃を与えた。自動車産業についてみると，1929年第2四半期を100とした生産指数は，同年第4四半期には29.5に下落し，その後一時的回復はあったものの，32年第3四半期には14.5にまで落ち込んだ。工業生産高は1932年には29年の54%に低下し，32年の失業率は24.9%に達しており，4人に1人は失業していたことになる。労働者の賃金も大幅に削減された。製造工業労働者の平均週給は，1929年の25.03ドルから，33年の16.73ドルまで低下した。

　不況をさらに深刻なものにしたのは，銀行の連鎖倒産であった。当初は散発的にとどまっていた銀行の倒産は，1930年10月から12月にかけて，農地価格と鉄道債券価格の下落が原因となり，イリノイ，インディアナなどの諸州に広がった。1931年秋に事態はより深刻になり，9月から12月までの間に1361の銀行が閉鎖され，9.9億ドルの預金が封鎖された。

フーヴァーの政策

　恐慌がアメリカを襲ったとき，大統領は共和党のフーヴァーであった。彼は，1928年11月の大統領選挙で，444人の選挙人と58.2%の得票率で圧勝していた。

フーヴァーはそもそも恐慌の規模を過小評価しており，好景気は「すぐそこの街角（just around the corner）」まできていると判断していた。また，フーヴァーは，政府にできることには自ずと限界があり，「強健なる個人主義」と自由放任主義こそが最も正しい政治原則であると考えていた。ただし，彼は革新主義者としても知られており，一定程度，政府の役割も認めていた。

　1929 年後半に景気が下降線をたどり始めたとき，フーヴァーがとったのは，需要の拡大を図ることであった。彼は，連邦政府や州政府に公共事業費支出の前倒しを求め，産業界にも投資の拡大を要請した。需要の拡大を図るという趣旨から，賃金の引き下げも避けたいと考えていたが，そのための方策の一つが，国内産業を保護することで高賃金を維持しようとする高関税政策であった。フーヴァーの意向に応えて議会に提出されたのが，1930 年 6 月に成立したスムート＝ホーリー関税法であり，同法によって，アメリカの関税は平均 33% から 40% に引き上げられ，史上最高になった（→6 章 4）。西ヨーロッパ諸国も関税を上げる報復措置に出たため，これ以降，アメリカも西ヨーロッパ諸国も貿易量の拡大によって景気の回復を図る道は閉ざされることになる。同法には史上最悪の立法の一つとしての評価がつきまとっている。

　不況を緩和するために，公共事業の拡大が役立つことはフーヴァーにもわかっていた。ただ彼にとって，それは州あるいは地方の政府が実施すべきことであった。しかし，銀行の連鎖倒産を目の当たりにして，フーヴァーも金融機関に対する公的支援に踏み切らざるをえなくなり，1932 年に復興金融公社（RFC）を設立した。これはアメリカ史上初めての画期的な方策であったといっても過言ではないが，焼け石に水であった。

　不況が深刻化するとともに，社会不安も拡大した。失業者のデモ行進は頻繁にみられたし，家をなくした人々の掘立て小屋が集まる通称フーヴァー村もあちこちにみられるようになった。1932 年 7 月，退役軍人が恩給の一時払いを要求してワシントンに集まったボーナス・マーチが，参謀総長ダグラス・マッカーサーの率いる軍隊によって追い払われたとき，フーヴァーの不人気は頂点に達したといってよいであろう。

3 F. D. ローズヴェルトの対案

F. D. ローズヴェルトの登場

1932 年の大統領選挙を迎え，野党民主党は F. D. ローズヴェルトを大統領候補に指名した。F. D. ローズヴェルトは 1882 年，ニューヨーク州のオランダ系名門の家庭に生まれた。党籍こそ違ったが，T. ローズヴェルト元大統領は遠い親戚であった。F. D. ローズヴェルトはウィルソン政権において海軍次官を務めた。ウィルソン同様，F. D. ローズヴェルトも民主党内では改革派に所属し，また国際主義的な外交政策を強く支持していた。彼は 1920 年には民主党副大統領候補に指名されるが（このときは落選），21 年にポリオにかかり，半身不随となってしまう。しかし，1928 年にニューヨーク州知事に当選して，政治の世界に復帰した。1932 年 6 月シカゴで行われた民主党全国大会で，F. D. ローズヴェルトは有名な「ニューディール」という言葉を初めて使ったが，この時点では「新規巻き直し」程度の意味しか込められていなかった。

実際，フーヴァーとの間で繰り広げられた選挙戦で，両候補者間の政策の違いはほとんど存在せず，最も際立った相違は，共和党が禁酒法を支持し，民主党がその撤廃を唱えていたことであった（1933 年，民主党政権の下で，禁酒を定めた憲法修正条項は再修正され，禁酒は廃止された）。

フーヴァーとの違い

F. D. ローズヴェルトは実行可能な恐慌対策を立案するために，何人かの大学教授を重用した。このような手法において，F. D. ローズヴェルトはすでに革新的であった。コロンビア大学のレイモンド・モーリー，レクスフォード・G. タグウェル，アドルフ・A. バーリらがそれに当たり，「ブレーン・トラスト」と呼ばれる。初期のニューディール政策の基本的特徴は彼らの考え方に負うところが少なくない。それは以下のような内容である。

第 1 に，大恐慌の原因について，フーヴァーは海外にあると信じたが，F. D. ローズヴェルトのブレーンたちは，それはアメリカ国内にあり，したがって大胆な国内での対応策が必要であると認識していた。第 2 に，これと関連し

て，政府が経済に積極的に介入する必要があると考えた。そして第3に，企業合同を阻止しようとしたウィルソン的考え方を放棄し，むしろ企業の集中と競争の緩和を経済復興の梃子として利用しようというアプローチをとろうとした。

1932年9月にF. D. ローズヴェルトがサンフランシスコのコモンウェルス・クラブで行った演説（主としてバーリが執筆したといわれる）は，このような初期ニューディールの基本的認識を表明している。ここでF. D. ローズヴェルトは，次のように述べている。かつては成長と西部への膨張が機会の平等を提供しており，政府の任務は干渉ではなく産業の発展を助けることで済んだ。ところが，最後のフロンティアも閉ざされてしまい，「西部の大平原という形の安全弁はもう存在しない」。このような状況では，政府はすでに存在する資源や設備を管理するという，より深刻で困難な仕事とならざるをえない。あるいは，生産を削減して消費の水準に合わせ，また富をより平等に分配することが必要となる。これは，フーヴァーの受動的な政府観とは大きく異なるものであった。

1932年11月に行われた大統領選挙の結果は，12年ぶりの民主党の勝利であった。F. D. ローズヴェルトは一般投票の約57%を獲得し，選挙人投票でも48州中42州において勝利を収めた。すでに1930年の中間選挙の後で議会も下院では与野党が逆転して民主党が多数となっていた。続く32年の議会選挙でも民主党は圧勝して，上下両院で圧倒的多数を得た。

選挙後，F. D. ローズヴェルトは労働長官に，初の女性閣僚としてフランシス・パーキンスを抜擢した。パーキンスは，労働長官に就任する条件として，社会保障制度の導入をF. D. ローズヴェルトに迫り，それを約束させていた。

1933年3月4日，当時の憲法の規定によって大統領選挙から4カ月後に，ようやくF. D. ローズヴェルトは大統領に就任した（この牧歌的な憲法は当時改正手続きの最中であり，1933年10月以降，議会は1月3日に開会，新大統領の任期は1月20日からとなった）。

この就任式当時，少なくとも1200万〜1500万の人々が失業していた。これは労働人口の約4分の1に相当した。連邦準備制度理事会の指標によれば，工業生産は1929年の110から32年にかけて約半分の57に下落しており，農業物価格も半分以下に下落していた。しかも，F. D. ローズヴェルトが就任したときは，各地で預金の取り付け騒ぎが起こり，銀行閉鎖の連鎖はますます勢い

を増していた。

4　ニューディールと反ニューディール

「最初の 100 日間」

　最初に F. D. ローズヴェルトが行ったのは，特別議会を招集すること，および全銀行を閉鎖し，払出しを停止させることであった。具体的には，1933 年 3 月 9 日に緊急銀行救済法を成立させ，政府の監督のもとに健全な銀行だけを再開させることとなった。この措置によって，取り付け騒ぎは収束した。3 月 12 日，F. D. ローズヴェルトはラジオを通して国民に直接語りかけ，銀行不安の解消を強調した。「炉辺談話」と呼ばれたこの方法は，アメリカでは，F. D. ローズヴェルト大統領が初めて用いた政治手法であった。彼がしばしば大衆政治家と呼ばれた理由の一つであろう（「炉辺談話」は 12 年余りの在任中全部で 27 回行われた。F. D. ローズヴェルトは回数を増やすことには慎重であった）。

　ニューディールの諸政策は，大雑把には 3 つの R に分類することができる。第 1 は膨大な数の失業者の救済（Relief）。これは，最も急を要する課題であった。第 2 は経済の復興（Recovery）。重い病にかかったアメリカ経済そのものの建て直しである。そして，第 3 に改革（Reform）。政治と経済について，根本的な改革の必要性があるのではないか。第 3 の R の必要性については，前二者ほどの支持はなかった。すなわち，政治的にはあとの R ほど反対が強くなっていく。ニューディールが論争的であったのも，ある意味で長期的な性質をもった構造的な改革にも着手したからであった。

　F. D. ローズヴェルト政権はその後も積極的な立法活動を展開した（「最初の 100 日間」）。危機の最中にあったことも手伝って，通常は協力的でない連邦議会も初期は協調的であった。

　失業者救済に関しては，まず資源保全隊が設置された。これは 20 世紀に入ってから行われてきた自然資源の保全（conservation）と失業者の救済を同時に推進しようとするものであり，青年失業者をキャンプに集めて植林などに従事させた。

また，失業者救済そのものを直接目的とした政府組織として連邦緊急救済局が設立され，ハリー・ホプキンズの指揮のもとで連邦政府自ら失業者の救済を遂行した。さらに，一時的には雇用局といった臨時の失業者雇用機関まで設立されている。これらは，ただちに，可能な限り多数の失業者を，ともかく（すなわち仕事の内容はともかくとして）雇う，ということに主眼を置いていた。

　さらに，失業者救済と景気回復の双方を目的として，公共事業局という新しい連邦政府機関も設置され，道路や橋などある程度規模の大きな公共事業が展開された。この責任者となったのが，ハロルド・イッキーズであった。ホプキンズが気前よく（すなわち無駄も生みながら）予算を消化したのに対し，イッキーズは汚職を徹底的に防ぐためにきわめて慎重に（しかし非常事態でも緩慢に）事業を展開した。この2人の職務が逆であったならば，と陰口を叩く者もいた。

ケインズ政策なき景気対策

　より直接に経済を建て直す政策としては，全国産業復興法（NIRA）の制定と全国産業復興局（NRA）の新設がある。これは，政府の監督のもとに業種別に生産を制限し，価格を引き上げるための自主規制の協定を作らせようとするものであった。平時ならばこのような行為は反トラスト法違反となるが，NIRAはそれを同法の適用外とした。NIRAの狙いは，このような方法で過剰生産・過小消費の問題に直接対応し，工業製品価格を引き上げることによって，アメリカの製造業を建て直すことにあった。

　当時，アメリカ合衆国ではまだ，積極的な赤字財政と有効需要の喚起による経済復興というケインズ的な恐慌対策はほとんど知られていなかった。F. D. ローズヴェルトは1932年の大統領選挙で，均衡予算から逸脱したことでフーヴァーを攻撃したくらいである。ケインズ的政策が知られていない時代であったからこそ，NIRAにみられるような生産制限による価格上昇という方法が，最も重要な恐慌克服策として採用されたのである。

　ただし，NIRAは産業界の救済策であると同時に，労働者の保護という意味ももたされていた。NIRAの第7条a項は企業に，先に述べた協定を結ぶ際，労働者の団結権と団体交渉権を認めることを義務づけていた。労働者はさらに，最低賃金と最長労働時間制限も保証された。連邦政府が労働者に対してこのよ

うな権利の保証を与えたのは，アメリカの歴史で初めてのことであった。このような政府からの積極的支持にも刺激されて，アメリカの労働者，特に未熟練労働者の組織率は一気に上昇し（1935 年に結成された産業別組合委員会〈CIO〉の組合員数は 37 年に 370 万人，38 年に 400 万人），激しいストライキを展開した。

　NIRA と同様の生産制限による価格引き上げ政策は，農業にも適用された。やはり「最初の 100 日間」に成立した農業調整法（AAA）によって，連邦政府は初めて，作付面積の縮小と引き替えに農民に補助金を支給するという方法で，生産調整に乗り出した。これも，過剰生産・過小消費による価格下落に対処するための価格引き上げ策であった。農民は当時，全国民の約 26％ を占める一大集団であり，彼らの購買力の回復も，恐慌克服策として重視されていた。

　初期ニューディールの経済復興策は，このように，生産調整による人為的な価格引き上げ策に大きく依存していた。また，政治的な方向としては，特定の集団・階級を支持基盤とするよりも，経営者・労働者・農民といった諸利益の協調体制の確立が目標とされていた。初期ニューディールが「コーポラティスト（団体協調主義者）」的と指摘されるゆえんである。

　ニューディール初期に遂行された改革（Reform）政策としては，1933 年に成立したグラス＝スティーガル銀行法や連邦証券法，あるいは翌年成立した証券取引法などを挙げることができよう。これらは，銀行預金に対する政府保証制度の道を開く，商業銀行と投資銀行を分離させる，また株式取引への政府の監督を強化し，証券取引委員会を設置するなどの方法によって，再び同じような恐慌が起きることを防止しようとしていた。

　また，ニューディールの象徴として，テネシー渓谷開発公社（TVA）を挙げることができよう（これも 3 つ目の R「改革」に分類できる）。これは失業対策や地域的総合開発を行うと同時に，国が管理することによって民間の電力会社よりも安い電力を自ら提供することで，料金の「基準」を設定しようとしたものであり，連邦政府による電力業界への挑戦でもあった。連邦政府がこのような事業を行ったのは，やはり初めてのことであった。

反ニューディール派の動向

　1933 年から 34 年にかけて実現された以上の成果は，通常「第 1 次ニューデ

Column ⑦　ロングと南部の政治 ✺✺✺✺✺✺✺✺✺✺✺✺✺✺✺✺✺✺✺✺✺

　ヒューイ・ロングは急進的でデマゴギー的な政策を提唱したこと以外でも，当時の南部の政治家の中では異色の存在であった。すでにみたように，19世紀終わり頃から登場した南部黒人に対する法的な差別（ジム・クロウ）制度は1930年代には完成しており（→4章），当時の南部の白人政治家のほとんどが，この体制の支持者であった。

　ところが，ロングは買収を行いながらも，農村の白人貧困者だけでなく，黒人の票も積極的に獲得しようとした。実際，彼は州内で選挙登録税を廃止した。彼が，特に南部の白人既成政治家から「危険な人物」とみなされたのは，1890年代のポピュリストと同様に，黒人票をも動員して，貧困者の支持を集めたからであった。しかし，まさにそれゆえに，南部では「危険」でも，黒人差別主義者でないが故にアメリカ全土で支持を集められる潜在性を獲得していた。

　この背景には，ロングがカトリック系の多いルイジアナ州の出身であったことが挙げられる。ロングは，反黒人・反カトリックを表明する代わりに，大企業を攻撃し，貧困層の味方というイメージを打ち出して，1928年に州知事に，32年には上院議員に当選した。ロングは1932年にはF. D. ローズヴェルトを支持していたが，その後ニューディール政策を不徹底な改革だとして批判した。ロングは1936年の大統領選挙に向けて，F. D. ローズヴェルトにとって脅威となり始めたのである。1940年の大統領選挙には，民主党から離脱して第三政党を結成し，自ら出馬する遠大な計画も抱いていた（齋藤 1979）。

　こうして，ロングを理解する際には，ルイジアナ州，南部，全国といった3つの次元でみる必要がある。第1の次元では，彼は圧倒的な人気を誇る独裁者であり，第2の次元では，「危険」で「異端」の政治家，そして第3の次元では，現職大統領を警戒させる，潜在的に強力な大統領候補であった。

✺✺

ィール」と呼ばれる。この時期，経済状態は緩慢ながら改善に向かっていた。ところが，ニューディールへの反対派もそれにつれて大胆になり，その規模が大きくなっていった。当初は政権に協力的であった経済界の主流も，1934年にアメリカ自由連盟を結成し，反ニューディールの立場を明らかにした。

　また，より大衆的・庶民的な要求を掲げて，ニューディールの不十分さを攻撃する人々も現われた。例えば，ルイジアナ州政界のボス的存在であったヒューイ・ロング上院議員（民主党）は貧しい南部人を支持基盤として，「われわれ

の財産分配（Share Our Wealth）」運動を起こした（our となっているところに注目）。これは個人の財産を一定限度に制限する一方で，各家庭に 5000 ドル相当の土地家屋と 2500 ドルの年収，および高額の老齢年金を保障する，という計画であった。

　ロングが組織した「われわれの財産分配クラブ」は，南部を中心に短期間に 2 万 7000 の支部をもつようになり，一時は 470 万人の会員を擁するといわれた。F. D. ローズヴェルト自身，ロングの人気に脅威を感じていたといわれる。しかし，ロング上院議員は 1935 年に暗殺され，野心を遂げることはできなかった。

　この時期，さらにフランシス・タウンゼントというカリフォルニアの医師が，60 歳以上の無職の老人に月額 200 ドルを与える老齢年金制度の実現をめざして運動を開始し，2 年のうちに約 150 万人のメンバーをもつことになった。当時，連邦政府は老齢年金制度を用意しておらず，48 の州のうち，28 の州が非常に不十分な制度を備えていたのみであった。恐慌で株などの老後の資産が一瞬のうちに消え失せた多くの老人にとって，年金制度の確立はきわめて切実な要求であった。

　また，デトロイトのカトリック神父であったチャールズ・コグリンは，ラジオでの説教を通じて，金持ちへの重税，基幹産業の国有化など，急進的・ポピュリスト的政策を訴え，おおいに人気を博した。毎週 1000 万人の人々が彼の説教を聴いていたといわれる。

　これらの人物はいずれも，実現困難な壮大な計画を提唱していたが，他方で，大衆の中に存在していたニューディールに対する強い不満を代弁していた点で共通している。彼らは，ニューディールの行き過ぎではなく，その不十分さを批判していた。当時の共産党や社会党が，いわゆる資本主義の危機にもかかわらず，さほどふるわなかったのとは対照的である。

　このような左右の反ニューディール政治勢力に，1935 年，さらに連邦最高裁判所が加わることになった。最高裁は同年 NIRA に対し，次いで翌年には AAA にも違憲判決を下し，政権・議会と正面から衝突した。当時の 9 人の最高裁判事はすべてニューディール開始前に任命されていた。個人主義的かつ保守的傾向が強い裁判官にとっては，ニューディールは，議会が行政部に過大な

権限を委任することで，これまでの三権分立制を変質させ，また巨大な連邦政府がそれまで州政府の権限とみなされていた領域を侵すことによって，伝統的な連邦制を掘り崩しているようにみえたのである。

　こうして，第1次ニューディールの骨格であったNIRAを違憲とされたF. D. ローズヴェルト政権は，新たな対応を余儀なくされたのである。

◆ 引用・参考文献

紀平英作編 1999『アメリカ史』（世界各国史24）山川出版社。

ギルバート，マーティン／池田智訳 2003『アメリカ歴史地図』明石書店。

久保文明 1988『ニューディールとアメリカの民主政──農業政策をめぐる政治過程』東京大学出版会。

齋藤眞 1979「ヒューイ・ロングとニューディール政治──大衆民主政下の政治力学」東京大学社会科学研究所編『運動と抵抗』中（ファシズム期の国家と社会7）東京大学出版会。

Brinkley, Alan 2009, *Franklin Delano Roosevelt*, Oxford University Press.

第8章　ニューディールと第二次世界大戦

⬆1945 年 8 月 6 日，アメリカは広島に原子爆弾を投下した。その爆心地
周辺を，終戦直後に，調査する 2 人のアメリカ人将兵（広島，1945 年 9
月，写真提供：LEONE／ullstein bild／時事通信フォト）。

　ニューディールは 3 年目から，ワグナー法，社会保障法，大規模な雇用促進
政策などに着手し，未熟練の労働者を中心として，失業保険や年金などの恩恵を
受ける多数の国民の支持を獲得した。F. D. ローズヴェルトは 1936 年の大統領
選挙で再選されたが，皮肉なことに，その後ニューディールは勢いを失った。
　1939 年に第二次世界大戦が勃発して以来，F. D. ローズヴェルトはイギリスを
支持していたが，議会の孤立主義によってその方針は阻まれてきた。日本による
パールハーバーへの攻撃は，結果的にアメリカの参戦を容易にした。戦時中，F.
D. ローズヴェルトはスターリンとの信頼関係を軸に個人外交を展開したが，結
果的に東欧でのスターリンの要求を抑えることはできなかった。第二次世界大戦
は，最終的にトルーマンによる広島・長崎への原爆投下で終結することになった。

1 ニューディール体制とニューディール連合

「第2次ニューディール」

1934年11月，F. D. ローズヴェルト政権は中間選挙の洗礼を受けた。中間選挙については特に下院に関して，大統領の所属政党が議席を減らす「与党敗北の法則」が存在するが，20世紀においては1934年と98年だけが例外であり，民主党はここで勝利を収めた。これは，ニューディールの政策が早い時期から強固な支持を得ていたことを示す証拠の一つであった。

F. D. ローズヴェルト政権は，1935年に入ってから再び多くの政策に着手した。1935年5月，雇用促進局を設置し，ホプキンズのもとで大規模な（1年で300万人を雇用する）失業者対策に乗り出した。雇用促進局は，画家・俳優・教員・医者などにも職を与えた。

特に注目に値するのは，労働組合に対する政策であった。未熟練の労働者はこの時期，労働組合の承認と待遇改善を求める多数のストライキを打った。このような中，ロバート・F. ワグナー上院議員（ニューヨーク州，民主党）は，労働者の団結権と団体交渉権を明確に認める法案を提出し，成立直前にF. D. ローズヴェルトの支持を求めた。大統領はこれに応え，1935年5月，全国労働関係法，いわゆるワグナー法が成立した。

大統領にとって，これはきわめて重要な政治的選択であった。経営者側はワグナー法案に激しく反発していたため，ここでの選択は，F. D. ローズヴェルト政権が経済界・労働者双方との協調体制を放棄して，未熟練の労働者層および彼らを代表する労働組合と政治的同盟を結び，経済界と敵対関係に入ったことを意味していた。

このワグナー法は，労働者と経営者の力関係を大きく変えることによって，アメリカの政治に長期的な影響を及ぼすことになる。特に未熟練労働者の政治的影響力が，1935年にAFL内に新たに結成されたCIO（産業別組合委員会，38年に産業別組合会議・CIO〈Congress of Industrial Organization 略称は同じ〉と改称）を通して格段に強化された。同時に，これらの労働者層は長期にわたって忠実な民主党支持者となった。

さらに 1935 年 8 月には，連邦政府と一般国民の関係を大きく変える法律が制定された。それまで連邦政府が提供していなかった老齢年金，失業保険，そして身体障害者などに対する生活保護を定めた社会保障法がそれである。これによって，連邦政府は国民に初めて，老後や失業時の生活の保障を提供することになった。アメリカは，西ヨーロッパ諸国より約 2 世代遅れて，福祉国家の基礎を築くことになった。

　1933 年から 34 年にかけてのニューディールを通常「第 1 次ニューディール」と呼び，35 年から 36 年にかけてのニューディールを「第 2 次ニューディール」と呼んでいる。後者においては，労働者や中下層の一般国民に支持基盤を求めるに至った。このような意味で，ニューディールは明らかに左傾化したといえる。

ニューディール連合の成立

　以上のような成果を携えて 1936 年の大統領選挙に臨んだ結果，F. D. ローズヴェルトは得票率が約 61% にも達する歴史的な大勝利を収めた。下院の議席は 333 対 89，上院では 75 対 17 となり，議会でも民主党が共和党に対して圧倒的多数を占めるようになった。

　ここでの投票分布は，かつてないほど所得と階級によって分かれていた。F. D. ローズヴェルトが得た票は主として下層階級やミドルクラスの下層からであり，共和党候補の得票は主として裕福な層からであった。1920 年代には，あるいは，やや極論すれば 19 世紀からニューディールに至るまで，アメリカにおける政党支持は，南北の分断に加えて，かなりの程度，宗教，民族，文化によっても規定されていた。F. D. ローズヴェルトの政策は，このような政党への宗教的かつ文化的な愛着・紐帯をある程度断ち切り，これまで以上に階級を基盤にした政党再編成，すなわち民主・共和の二大政党の支持基盤の組み換えを実現した。このようにして，民主党は恒常的な少数党から多数党の地位に這い上がることにも成功した。1896〜1928 年の 9 回の大統領選挙において，民主党は 2 回しか勝てなかった。しかし，1932〜64 年の 9 回の大統領選挙で民主党が負けたのは，国民的人気を誇ったドワイト・D. アイゼンハワーを相手にした 2 回（52 年と 56 年）だけであった。

Column ⑧　黒人とニューディール ❈❈❈❈❈❈❈❈❈❈❈❈❈❈❈❈❈❈❈❈❈❈❈❈❈

　ニューディール期における黒人の投票行動の変化は，劇的であった。共和党の
リンカン大統領によって奴隷の地位から解放された黒人は，忠実な共和党支持者
であり，1932 年の大統領選挙でもその約 4 分の 3 が，まだ共和党に投票してい
た。ところが，1936 年には逆に約 4 分の 3 の黒人が，民主党に投票するように
なっていた（ともに北部における投票状況）。

　ニューディールは黒人を優遇しなかった。しかし，北部の救済事業では，ホプ
キンズやイッキーズの指導のもとで，黒人に不利な差別はかなり排除され，失業
者の絶対数が多い黒人は，大きな恩恵を受けた。エレノア・ローズヴェルト大統
領夫人も黒人の支援に積極的であった。

　他方で，黒人差別問題は，ニューディール連合が抱えた最も根本的な矛盾であ
り，そのアキレス腱であった。黒人は，北部の大都市において 1936 年選挙から
民主党の重要な支持基盤となったが，南部では同じく民主党の支持者であった白
人によって，法的に差別されていたからである。すでに 1941 年夏に，黒人の指
導者 A. フィリップ・ランドルフは，F. D. ローズヴェルト政権に対し，黒人への
差別撤廃を要求して「ワシントン大行進」を行うと威嚇した。F. D. ローズヴェ
ルトはこの圧力に対して，同年 6 月 25 日に大統領行政命令 8802 という妥協策
を提示した。これは，連邦政府機関および軍と取引契約を結んだ防衛産業におけ
る人種差別を禁止したものであり，軍隊における人種差別撤廃までは含んでいな
かったものの，黒人の側からも好意的に受け止められた（「ワシントン大行進」
は中止された）。

　裁判所にも新たな動きがみられた。南部の 8 つの州の民主党では「ホワイ
ト・プライマリー」と呼ばれる白人だけの党公認候補者指名予備選挙が行われて
きた。これは黒人の参加が明確に禁止された選挙であった。当時，南部全域では
民主党がほとんどすべての連邦議会の議席を独占しており，共和党は存在しない
に等しかった。したがって，実際には民主党の予備選挙が最も重要な選挙であり，
ここで党の指名を獲得した者が，そのまま本選挙でも当選する可能性がきわめて
高かった。

　しかし，1944 年，最高裁判所は「スミス対オールライト」判決において，政
党は純粋に私的な結社ではないと認定して，このような人種差別的な予備選挙を
無効と判断した。南部の差別体制にも少しずつ風穴が開けられつつあった。また，
戦時，軍においても一部の黒人は徐々に白人と同等の役割を与えられていった。

❈❈

従来からの支持者には，南部の白人，大都市の移民層，そして西部や中西部の中小の農民層などがいた。新たに加わった支持者は，北部の黒人（当時，南部の黒人のほとんどは投票できなかった），低所得者層一般，（特に WASP の）労働者，ミドルクラス，インテリ層などであった。

　ここで成立した民主党を支持する諸集団の長期的な連合を，「ニューディール連合」あるいは「ローズヴェルト連合」という。1932 年から 64 年まで，大統領選挙・議会選挙あるいは政党支持率などにおいて，基本的に民主党優位の時代が続く。

　また，制度的にみると大きな政府，政策的にみると経済の運営に恒常的に関与し，老齢年金や失業保険などを通じて国民生活の安定に責任をもとうとする政府が，ニューディール期に成立した。これを「ニューディール体制」と呼ぶ。

ニューディールの評価

　F. D. ローズヴェルトは 1937 年 1 月，政権第 2 期の就任演説において，国民の 3 分の 1 は依然として貧しい家に住み，貧しい衣服を着て，貧しい食生活をおくっていることを指摘して，もたざるものを支援していく政策を表明した。そして，この基本方針に沿う形で，最低賃金と最長労働時間を定めた公正労働基準法，小作農民の自作農化促進や低所得農民に対する金融支援などを実現した。概していえば，これらの政策は，当時の北欧などで実施に移されつつあった社会民主主義的な諸政策と方向性が同じであった（久保 1988）。

　しかし，ニューディールはこの第 2 期に大きな壁にぶつかることになる。第 1 に，F. D. ローズヴェルトは 1937 年に司法部改革案を発表したが，完全な失敗に終わる。この案は，連邦最高裁判所の判事（定員は 9 人で任期は終身）の中で，70 歳になっても退職しない判事がいるときは，大統領は同数の判事を任命でき，判事の総数を最大で 15 人まで増員できる，としていた。この目的は，最高裁判事のイデオロギー的傾向を，ニューディールを支持する方向に転換させていくことにあった。

　F. D. ローズヴェルトの「改革案」は民主党内からも批判され，実現せずに終わった。しかし，このあと何人かの最高裁判事が相次いで引退したために，大統領は後任の補充に成功した。また，残った判事の多くもニューディール立

法に対する態度を変更したため，結局，最高裁判所が F. D. ローズヴェルト政権の前に立ちはだかることはなくなった（いわゆる「ローズヴェルト・コート」の成立）。

　第2に，1937年後半，33年以来着実に回復してきた景気が，急激に落ち込んだのも F. D. ローズヴェルト政権にとって打撃であった。はたして，民主党は1938年の中間選挙で多数の議席を失い，多数党の座は維持したものの，議会での主導権を，共和党と南部議員を中心とする民主党保守派の連合（議会におけるこの党派を超えた同盟を「保守連合」と呼ぶ）に奪われることになった。

　1938年の春に，F. D. ローズヴェルトは，ニューディール政策に反対し始めたこのような民主党の保守派を党から一掃しようとして，民主党の予備選挙に介入した。すなわち，現職に対抗するニューディール支持派の新人を立候補させて，その当選を図ったのである。これは異例な行為であったが，基本的に敗北に終わる。

　第3に，1930年代末にヨーロッパとアジアで国際情勢が緊迫するにつれ，共和党議員を中心とする孤立主義勢力と対抗するうえで，政権はその国際主義的外交政策を支持してくれる民主党南部保守派に依存せざるをえなくなっていった。同時に戦時体制へ備えるためには，経済界との和解も不可避となった。こうして，F. D. ローズヴェルト政権は，徐々に保守派との妥協ないし和解に軌道修正していった。

　それでも，ニューディールによってもたらされたアメリカ政治の変化は，決して過小評価できない。大統領と議会の関係の変化，ニューディール連合の成立，政府と国民の関係の変化などがそれである。また，リベラル，あるいはリベラリズム，というアメリカ政治の言葉の意味も一変した。ニューディール前までは小さな政府と自由放任主義を意味してきたこの言葉は，ニューディールを経て，大きな政府を意味する言葉に生まれ変わった。

　F. D. ローズヴェルトは2期目から，民主党を真にリベラルな政党に代えていく必要性について語り始めた。それはニューディールの成果を守り，ニューディール型の大きな政府をさらに拡充していく政党を意味していた。具体的には，共和党にも多数存在したリベラル派との連携を意味していた。

　ニューディールは大恐慌を解決することはできなかった。それを一挙に解決

したのは戦時経済であった（ただし，ニューディール政策がなければ恐慌がもっと深刻化した可能性はある）。しかし，それは国民から強い支持を受けており，ニューディールが政治的に成功したことは否定し難い。また，ニューディールは，よく指摘されるように，決して資本主義体制を否定するものではなかったが，それまでのアメリカ資本主義のあり方を大きく修正したことも確かである。

2 第二次世界大戦とF. D. ローズヴェルトの参戦外交

高関税から相互的関税引き下げへ

日本の関東軍は1931年9月に満洲，奉天（現瀋陽）郊外の柳条湖付近で満鉄線を爆破し，これを機に軍事行動を拡大していった。いわゆる満洲事変である。これに対して，ヘンリー・スティムソン国務長官は経済制裁を主張したが，フーヴァー大統領が道義的な圧力にとどめることを決定した。その結果生まれたのが，「門戸開放・機会均等の原則を蹂躙（じゅうりん）し，不戦条約に違反してつくられる事態は承認しえない」と日中両国に通告した「不承認主義」（あるいはスティムソン・ドクトリン。1932年1月）であった。アメリカは，ヨーロッパ諸国がこの問題でアメリカと協力する可能性がほとんどない以上，この時点で満洲問題をめぐってさらに日米関係を緊張させることを断念せざるをえなかった。

フーヴァー政権は，ヨーロッパで起きた金融不安に対して，1931年に対外債権の取り立てを1年間停止することを宣言した（いわゆるフーヴァー・モラトリアム）。F. D. ローズヴェルト政権は，フーヴァー政権の不承認政策は継受したが，大恐慌の原因を国内に求めていたため，当初，国際的な対処法を重視していなかった。ところが，F. D. ローズヴェルトは徐々に国際主義的アプローチも採用していく。一つの理由は，輸出が経済復興に不可欠と考えられたからであろう。さらにもう一つの理由として，民主党は南部を最大の支持基盤としていたことが指摘できる。南部の政治家は概して低関税主義の支持者であった。F. D. ローズヴェルト政権の国務長官コーデル・ハルも，その例外でなかった。

テネシー州出身のハルは，高関税や排他的経済ブロックの反対者であり，熱烈なウィルソン主義者かつ自由貿易主義者であった。

南部民主党の強い支持のもと，議会は 1934 年に互恵通商協定法を制定し，本来議会がもっている関税引き下げの憲法上の権限を，現行税率の 50% の範囲内に限り大統領に賦与した。これは，相手と相互に関税を引き下げる協定を結ぶ形で実施され，しかも，この税率には最恵国待遇が適用される。結局 1945 年までに 29 カ国と互恵通商協定が結ばれ，アメリカの輸出も大きく増えることになった。実は，このような先例こそが，戦後に確立した自由貿易国際経済体制の萌芽となったのである。

なお，F. D. ローズヴェルト新政権はこのほかにも，ラテンアメリカに対する善隣友好政策を打ち出し，ソ連承認（1933 年）も行った。

「参戦外交」対「孤立主義」

1930 年代は，アメリカ外交史において特殊な時代であった。もともとアメリカ外交には，ワシントンの告別演説にみられるような孤立主義の伝統が存在する（→1 章）。しかし，通常アメリカの「孤立主義」は，国際連盟加盟に関する反対論のように，アメリカの主権を擁護し，単独で行動する自由を保持しようという考え方に基づいていた。その点で，1930 年代の孤立主義は，それをさらに飛び越え，海外の戦争へのいかなる関与にも反対した点でかなり異質であった。この時期，こうした極端な孤立主義勢力が強力になり，アメリカの外交政策に重大な影響力を及ぼした。

1920 年代から，アメリカでは第一次世界大戦参戦に対する幻滅が生まれた。そのような雰囲気のもとで，1934 年『死の商人』と題する本が出版され，アメリカの参戦は軍需産業の陰謀によるものであるという印象を広く与えることになった。

アメリカ議会が中立法を制定したのは，このような状況においてであった。1935 年 8 月，交戦国に武器の輸送を禁止する中立法が成立した。これは第一次世界大戦の轍を踏まないためであった。F. D. ローズヴェルトの外交にとって最大の障害となったのが，この中立法であり，議会の孤立主義勢力であった。

1937 年 7 月に蘆溝橋事件をきっかけに日華事変が始まり，日本軍が軍事行動を拡大したことに対して，F. D. ローズヴェルト大統領は同年 10 月シカゴにおいて「隔離演説」を行い，侵略国を経済制裁などによって隔離する方針を示

唆した。しかし，これに対しても孤立主義的な世論が強く反発したため，直接
に具体的な行動がとられることはなかった。

　この間，ヨーロッパの国際情勢は，ナチス・ドイツのアドルフ・ヒトラーに
よるオーストリア併合（1938 年）などによって急速に悪化し，ついに 1939 年 9
月，ドイツ軍がポーランドに侵攻するに至って第二次世界大戦が勃発した。

　第一次世界大戦が勃発したとき，ウィルソン大統領は厳密な中立政策を追求
した。しかし，第二次世界大戦において，F. D. ローズヴェルトが一方で「中
立国」にとどまることを表明しながらも，当初から英仏など連合国側の勝利を
求めていたことは明らかであった。

　1939 年 11 月，議会は大激論の末，中立法を改正し，武器禁輸条項を大幅に
緩和した。すなわち，現金払いでかつ自国船で運搬すること（cash-and-carry）
（融資やアメリカ船による輸送では，中立が侵される可能性が高くなるから）を条件に，
武器輸出が認められることになった。これは制海権をもっていた英仏側に有利
な修正であり，F. D. ローズヴェルト政権にとって重要な勝利であった。ただ
し，この頃 F. D. ローズヴェルトはまだ，アメリカ参戦の可能性を否定してい
た。

フランス降伏の衝撃

　1940 年 6 月のフランス降伏は，アメリカに衝撃を与えた。同年 9 月には，
平時において初めて徴兵制度が導入され，徐々にアメリカも臨戦体制を整えて
いった。また，ほとんど同じ頃，すでに 1937 年に防共協定を結んでいた日独
伊 3 国が軍事同盟を締結するに至り，再びアメリカを驚かせた。これにより，
アメリカはアジアとヨーロッパで同時に戦争を強いられる可能性に直面したか
らである。

　このような危機の中，F. D. ローズヴェルトは，1940 年 11 月の大統領選挙
に史上初めて 3 選をめざして出馬し，当選した。この後，彼はアメリカを「民
主主義の大兵器廠」にすると語り，また 1941 年の年頭教書で「全世界各地に
おける 4 つの自由」（言論および表現の自由，信教の自由，欠乏からの自由，軍事的
侵略の恐怖からの自由）を宣言した。これはアメリカ国民に，アメリカは専制に
対して自由を求めることを明らかにするとともに，アメリカがめざす戦後世界

の理想を訴えたものであった。

さらに同年3月には，これまで以上に直接イギリスを軍事的に支援するための武器貸与法を議会に制定させることに辛くも成功した。これは実質上，連合国側に兵器や軍需物資を自由に貸与することを認める法律であった。

ただし，ドイツが潜水艦作戦を展開する中で兵器をイギリスに輸送するには，護衛が必要であった。F. D. ローズヴェルトは一方でイギリスの輸送船を守るつもりはないと国民に語りつつ，他方では護衛船をつけさせたのみならず，1941年11月にはアメリカ船は武装して自ら物品をイギリスに輸送していた。実質上，アメリカは国民の知らない間にドイツとの戦争に参加していたともいえる。

「私は戦争をすることはできますが，戦争の宣言はできないのです。議会の孤立主義勢力の反対のためです。しかし，私は挑発的になっていきたい。小さな小競り合いが戦争にいきつかざるをえないように，ありとあらゆる努力を行っていきたいと考えています」。F. D. ローズヴェルトは1941年8月，イギリスのウィンストン・チャーチル首相に宛ててこのように書いていた（Dallek, 1995）。

この間，日米関係も緊迫度を増していた。1941年7月下旬，日本が「大東亜共栄圏」の樹立をめざしてインドシナでの武力行使を開始すると，アメリカ政府は在米日本資産の凍結，次いでそれまで控えていた対日石油輸出の全面禁止といったきわめて強硬な経済制裁を行った（日本は石油輸入の80%以上をアメリカに依存していた）。ただし，アメリカは最大の敵はあくまでナチス・ドイツであり，可能なら対日戦争は回避したいとも考えていた。また，特に海軍は戦争準備のための時間を欲していた。

他方，ハル国務長官は原則論者であり，中国における門戸開放，インドシナからの撤退，そして日独伊3国同盟を骨抜きにすることに固執していた。1941年秋に日本が提案した近衛文麿首相とF. D. ローズヴェルト大統領の頂上会談や，11月に日本が提示した妥協案はアメリカ政府に拒否され，12月8日，ついに日本軍による真珠湾攻撃によって日米開戦となった。同年12月11日，ドイツもアメリカに宣戦し，ここにアメリカも全面的に第二次世界大戦に参戦したのである。

図8-1 日本の最大版図

—— 1942年夏の日本軍の最大侵略地域　　‥‥‥‥ 終戦時の日本の防衛線

［出所］　川島・服部 2007：113をもとに作成。

　ちなみに，この真珠湾攻撃は，アメリカ政府にとっても衝撃であった（F. D.
ローズヴェルトは事前に真珠湾攻撃を察知していたと主張する，いわゆる陰謀論には明
確な証拠がない）。

3　戦時外交

ソ連との同盟

　イギリスとアメリカは，ドイツ，イタリア，日本の枢軸国を共通の敵として
戦うことになったが，アメリカにとって最も緊急かつ重要な課題はナチス・ド
イツに勝つことであった。そのため，1941年6月から同じくヒトラーと戦っ
ていたソ連にも軍事援助を提供することになった。実際，1941年から45年ま
でに行われた武器貸与事業では，イギリスが最大の約316億ドルを受け取った
が，第2位はソ連の約110億ドルであった（第3位は約33億ドルのフランス）。

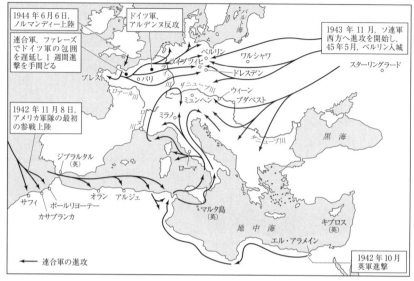

図 8-2　ヨーロッパの戦局（1942-45 年）

1944 年 6 月 6 日，
ノルマンディー上陸

ドイツ軍，
アルデンヌ反攻

1943 年 11 月，ソ連軍
西方へ進攻を開始し，
45 年 5 月，ベルリン入城

連合軍，ファレーズ
でドイツ軍の包囲
を遅延し 1 週間進
撃を手間どる

1942 年 11 月 8 日，
アメリカ軍隊の最初
の参戦上陸

ベルリン

ワルシャワ

スターリングラード

ライプツィヒ

パリ

ドレスデン

ブレスト

ダニューブ川

ウィーン

ブダペスト

ロワール川

ミュンヘン

ミラノ

黒海

ジブラルタル
（英）

ローマ

ダニューブ川

サフィ

オラン

アルジェ

マルタ島
（英）

地中海

キプロス
（英）

ポールリヨーテー

カサブランカ

エル・アラメイン

1942 年 10 月
英軍進撃

←　連合軍の進攻

［出所］　佐々木 2011：123 をもとに作成。

　第二次世界大戦中の米英ソ 3 国の関係は，米英対ソ連で固定化されていたわ
けではなく，上の数字が示すような米ソの協力関係が存在すると同時に，米英
関係も決して円滑ではなかった。1941 年 8 月に，F. D. ローズヴェルトはチャ
ーチル首相と初めて会談し，両国の協力関係を明らかにした大西洋憲章を発表
した。しかし，この協力の見かけの裏側には，激しい確執も存在した。「すべ
ての国が自由に政体を選ぶ権利を尊重する」という憲章の一文は，直接には枢
軸国に支配された国民を指していたが，イギリス植民地にも適用されうる原則
であったし，「自由に貿易する権利」という表現には，イギリス帝国のブロッ
ク経済を解体しようとするアメリカの意図が込められていた。これらはアメリ
カがイギリスに同意させた点であった。

　ところで，大西洋憲章に同意するよう求められたソ連のヨシフ・スターリン
は，重大な留保を付けた。彼はまず東ヨーロッパが例外であることを主張した。
ドイツを徹底的に弱体化することとならんで，東ヨーロッパ地域を緩衝地帯と
して自らの勢力圏内に確保することが，ソ連の目標であった。ある意味で，ス

ターリンは戦争当初から，アメリカの戦後構想を拒否していた。スターリンが大西洋憲章に付けた留保にこそ，冷戦の原因が潜んでいたのである。

米英とソ連の間の対立点は，ソ連が求めた「新しい国境」の確定（ソ連領が大幅にポーランド領に食い込むこと）と第2戦線（ドイツを大西洋側から攻撃すること）を早期に開くことであった。第1点について，F. D. ローズヴェルトは解決を可能な限り先送りした。第2点は，ソ連にとってドイツ軍の圧力をかわすために重要であったが，チャーチルが政治的理由から強く反対し，むしろ南および東ヨーロッパを先に解放することを主張した。彼は，これらの地域がソ連に先に占領され，その勢力範囲とされるのを嫌った。単独行動を避けたいF. D. ローズヴェルトも同調した。こうして，第2戦線を拒否されたスターリンは，英米への不信感を募らせていった。ちなみに，第2戦線には，米英軍の主力を東ヨーロッパから可能な限り遠ざけておくという隠れた狙いも込められていた。

テヘランおよびヤルタ

1943年11月，F. D. ローズヴェルト，チャーチル，スターリンはテヘランにおいて初めて一堂に会した（テヘラン会談）。ここで第2戦線などの問題について決着をみるが（第2戦線は1944年6月6日にノルマンディー上陸として実現した），ポーランドとドイツの戦後のあり方をめぐって，米英とソ連の意見は対立した。ところが，その後チャーチルとスターリンはF. D. ローズヴェルト抜きで会談を行い，東ヨーロッパ・バルカン地域に関して，例えばギリシャでイギリスの優位を認める代わりにルーマニアではソ連の優位を認めるといった勢力範囲の取引を成立させた。これはまさに，当初からアメリカが恐れていたことでもあり，アメリカにとって大きな痛手であった。

1945年2月に3人の指導者は再びヤルタで会談した（ヤルタ会談）。この会談で3カ国は，国際連合の構成と，ソ連とポーランドの新国境について合意に達した。またソ連の対日参戦についても，千島列島のソ連への引き渡し，ドイツ降伏後3カ月以内に開始するなどの条件付きで合意が成立した。ただし，かつてドイツ軍に対して劣勢であったソ連の赤軍は，このとき東ヨーロッパのほぼ全域を解放しつつあり，スターリンの政治的立場は圧倒的に強くなっていた

ことに注意する必要がある。同時に，アメリカ国内では，F. D. ローズヴェルトはポーランド問題などで妥協し過ぎたという批判を浴びている。たしかにF. D. ローズヴェルトは国際連合を成立させることを重視しており，それを押し切るために他の問題でかなり柔軟に対応した可能性はある（グッドウィン 2014）。

　このように妥協が成立した案件もあるが，ソ連が後押しした共産党主導のポーランド政府のあり方については，秘密投票の自由な選挙を求める米英とソ連の意見が正面から対立した。また，ドイツの将来についても，再建を支持する米英と，賠償と分割によって徹底的な弱体化を主張したソ連の間で見解が対立した。

4　F. D. ローズヴェルトからトルーマンへ

「個人外交」の遺産と終戦

　このようなポーランドとドイツにおける混沌とした状況が，F. D. ローズヴェルト大統領が残した遺産であった。以前から体調がすぐれなかった彼は，1945年4月12日，脳溢血のため急逝した。1944年11月に4選を果たしたばかりであった。彼の遺産を受け継いだのは，副大統領から昇格したハリー・トルーマンであった。

　F. D. ローズヴェルトの外交は「個人外交」という特徴をもっていた。スターリンとの個人的な信頼関係で困難な問題を解決しようとしていた。この方法には利点も存在するが，トルーマンのように，このような個人的関係をもたない指導者が継承したとき，大きな問題となる。また，F. D. ローズヴェルトは国務省という公式の外交機関を重用せず，ホプキンズらの側近に頼っていた。この点でも彼の外交は「個人的」であった。

　トルーマンはさまざまな点でF. D. ローズヴェルトとは対照的な政治家であった。ミズーリ州で育ち，農場や鉄道会社などで働いた。大学を卒業していない最後の大統領でもある。同州の民主党のベンダーガースト・マシーンの支持を得て政治の世界で台頭し，1935年から上院議員となった。彼は外交の訓練

を全く受けていなかったが，この歴史の分岐点で要職に就いた。

　さて，ドイツは，1945 年 5 月 7 日に無条件降伏した。1945 年 7 月 17 日から8 月 2 日にかけてベルリン郊外のポツダムにおいてアメリカ，イギリス，ソ連の首脳は会談し（ポツダム会談），ドイツの東西分割，ポーランドによる旧ドイツ領の一部の統治，そしてソ連がドイツの西側占領地域からは事実上賠償金を受け取ることができない案で決着がついた。

　日本に対しては 1945 年 7 月 26 日に，早期の降伏を促すポツダム宣言が出されたが，日本政府は応答しなかった。この後，トルーマンは同年 8 月 6 日広島に，同 9 日長崎に原子爆弾の投下を命じた。即死者だけでそれぞれ約 8 万人，約 7 万 4000 人であった。トルーマン大統領にとって，原爆使用は，戦争の早期終結と，アメリカ軍の被害を最小限にとどめるため，軍事上ほぼ当然視されていた。しかし，彼がのちに語った，アメリカ軍が日本本土に上陸した場合の死者数の予想「50 万人」は誇張であり，彼自身が受けていた情報では 4 万〜5万人程度とされていた。また，この時点になると，アメリカはソ連の対日参戦を望まなくなり，それを阻止することも原爆投下の目的に加わっていた。何人かのアメリカの科学者は，事前に，例えば太平洋の無人島で原爆を使用して日本政府に警告を発するよう提案したが，完成した爆弾が当時まだ数発しかなかったこともあって，それは却下された。

　ケネディ大統領の安全保障担当補佐官を務めたマクジョージ・バンディによると，このとき，アメリカは日本が知らないことを 3 つ知っていた。原爆の開発成功，ソ連の対日参戦，そして天皇制存続を許容する自らの方針であった。これらを巧みに日本に通知していれば，決して容易ではなかったであろうが，原爆を大都市に使用しないで日本を降伏させる余地はあったかもしれない（パッカード 2009：254-255）。

　8 月 8 日，ソ連が対日宣戦布告を行った。このような中，日本政府もポツダム宣言を受諾し，15 日に正式に降伏した。ここに，ようやく第二次世界大戦が終結したのである。

戦時中の国内政治
　第二次世界大戦中のアメリカは，第一次世界大戦と比較すると，共産主義者

やドイツ系移民などに対してかなり寛容であったが，その例外が日系アメリカ人への対応であった。1942年2月，F. D. ローズヴェルトは大統領行政命令9066を発し，11万人以上の日系移民（その約3分の2はアメリカ市民であった）に対して，大陸内部の強制収容所に移ることを命じた。もともとカリフォルニア州では，20世紀初頭から日系移民に対して人種偏見が非常に強く，農業関係者や排外主義的集団は日系人の排除を主張していた。日系移民はアメリカ社会への同化が困難な特殊な人種とみなされた側面もあった。このような状況で戦争が勃発し，一部のアメリカ人は日系アメリカ人の多くが軍事的な脅威にもなりうると恐れたのであった。連邦最高裁判所も1943年と44年の判決において，政府の措置を支持した。

　ちなみに，日系移民の強制収容に関しては議会は過ちを認め，1988年に市民的自由権法（通称，日系アメリカ人強制収容補償法）を成立させ，90年にアメリカ政府は損害補償金の支払いを始めた。

　戦時中，軍事物資増産のための協力を梃子（てこ）にして，民主党政権と経済界は1930年代に極度に険悪になった関係を修復した。経済界の政府への影響力も強くなり，その分，政権の性格も保守化した。それでも戦時中，ニューディール的社会改革は一面で前進した。1944年には「GI（軍人）のための権利の章典」が制定され，多くの低所得者や黒人を含む復員軍人に対して，連邦政府が教育費や復員手当ての支給，あるいはローンの保証を行った。

　しかし，全体としてみれば，ニューディール的な改革はむしろ後退したとみるべきであろう。1943年12月にF. D. ローズヴェルト大統領自ら，内科医（Dr. New Deal）は戦時には役に立たないため，外科医（Dr. "Win-the-War"）が代わって担当医になった，と述べたのは象徴的である。戦争の勝利が最優先課題とされ，国内改革は後回しにされた。

　成立したばかりのいわゆるニューディール連合も，戦時中に早くも大きな試練を迎えることになった。一つは黒人の公民権問題であり（→Column ⑧），もう一つは労働組合によるストライキであった。戦時になると，1930年代と逆に，アメリカ経済は一挙にインフレ体質となり，それをいかに抑えるかが経済運営の課題となった。民主党政権は賃金と物価の統制に着手し，1943年4月からは物価の現状凍結を実施したが，賃金凍結に不満なCIOは多数のストラ

イキを打った。F. D. ローズヴェルトは賃上げを認め，1944年には「経済的権利の章典」を発表した。同年11月の大統領選挙で彼は4選を果たしたが，これも労働者の支持なしでは不可能な苦しい勝利であった（得票率は53.4%）。

　終戦とともに，賃金物価凍結解除の日も近くなる。その瞬間，物価は急上昇するであろう。その困難な舵取りは，トルーマン新大統領に委ねられることになった。

◆ 引用・参考文献

五百旗頭真編 2008『日米関係史』有斐閣。

川島真・服部龍二編 2007『東アジア国際政治史』名古屋大学出版会。

久保文明 1988『ニューディールとアメリカの民主政——農業政策をめぐる政治過程』東京大学出版会。

グッドウィン，ドリス・カーンズ／砂村榮利子・山下淑美訳 2014『フランクリン・ローズヴェルト——日米開戦への道』上・下，中央公論社。

佐々木雄太 2011『国際政治史——世界戦争の時代から21世紀へ』名古屋大学出版会。

パッカード，ジョージ／森山尚美訳 2009『ライシャワーの昭和史』講談社。

ラフィーバー，ウォルター／久保文明・久保典子・五味俊樹・鐸木昌之・阪田恭代・木村昌人・土田宏・高杉忠明・小川敏子訳 1992『アメリカの時代——戦後史のなかのアメリカ政治と外交』芦書房。

Dallek, Robert 1995, *Franklin D. Roosevelt and American Foreign Policy, 1932-1945,* Oxford University Press.

第9章　冷戦の開幕と恒常的軍事大国化

⬆「デューイ，トルーマンを破る」の誤報を手に笑顔のトルーマン大統領
（1948年11月，ミズーリ州セントルイス。写真提供：Bridgeman Images／時事通信フォト）。

　　トルーマンは1947年にトルーマン・ドクトリンを打ち出し，ギリシャ・トルコに対する経済支援に着手した。さらに，チェコスロヴァキアでの共産党政権の成立などを目の当たりにして，トルーマンは孤立主義の伝統を捨て，北大西洋条約機構（NATO）を結成した。
　　トルーマンは1948年の大統領選挙で辛うじて再選を勝ち取った。北朝鮮による韓国侵攻に対して軍事的に応戦する決断をしたものの，長期戦となり，国民の不満は高まった。また，その間マッカーシズムが台頭して，1952年の大統領選挙では20年ぶりに共和党が勝利を収めた。
　　対日占領政策のほうは1947-49年に徹底的な民主化から復興に転換し，かつて敵であった日本は占領終了とともにアメリカの同盟国となった。

1 トルーマン・ドクトリンとトルーマン再選

1948年大統領選挙とトルーマン再選

　トルーマン大統領は，内政ではまずインフレ対策に悩まされた。1946年7月から47年4月までの間に24％ものインフレ率が記録された。その結果，1946年にはアメリカ史上最多の460万人がストライキに参加したが，これは労働組合と民主党政権に対する世論の反感を生み出し，同年の中間選挙では26年ぶりに上下両院で共和党が多数党に返り咲いた。トルーマンは共和党多数議会への対応にも神経を使わざるをえなかった。

　1947年，共和党多数議会はトルーマン大統領の拒否権を3分の2以上の多数で再可決することによって覆し，タフト＝ハートレー法を成立させた。これは，クローズド・ショップ（労働組合員のみが雇用される制度）を禁止し，またスト権を制限した。労働組合は今日に至るまでその撤廃に成功していない。

　トルーマン政権がF. D.ローズヴェルト政権と国内政策で最も相違を鮮明にしたのは，黒人の公民権問題であった。トルーマンは個人として，黒人の平等を支持していた。トルーマンは1948年7月に大統領行政命令を発し，軍における人種平等を指令したが，これは歴史的な改革であった。

　2年間続いたトルーマンと共和党の激しい対決の決着は，1948年の大統領選挙でつけられた。民主党にとって深刻だったのは，選挙前に党が3つに分裂したことであった。左派の一部はヘンリー・A.ウォーレス（元農務長官，元副大統領，前商務長官）が率いる進歩党に参加し，ソ連に敵対的な冷戦外交を批判した。南部保守派は，トルーマンが南部での黒人差別撤廃に意欲を示したことに反発して脱党し，州権民主党を結成した。民主党からサウスカロライナ州知事に当選していたストローム・サーモンドがその指導者であった。

　しかし，選挙結果は，予想を覆してトルーマンの勝利に終わり，民主党は上下両院でも多数党に復帰した。進歩党・州権民主党はそれぞれ約2.4％の得票率に過ぎなかった。総じて，1948年の大統領選挙は，一般有権者の間でいまだニューディールの評価が高く，「共和党＝大恐慌の党」というイメージが残存していたことを示していた。

　1948 年の大統領選挙では，ニューディール期から戦時を通じて展開されてきた民主党内ニューディール支持派の主導権争いにも決着がつけられた。これは，貧困問題の解決や所得の再分配を重視してニューディールの強化・拡大をめざす左派（社会的ケインズ主義者）と，インフレの統制，企業減税，経済成長促進をより重視する右派ニューディーラー（商業的ケインズ主義）との間の権力闘争であった。ただし，彼らは連邦政府による社会・経済への一定の介入を認め，特にケインズ的な経済政策を支持する点で共通しており，共和党の小さな政府路線とは異なっていた。

　第二次世界大戦後，両者は完全雇用法案をめぐって民主党内で鋭く対立した。この法案は，政府に常時完全雇用を維持するような積極的予算の策定を義務づけようとしていた。この法案をめぐる論争においても，後者の右派ニューディーラーが優勢であり，結局，内容の希薄な雇用法が 1946 年に成立したのみであった。民主党から左派の H. A. ウォーレスらが抜け，しかも彼は 1948 年の大統領選挙で惨敗したため，民主党内において左派ニューディーラーは決定的に影響力を失った。その後アメリカで実施されたいわゆるケインズ政策は，ヨーロッパとは異なり，再分配より経済成長を重視する，すなわちパイを大きくする政策が基調となった。

　トルーマンは 1949 年 1 月にフェアディールというスローガンを提示してニューディールの強化・拡充をめざした。ただし，多くの公約は実現しないままであった。

戦後国際秩序の成立

　1944 年 7 月，ニューハンプシャー州ブレトンウッズにおいて，戦後の国際経済機構の基本的方向を決定する会議が開かれた。ここで，アメリカは戦後の国際通貨制度の基本を定めた国際通貨基金（IMF）協定と，戦後の経済復興のための資金貸付を目的とした国際復興開発銀行（IBRD，通称，世界銀行）協定を締結させた。これらをまとめて「ブレトンウッズ協定」と呼ぶ。

　また，自由貿易の推進，差別的措置の廃止，多角的貿易の回復などの原則を協定として明記した「関税及び貿易に関する一般協定（GATT）」も成立した。

これにより，戦後の国際経済秩序である「ブレトンウッズ体制」を支える3つの基本的協定が成立したのである。

第二次世界大戦中，長らく保護主義的であった共和党からも，イギリスの荒廃を目にし，ようやくアメリカ企業の競争力を楽観的に評価して，自由貿易を支持する議員が多数登場した。依然，保護貿易主義的な感情も残っていたが，この頃からようやく，アメリカ史で初めて自由貿易主義が超党派的コンセンサスとなり，それに依拠してアメリカ政府が国際舞台で自由貿易秩序を構築するための指導力を発揮することが可能になった。

戦後の安全保障に関して，アメリカは国際連合に大きな期待を寄せていた。1943年のテヘラン会談でF. D. ローズヴェルトは，米英ソ中の4大国の協調によって世界平和を維持しようとする構想を示した。その具体的検討は翌44年8月から4大国の代表によって開催されたダンバートン・オークス会議の場に引き継がれ，加盟国間の主権平等原則に基づく総会と，拒否権をもつ大国間一致の原則に基づく安全保障理事会から成る2元的構成をとることなどの骨格が固まった。さらに1945年2月のヤルタ会談で詳細が詰められ，同年4月から6月にかけてサンフランシスコで開かれた創立大会において，参加した51カ国の賛成によって国際連合憲章が採択された。アメリカ上院も，今回は，かつて国際連盟入りを拒否した教訓から学び，この憲章を89対2の圧倒的多数で批准した。ここに，第二次世界大戦後の国際秩序の根幹を形作る組織が成立したことになる。

しかし，この頃，米ソ関係には，いくつかの難問が降りかかっていた。一つはポーランド政府の構成であった。これは自由主義者が作るロンドン亡命政府と，スターリンが後押しする共産主義者によるルブリン政権のどちらを正統政府として承認するかであった。これについては，ルブリン政府を改組して亡命政府から3分の1程度入閣させ，連合政府を樹立することで妥協が図られ，自由な選挙を実施することでも合意が成立した。この時期，対立点も多数存在したが，妥協が成立した問題も少なくなかった。

そのような中，当時モスクワで勤務していたジョージ・ケナンは1946年2月に本国に宛てて長文の電報を送り，アメリカは長期にわたる「封じ込め」によってソ連の膨張を阻止すべきであると説いた。この提案が，政権内で早くか

ら対ソ強硬論を唱えており、それを補強する議論を探していたジェイムズ・フォレスタル海軍長官らに注目されることになった。トルーマン政権内部において、徐々に対ソ連強硬論が広まっていき、その結果、ケナンはまもなく本国に呼び戻される。同年9月、大統領法律顧問クラーク・クリフォードがトルーマン大統領に提出した報告書はケナンの分析を取り入れ、ソ連に対して交渉ではなく軍事力強化によって対応することを勧告していた。

　1946年3月、イギリスの前首相チャーチルが、ミズーリ州フルトンでトルーマン大統領が同席する中で演説し、「いまやバルト海のシュテッティンからアドリア海のトリエステまで、鉄のカーテンが張りめぐらされている」と述べた（「鉄のカーテン」演説）。イギリスの保守派はこのように早くから、ソ連に対する強い警戒心を抱いていた。

トルーマン・ドクトリン

　米ソ対立の発端かつ核心は、ポーランド、ドイツ、そして東欧であった。しかし、1947年2月、今度はギリシャとトルコが問題となった。それまで両国に財政・軍事援助を提供してきたイギリス政府は、経済的に疲弊していたため、その肩代わりをアメリカ政府に求めてきたのであった。特にギリシャでは、ユーゴスラヴィアの指導者ヨシップ・ブロズ・チトーに支援された共産軍が、イギリスが支援する政府軍と内戦状態に入っていた。依然としてイギリスを頼る思考から抜けていなかったアメリカの指導者にとって、この要請は驚きであった。

　平時にヨーロッパの問題に介入するのは、明らかにアメリカ外交の伝統から逸脱するものであった。しかし、トルーマン政権はイギリスの弱体化に驚くとともに、このギリシャ・トルコ問題を長期的な反ソ連（反共産主義）政策を進めるための絶好の機会ととらえた。ただし問題は、反共ではあったが、減税と支出削減もめざす共和党が支配する議会の説得であった。そこで、国務次官ディーン・アチソンは、議会の指導部との会談において、次のように説得した。

　　一個の腐敗した林檎をもつ樽の中の林檎のように、ギリシャの崩壊はイランに波及し、さらに以東全体に及ぶことになろう。それはまたその影響を小アジアとエジプトとを通じてアフリカに及ぼすことになろうし、ヨーロッパも、……犯されること

になろう。ソヴィエト連邦は史上最大の賭けの一つを最小の犠牲を払ってなしつつある。……。ただわれわれのみが彼らの企てを破壊し得る立場にある。(アチソン 1979, 1：268)

　同席した議員が驚愕する中，いまや国際主義者に転向したアーサー・ヴァンデンバーグ上院議員（ミシガン州，共和党）がアチソンを支持する旨を発言した。しかし，彼はトルーマンに，これは新しい外交政策であり，それに対して国民の支持を得たいのなら「アメリカ国民をびっくり仰天させねばならない」と警告した。ギリシャ・トルコ支援が伝統的な外交政策と異なることは，ここでも強く意識されていたのである。

　こうして，1947年3月12日，トルーマンは議会に赴き，「トルーマン・ドクトリン」として知られる演説を行った。ここで彼は，世界を「自由な諸国民」と「少数の意思が多数者に強制される地域」の2つに分け，現在前者に属するギリシャ・トルコも，もしアメリカ議会がただちに4億ドルの支出を認めなければ，後者に転落していくであろうと述べた。すなわち，彼はわかりやすいイデオロギー的な図式を援用して，ギリシャ・トルコ問題を議員たちに訴えたのであった。トルーマン・ドクトリンが，アメリカの冷戦政策の公式の始まりとみなされるゆえんである。これはトルーマンによる，新しい外交政策を受け入れさせるための議会と国民に対する説得の努力であった。はたして議会は4億ドルの支出を認めた。

　しかし，アメリカにとって，実はギリシャ・トルコより長期的かつ本質的重要性をもつ問題が存在していた。それが，ヨーロッパ経済の疲弊と購買力の欠如であった。それはヨーロッパを政治的不安定な状態に置き，共産主義勢力の台頭をもたらすと懸念された。

　アメリカは，第二次世界大戦直後に，世界経済において圧倒的な優位を獲得した。1946年のアメリカの鉱工業生産高は資本主義諸国全体の62%に達し，47年の金保有額は世界全体の66%を占めた。しかし，トルーマン政権高官の間では，いまだ大恐慌の記憶が鮮烈であった。戦時需要が消滅する中，ヨーロッパの購買力が復活しなければ，1930年代にみられたような生産過剰と失業が再びアメリカを襲うのではないかと彼らは恐れていた。

　そこで，新国務長官ジョージ・マーシャルは1947年6月5日，ヨーロッパ

に対する大規模な経済援助計画を発表した（マーシャル・プラン）。ソ連は経済情報の公開という条件に反発して不参加を決めたが，参加を希望した東欧諸国も事実上不参加を強制された。

トルーマン政権は，1947年にイデオロギー的かつ対決的なトルーマン・ドクトリンと，主として経済的かつ抑制的なマーシャル・プランという2つのアプローチを同時に採用した。両者は相互補完的であるが，どちらのアプローチに力点が置かれるかで，冷戦の実態も大きく変わる可能性があった。それはまさに，1948年以降の選択にかかっていた。

---

2 冷戦の軍事化

ポーランド，チェコスロヴァキア，ベルリン

アチソンによれば，トルーマン政権は，1948年頃までにソ連との交渉は無駄であるという結論を出していた。トルーマン自身，「ソ連のご機嫌とりにはもう飽き飽きした」と述べていた（LaFeber, Polenberg and Woloch 1986: 346）。ポーランドの政権に加えられた自由主義者の数はごく少数にとどまり，また約束された選挙は実施されなかった。それでも共和党多数議会は，4年間で120億ドルもかかるマーシャル・プランを容易に可決しなかった。

このような中，1948年2月，チェコスロヴァキア連立政権の一員であった同国共産党は，国境沿いに駐屯していたソ連赤軍による武力行使をちらつかせながら，政府の主要ポストを要求した。チェコスロヴァキアでは第二次世界大戦後から中立が維持されてきたため，この事件は西側に大きな衝撃を与えた。結局，同国の連立政権は屈服し，スターリンは自ら望むものを交渉によらず，力で獲得することに成功した。

この事件の直後，トルーマンが議会でマーシャル・プラン可決を求める演説を行ったところ，議会はただちに同プランを承認した。ソ連の行動は，この点でトルーマンの強硬な対ソ外交を助けていた。

マーシャル・プランの援助の多くはイギリスとドイツに向かい，共産党の強いイタリア・フランスへの援助はとくに多いということはなかった。その意味

で，マーシャル・プランはトルーマン・ドクトリンほど反共的ではなかった。自己利益という要素も含まれていたが，これが旧敵国ドイツも対象にした寛大な支援であったことは否定し難い。

マーシャル・プランのもと，多額の援助が西側諸国とドイツの西側占領地域に注ぎ込まれた。米英仏3国は当該地域で通貨改革を断行するとともに，1948年6月に西ドイツ地域だけで独立することを要請した（西ドイツ，すなわちドイツ連邦共和国の正式な独立は1949年5月，東ドイツ，すなわちドイツ民主共和国の独立は同年10月）。

この動きに対抗して，1948年6月24日スターリンはソ連占領地域において陸の孤島であった西ベルリンへのすべての陸上交通路を塞ぎ，同地域を完全に封鎖した（いわゆるベルリン封鎖）。これに対し，トルーマン大統領は空軍を使用して西ベルリンへの必要物資空輸を開始した。スターリンが約1年後に譲歩し，西ベルリンへの交通路を再び開放したため，危機はとりあえず収束した。

NATO 成立

チェコスロヴァキアでの政変とベルリン封鎖は，アメリカと西ヨーロッパ各国の指導者に驚きと警戒感を与え，ソ連に対抗する同盟結成の動きを加速させた。アメリカは合衆国建国以来，一貫して平時の同盟を避けてきたが（1947年調印のリオ条約が最初の同盟条約），1949年6月，北大西洋条約機構（NATO）にカナダとともに参加した。冷戦はここに至って軍事的対立としての性格を強めた。

おそらく1949年前半は，トルーマンの政治経歴における絶頂期であったろう。1948年11月に奇跡的な逆転勝利で再選を果たし，西ベルリンを守り通し，またNATO結成に成功した。ところが，1949年後半には事態が暗転する。同年9月にソ連が核実験の成功を公表して，アメリカによる原爆独占が崩れたことが明らかとなった。さらにその翌月，中国内戦で共産党が勝利し，中華人民共和国が成立した。ヴァンデンバーグが語ったように，これまでとは異なる世界が出現しつつあった（LaFeber, Polenberg and Woloch 1986: 365）。

同時に，この頃，失業率が上昇し始め（1948年の失業者は190万人であったが，50年初めには470万人に急上昇し，失業率は7.6%となっていた），間接的にアメリ

図 9-1　冷戦期の東西陣営の構図

西側

北大西洋条約機構（NATO，1949 年）
ベルギー，カナダ，デンマーク，フラン
ス，アイスランド，イタリア，ルクセン
ブルク，オランダ，ノルウェー，ポルト
ガル，イギリス，アメリカ，（以上，原
加盟国 12 カ国），ギリシャ，トルコ
（1952 年加盟），西ドイツ（1955 年加盟）

日米安全保障条約（日本 − アメリカ，1951
年）

東側

ワルシャワ条約機構（WTO，1955-89 年）
ソ連，アルバニア，ブルガリア，ルーマニ
ア，ハンガリー，ポーランド，チェコスロ
ヴァキア，東ドイツ（1956 年加盟）

中ソ友好同盟相互支援助条約
（中国 − ソ連，1950-80 年）

ソ朝軍事同盟（ソ連 − 北朝鮮，1960 年）

米韓相互防衛条約（アメリカ − 韓国，1953 年）

米華相互防衛条約（アメリカ − 台湾，1954 年）

米比相互防衛条約（アメリカ − フィリピン，1951 年）

太平洋安全保障条約（ANSUS，アメリカ − オーストラリア・ニュージーランド，1951 年）

米州機構（OAS，1951 年）
カナダ，アメリカ，メキシコ，エルサルバドル，グアテマラ，コスタリカ，ニカラグア，
パナマ，ベリーズ，ホンジュラス，キューバ，アンティグア・バーブーダ，グレナダ，ジ
ャマイカ，セントクリストファー・ネイヴィス，セントビンセントおよびグレナディーン
諸島，セントルシア，ドミニカ共和国，ドミニカ国，トリニダード・トバゴ，ハイチ，バ
ハマ，バルバドス，アルゼンチン，ウルグアイ，エクアドル，ガイアナ，コロンビア，ス
リナム，チリ，パラグアイ，ブラジル，ベネズエラ，ペルー，ボリビア

［出所］　村田ほか 2015：59 をもとに作成。

カ経済を支えてきたマーシャル・プランも，1951 年に終了することになって
いた。対ソ軍事戦略のみならず，長期的な経済政策も再検討が必要であった。
　トルーマンは，1950 年 1 月 31 日，水素爆弾製造命令を公表するとともに
（52 年，実験に成功），国務・国防両長官に安全保障政策の全面的再検討を指示
した。その結果，同年 4 月初めにまとめられたのが，国家安全保障会議
（NSC）文書 68 であった（当時は非公開）。この文書によると，アメリカのみが
西ヨーロッパと日本を救うことができるが，そのためにはアメリカと同盟国の
急速な軍備増強が不可欠であった。具体的には，1950 年の国防費が 130 億ド
ルであったのに対し，アメリカは近いうちに 500 億ドルの国防費を受け入れな
ければならないと勧告していた。これはアメリカ政府に，恒常的に軍事大国に
とどまること，そして西ヨーロッパ諸国および日本の安全保障をアメリカが引
き受けることを求めた文書であった。

トルーマンは NSC 68 の基本方針を支持しつつ，軍事費増額については決定を延期した。他方で中華人民共和国の成立に対して，政権はその承認を拒否しつつも，当初慎重に対応した。台湾は早晩本土に統一されるであろうし，アメリカはその際軍事介入すべきでないと，軍事顧問はトルーマンに助言していた。1950 年 1 月 12 日に，アチソン国務長官がナショナル・プレス・クラブで演説し，太平洋地域におけるアメリカの「防衛線」は「アリューシャン列島から日本へ伸び，沖縄諸島に至り」，次いで「フィリピン諸島に連なっている」と述べたのも，台湾不介入の意図を示すことによって，中国革命政権との歩み寄りを図ろうとしたからであった。

　この間，アチソンは中国に代わり日本をアジアにおけるアメリカの前哨基地として重視するようになった。その結果，アメリカは日本占領をなるべく早く終わらせると同時に，日米安全保障条約を締結して，日本に米軍基地を残すことを選択した。スターリンは，西から NATO，東から日米安全保障条約によって挟撃されたことになる。ここで彼が注目したのが朝鮮半島であった。

朝鮮戦争

　アメリカは韓国防衛について，在日アメリカ軍と韓国政府軍で十分可能とみていた。スターリンは，かねてから武力統一をめざしていた金日成の南進計画についに同意した。1950 年 6 月 25 日，北朝鮮軍は韓国に侵入し，28 日にソウルを陥落させた。

　トルーマンにとってこの攻撃は寝耳に水であったが，6 月 27 日の声明でアメリカ軍による韓国支援を発表した。ほとんど瞬時の決断であった。同時に彼は，これまでの方針と異なる台湾防衛，フィリピンへの軍事援助，インドシナの仏軍援助も決定した。同日国連はソ連欠席の中，北朝鮮軍を撤退させるために，国連加盟国が韓国を全面的に支援するよう決議した。国連安全保障理事会は国連軍総司令部を設置し，その総司令官にダグラス・マッカーサーが任命された。16 カ国の軍隊が戦闘に従事したが，圧倒的多数はアメリカ軍であった。

　戦局は当初，北朝鮮軍が圧倒的に優勢であったが，1950 年 10 月に国連軍は 38 度線を越えて中国国境にまで迫った。しかし，その後，中国軍が戦闘に参加したため，国連軍は 38 度線まで再び押し戻され，膠着状態に陥った。マッ

図 9-2 朝鮮戦争の展開

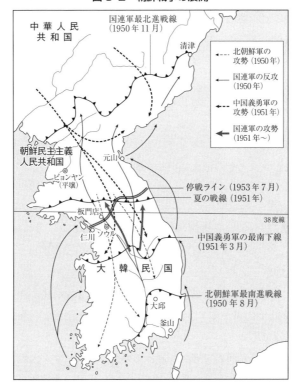

凡例:
- 北朝鮮軍の攻勢（1950年）
- 国連軍の反攻（1950年）
- 中国義勇軍の攻勢（1951年）
- 国連軍の攻勢（1951年〜）

国連軍最北進戦線（1950年11月）

中華人民共和国

清津

朝鮮民主主義人民共和国

元山

ピョンヤン（平壤）

停戦ライン（1953年7月）
夏の戦線（1951年）

板門店

38度線

仁川　ソウル

中国義勇軍の最南下線（1951年3月）

大　韓　民　国

北朝鮮軍最南進戦線（1950年8月）

大邱

釜山

［出所］　油井・古田 2010：276 をもとに作成。

カーサーは国境を越えて中国東北部の中国軍基地の爆撃を提唱し，あくまで勝利をめざすべきことを説いた。彼はまた，トルーマンによる米中交渉の試みも妨害した。このようにアジア重視のマッカーサーに対して，トルーマンはヨーロッパこそがソ連封じ込めの主要舞台であり，朝鮮半島では限定戦争に止めざるをえないと考えていた。すなわち，朝鮮半島では膠着状態を受け入れ，戦線を拡大しない方針を意味していた。統合参謀本部長のオーマー・N. ブラドリー将軍らもトルーマンを支持していた。こうして，トルーマンは1951年4月10日，マッカーサーを罷免し，後任にマシュー・リッジウェイ将軍をあてた。

　しかし，アメリカ国民は「限定戦争」という理解しにくい事態に戸惑い，戦

2　冷戦の軍事化　　151

争は徐々に不人気となった。トルーマンの支持率も下がる一方であった。

　それでも，この時期のトルーマンの外交政策には一定の評価を与える余地があろう。ポーランド，チェコスロヴァキア，ベルリンなど，ソ連側の力ずくの行動を前にして，トルーマンは戦争を避けつつ，ソ連に対する中長期的な対抗策を生み出した。それが封じ込め政策であった。それは，アメリカが恒常的な軍事的超大国になることを，そして終戦後すぐに動員解除するアメリカの体質を根本的に作り変えることを意味していた。NSC68 は，いわば，アメリカ大改造計画の青写真であった。他方で，朝鮮戦争のような露骨な侵略に対しては，軍事的に応戦しつつ，その拡大には基本的に慎重であった。

3　マッカーシズムと共和党政権の復活

反共主義の文脈

　共和党にとって，朝鮮戦争の行き詰まりは，またとない民主党の攻撃材料であったが，1940 年代末からアメリカ政治の顕著な争点となった共産主義問題も，絶好の武器であった。

　民主党は共産主義者問題で守勢に回っていた。トルーマン大統領はトルーマン・ドクトリンを発表した 9 日後の 1947 年 3 月 21 日，連邦政府職員の忠誠審査を開始する大統領行政命令 9835 を公布した。これは連邦公務員とその志願者に対して，司法長官が「全体主義的，共産主義的」等と指定した団体に加入ないし関係した事実の有無を調査し，事実が確定した場合には，解雇ないし任用の拒否をするよう命令していた。この大統領行政命令によって，1953 年に改正されるまで 560 人が解雇ないし任用を拒否され，6828 人が審査中に辞職した。1948 年には下院非米活動委員会において，国務省の元高官アルジャー・ヒスがソ連のスパイとして告発され，最終的には偽証罪のため 1950 年 1 月に 5 年の懲役刑を言い渡された。

　国内においてこのような反共産主義の雰囲気が強まる中，特にアメリカ人のいうところの「中国の喪失」（内戦における共産党の勝利を意味する）は誰の責任なのかをめぐって，政治的な論争が起こり，民主党政権下の国務省が槍玉にあ

げられていた。

マッカーシズム

　このような中，1950年2月9日，ほとんど無名の新人上院議員ジョセフ・マッカーシー（ウィスコンシン州，共和党）はウエストヴァージニア州で演説し，共産主義陣営が冷戦に勝利しつつあるが，その原因はアメリカの「金持ちの家に銀の匙をくわえて生まれてきた賢い若者たち」の「裏切り」にあると述べた。そして，1枚の紙切れを振りかざしながら，自分は国務省にいる「205人の共産主義者のリスト」をもっていると発言したのであった。J.マッカーシーが振りかざした紙切れには共産党員の名前は書かれていなかった。実際，J.マッカーシーのいう「国務省内共産党員」の数は，205人，81人，はたまた57人と，演説のたびに変化した。

　共産主義者攻撃はすでに存在していたが，J.マッカーシーが新たに始めたことは，アチソン国務長官やマーシャル国防長官など，エリート中のエリートも攻撃対象に加えたことであろう。彼は，反共主義と大衆が東部エリートへ抱く反感を巧みに混ぜ合わせていた。

　共和党が民主党政権批判の武器として，J.マッカーシーを陰に陽に利用していたことは否定しえない。民主党議員はJ.マッカーシーの告発を「虚偽」と断定したが，共和党議員はそれに反対した。1950年11月の中間選挙では，共和党議員からJ.マッカーシーのもとに応援演説の依頼が殺到し，J.マッカーシーを正面から激しく攻撃した民主党議員が多数落選したために，マッカーシズムはますます勢いを得ることになった。

　1950年9月には国内治安法（The Internal Security Act）がトルーマン大統領の拒否権を覆して成立し，「共産主義的」とみなされた団体のメンバーは政府への登録が義務づけられた。トルーマン大統領も1951年，連邦政府職員の忠誠審査をいっそう強化した。

　このようにして，この時代，冷戦下のアメリカにおいて共産主義者などの少数派の意見に対する不寛容の雰囲気が著しく顕著になった。「自由の国」アメリカにおいて，自由を守るという名目のもとに自由が抑圧されるという逆説が生み出されることになる。イギリスにおける自由主義が寛容という側面を強く

併せ持つのと比べると，アメリカの自由主義には不寛容，意見の画一化，体制順応，体制信従という側面が強く存在していた。この不寛容の傾向は，第二次世界大戦後のアメリカにおいても，散発的に浮上してくる。

共和党政権の復活

　1952年，共和党は20年ぶりの政権奪取の期待で胸を膨らませていた。ただし，共和党にとって深刻であったのは，党内の路線対立であった。

　早くから大統領候補と目されていたのは，ロバート・タフト上院議員（オハイオ州）であった。彼は，中西部を基盤とし，農民や中小企業経営者を支持層とする党内保守派の代表で，国内政策では徹底的な反ニューディール，反福祉国家の態度を貫き，外交では孤立主義的政策を支持した。

　これに対して，主流であった穏健派は，地域的には主として東部を基盤とし，経済界主流や大企業を主な支持集団としていた。彼らはニューディール政策をかなりの程度容認し，またNATOなど国際主義的な政策も支持していた。

　前者は「メイン・ストリート派共和党員」とも呼ばれ，その後，変化を遂げながらもバリー・ゴールドウォーターやレーガンに連なっていく系図であり，他方で後者は「ウォール・ストリート派共和党員」と称され，トマス・デューイからネルソン・ロックフェラー，ジェラルド・フォードらに受け継がれていく流れである。

　1952年，共和党穏健派は，第二次世界大戦の戦勝将軍として国民的な英雄であったアイゼンハワー（当時NATO軍最高司令官）を立候補させることに成功した。アイゼンハワーは党大会でタフトを破り，共和党大統領候補に指名された。民主党では，トルーマンが再立候補を断念した後，インテリ肌のイリノイ州知事アドレー・スティーヴンソンが指名を獲得した。

　選挙戦では共和党が，「アイク」と称されたアイゼンハワーの個人的人気に加えて，共産主義問題や朝鮮戦争を争点にして，終始民主党に対して攻勢を維持した。選挙結果は共和党の圧勝で，20年ぶりに共和党政権が復活した。議会でも上下両院で共和党が多数党に復帰した。

4 対日占領政策

基本方針

アメリカ側は 1942 年夏から日本の占領について調査を開始していたが，44 年 2 月以降，国務省の高官レベルで本格的に議論を開始した。ハル国務長官らは日本を「平和愛好国家」に作り変えるために厳しい方針で臨もうとしていたのに対し，いわゆる知日派は日本との友好関係の再建を重視していた。その結果，両者の妥協として合意されたのが，初期には懲罰的な方針を採用するが，その後日本の国際社会への復帰を支援していくという方針であった。

日本の政体に関しては，最終的にはポツダム宣言において「日本国国民ノ自由ニ表明セル意思ニ従ヒ」て決定される（すなわち天皇制の存続も容認する）こととされ，無条件降伏が要求されたのは軍部に対してだけであった。

ポツダム宣言を受諾して，1945 年 8 月 15 日に無条件降伏した日本は，マッカーサーを最高司令官とする連合国の占領下に置かれた。しかし，それは実質的にはアメリカ軍による単独占領となった。ただし，直接占領となったドイツと異なり，日本政府を通じた間接占領となった。

ソ連は 1945 年 5 月，北海道をソ連の占領下に置きたいという意志を表明していたし，8 月に同国元帥をマッカーサー元帥と並んで（共同）最高司令官にすることを提案し，さらに日本降伏直後には北海道ないしその北半分をソ連の占領下に置くことを要求したが，これらはすべてアメリカ政府によって拒否された。

ただし，朝鮮半島では異なる展開がみられた。朝鮮は 1943 年の米英中 3 国によるカイロ宣言において，日本からの独立が保障されていた。しかし，1945 年 8 月 8 日に対日参戦したソ連軍が急速に朝鮮国境に接近したため，軍の展開で遅れをとっていたアメリカ政府はソ連による朝鮮半島全域の占領を防ぐため，38 度線での分割占領を提案し，それがソ連に受け入れられた。朝鮮半島分断の始まりである。

新憲法制定

1945 年 9 月 2 日，東京湾に停泊中のミズーリ号の艦上で降伏文書の調印が
なされ，10 月 11 日，総司令部は女性参政権，労働組合の結成，独占の禁止な
どから成る 5 大改革を指令した。翌年 2 月に日本側が用意した憲法改正案を，
あまりに保守的と判断した総司令部は，民政局に憲法改正案起草特別班を設置
し，急遽自ら憲法案を作成した。この民政局案（いわゆるマッカーサー草案）は，
天皇を国民統合の象徴とし，戦争を放棄して基本的人権を保障するなど，それ
までの日本側の考えと大きく異なっていた。時の幣原喜重郎内閣にとって，こ
の案は衝撃的であったが，基本的に受け入れる方針を決定した。

結局 1946 年 10 月に憲法案は若干の修正を経たうえで衆議院において可決さ
れ，11 月に公布された。この間，農地改革も実施され，日本の民主化はさま
ざまな領域で進展した。

1947 年 3 月 17 日，マッカーサーは占領を早期に終わらせて講和条約を締結
して，総司令部を解消し，講和交渉を 1 年以内に開始するという考えを表明し
た。また，彼は占領終了後の日本の安全保障は，国連の管理下に置かれるべき
であると考えていた。

占領政策の転換

しかし，米ソ協調を前提に国連に日本の安全保障を委ねるのは非現実的とす
る見方が日米双方に存在していた。マッカーサーの早期講和発言の 5 日前に，
すでにトルーマン大統領はトルーマン・ドクトリン（→9 章 1）を発表していた
し，また国務次官アチソンは翌年 5 月に日本を西側の「生産工場」にする方針
を明らかにした。すなわち，ホワイトハウス・国務省はともに，世界規模でソ
連を封じ込める方針を採用しつつあった。そして，そのような方針の最も中心
的な提唱者がケナンであった。彼は国務省に新設された政策企画室長として，
早期講和を厳しく批判することになった。こうしてケナンの主導により，対日
占領政策は 1947 年から 49 年にかけ，民主化最優先から経済復興重視へと公式
に転換していく（五十嵐 1995）。

このような経緯を経た後，アチソン国務長官（1949 年 1 月着任），ジョン・
F. ダレス国務省顧問（50 年 4 月着任），マッカーサーらは再び対日講和を推進

しようとした。統合参謀本部は反対したが，ダレスは日本の信頼を長期にわたって獲得し，日本を同盟国として確保するためには，むしろこのような中華人民共和国成立，あるいは朝鮮戦争勃発といった危機のときにこそ講和を，それも寛大な講和を推進すべきであると考えていた。ただし，アメリカ側は同時に日本本土全体を基地として使用できることと日本の再軍備を要求した。

1951 年 1 月から始まった日米交渉では，吉田茂首相が再軍備要求に抵抗したが，講和実現のため譲歩し，5 万人の保安隊創設を受け入れた。また，占領終了後の日本の安全保障に関して，日米安全保障条約を締結することで合意した。これによって，アメリカは日本の基地を「極東の」安全を確保するために使用できることになった。ただし，この条約にはアメリカの日本防衛義務は明記されていなかった。他方で，講和条約は賠償を要求せず，日本にとって寛大なものであった。

1951 年 9 月，49 カ国によってサンフランシスコ講和条約が署名された（ソ連は署名せず，中国は招待されなかった）。続いて日米間で，日米安全保障条約が調印された。アメリカにとって，第二次世界大戦中と劇的に変わり，内戦で疲弊し共産化した中国ではなく，民主化しアメリカに基地を提供する日本が，極東政策における最も重要な協力相手かつ同盟国となったのである。

◆ 引用・参考文献

アチソン，ディーン／吉沢清次郎訳 1979『アチソン回顧録』1・2，恒文社。

五十嵐武士 1995『戦後日米関係の形成——講和・安保と冷戦後の視点に立って』講談社学術文庫。

キッシンジャー，ヘンリー／岡崎久彦監訳 1996『外交』下，日本経済新聞社。

トルーマン，ハリー／堀江芳孝訳 1992『トルーマン回顧録』I・II，恒文社。

村田晃嗣 1999『米国初代国防長官フォレスタル——冷戦の闘士はなぜ自殺したのか』中公新書。

村田晃嗣・君塚直隆・石川卓・栗栖薫子・秋山信将 2015『国際政治学をつかむ〔新版〕』有斐閣。

油井大三郎・古田元夫 2010『第二次世界大戦から米ソ対立へ』（世界の歴史 28），中公文庫。

ラフィーバー，ウォルター／久保文明・久保典子・五味俊樹・鐸木昌之・阪田恭

代・木村昌人・土田宏・高杉忠明・小川敏子訳 1992 『アメリカの時代——戦後
史のなかのアメリカ政治と外交』芦書房。

LaFeber, Walter, Richard Polenberg and Nancy Woloch 1986, *The American Century: A History of the United States Since 1890's*, 3rd edition, Alfred A. Knopf.

第10章　冷戦の激化とベトナム戦争

❶マーチン・ルーサー・キング2世牧師ら，公民権運動の指導者たちと，ホワイトハウスで会合を行ったケネディ大統領（1963年8月28日，ワシントンD. C.。写真提供：CNP／時事通信フォト）。

　アイゼンハワーは国内ではニューディールをかなり受け入れた穏健な政策を推進する一方，外交では冷戦を継続しながら，軍事支出と軍事介入には慎重であった。それに対して，1961年に発足したケネディ政権は，核弾頭数だけでなく第三世界での影響力においても，ソ連と対抗する方針であったが，キューバ危機を経験した後，平和共存をめざした。
　この間，黒人差別問題は，公立学校での黒人差別が違憲とされるなど，大きな変化があった。1964年には公民権法が成立して，黒人に対する法的差別が撤廃された。
　ケネディはベトナムへの軍事的関与を強めたが，それを本格的な戦争に拡大したのはL. B. ジョンソンであった。しかし，結局，勝利を得ることはできず，彼は国内政治での多数の業績にもかかわらず，再選出馬辞退に追い込まれた。

1 アイゼンハワーのアメリカ

1950年代のアメリカ社会と国内政治

1950年代は，30年代と40年代という約20年間の激動の後，戦後アメリカ社会の基本的輪郭がみえてきた時期であった。人口が増加し，いわゆるベビー・ブームが到来した（1930年から40年にかけての人口増は約896万人であったが，40年から50年にかけては1916万人，その後の10年は2800万人。1960年の人口は約1億7932万人）。

大規模な人口移動も起こり，政治に影響を与えた。第1に，太平洋岸と南西部へ人口が移動し始めた。第2に，南部の黒人が，農村から都市へ，そして南部から北部と西部へと，移住していった。第3に，特に白人中産階級が都市の中心部から郊外へ移住して郊外化が進行し，大都市の人口そのものはむしろ減少傾向を示した。このような郊外化は，自動車産業の飛躍的な発展と，ハイウェイの大規模な建設によって，郊外から大都市中心部への自家用車での通勤が容易になったことによって引き起こされていた。

1950年代はまた，「家庭の主婦」が女性の理想とされていた時代でもあった。第二次世界大戦中，女性は労働現場に大量に進出したが，戦後多くの女性は解雇され，あるいは自ら家庭に戻った。1950年代のある調査では，96%の女性が現在幸せであると答えていた（LaFeber, Polenberg and Woloch 1986: 386）。

ダニエル・ベルが『イデオロギーの終焉』を刊行したのが1960年であり，またデイヴィッド・リースマンが社会の大勢へ順応しようとする「他人志向的」態度の存在を指摘した『孤独な群衆』を出版したのが1950年であった。

アイゼンハワーについては長らく，笑顔でゴルフのポーズをとっている素人政治家というイメージがもたれていた。しかし，彼はこのイメージを存分に活用した政治家であったし，マッカーシズムにみられる不寛容の雰囲気についても憂慮し，アジアの戦争に加担することにも批判的であった。そして，経済の再建こそが最優先課題であると信じていた。

ちなみに，J. マッカーシー議員は，共和党が与党となってからも「共産主義者」攻撃を止めず，ついにアイゼンハワー政権下の陸軍をも攻撃し始めた。こ

れに対して，上院は1954年4月から公聴会を開催し，陸軍とJ.マッカーシーを直接対決させた。テレビで全米に放映されたこの場で，彼は決定的に威信と信用を失うことになった。上院に提出されたJ.マッカーシー譴責決議案は，1954年12月に67対22で可決され，J.マッカーシー議員はこれによって政治生命を失った。アイゼンハワー大統領は，一方で連邦忠誠審査をさらに強化したが，他方でJ.マッカーシーと距離をおき，背後で彼の影響力を削ぐために行動していた。

アイゼンハワーは国内政策では，TVAの拡大に反対するなどニューディールの流れを押し止めようとした。しかし，政権3年目から議会の多数派が民主党に握られたこともあり，また彼自身ニューディールそのものにそれほど反対していなかったがゆえに，彼の在任中にアメリカの福祉国家は徐々に拡大していった。

アイクとダレス

アイゼンハワーは国務長官にダレスを起用した。ダレスは民主党の「封じ込め政策」を受け身すぎると批判し，より強硬な「巻き返し」と共産圏の「平和的解放」を提唱した。また，「瀬戸際政策」「核による大量報復」（あるいは「ニュールック戦略」）などもダレス外交の専売特許であった。信心深いダレスは，無神論の共産主義を嫌悪し，ソ連との交渉を拒否した。

ただし，こうした強烈な反共主義と威嚇的なレトリックにもかかわらず，アイゼンハワー政権の外交政策は，多くの場合，前後の政権と比較すれば，かなり抑制されたものであった。これは，ダレスでなくアイゼンハワーが基本的に政権の外交を指揮・統括していたからであり，また彼が内外政にわたって，財政の均衡と経済再建を優先課題としていたからであった。

アイゼンハワーは前政権の下でアメリカは軍事に金を使い過ぎたと考えていたので，冷戦の最中，軍事予算を大幅に削減した。これによって財政赤字を解消し，インフレを抑制しようとした。彼の政権が安上がりですむ「核による大量報復」戦略に依存したのも，また多くの国と軍事的な条約網（例えば東南アジア集団防衛条約機構）を作ったのも，このような理由からであった。ダレス外交の実際は，かなりの程度封じ込めの継続であった。

　この時期，日米関係のあり方も徐々に変わりつつあった。1957 年に成立した岸信介政権は，51 年調印の日米安全保障条約はあまりに「片務的」かつ「不平等」であると考え，その改定を最大の目標とした。たしかに，日本はアメリカに基地を提供したにもかかわらず，アメリカ側の日本防衛義務は明文化されていなかった。

　1957 年に着任した新駐日大使ダグラス・マッカーサー 2 世は，日本が「世界の指導国の一つとしての地位へと復活した」以上，NATO 諸国など他の同盟国と同等に扱うべきである，と考えていた。アイゼンハワー政権もこのような見方を支持し，新日米安全保障条約は 1960 年 1 月にワシントンで調印された。アメリカの日本防衛義務は明文化された（ただし，例えばアメリカ本土が攻撃されたときの日本の支援義務は記されておらず，双務的ではあったが，その点で依然として権利・義務において著しく非対称的な同盟であった）。

　しかし，日本国内では安保反対運動が勢いを増し，特に与党・自由民主党による強行採決以後，その反対運動はますます規模を大きくしていった。最終的に条約は成立したものの，騒乱の中でアイゼンハワーによる現職大統領として初の訪日は中止され，岸内閣は総辞職した。このような同盟国内での激しい反米運動は，アメリカにとって大きな衝撃であり，容易に理解し難いものであった。

　ケネディ政権は日本の専門家であるエドウィン・ライシャワー・ハーバード大学教授を駐日大使に任命したが，このような雰囲気の中で彼は「日本との断たれた対話」を再開するために対話路線を推進した。ケネディ自身，1964 年には日本を訪問する予定でいたが，凶弾に倒れたため，それは実現しなかった（Reischauer 1960；パッカード 2009）。

❋❋❋

　しかし，アイゼンハワーとダレスにとって厄介であったのは，対ソ政策より，むしろナショナリズムの勢いが増していた第三世界の動向であった。その代表例がベトナムである。フランスは戦後もベトナムの独立を承認せず，戦闘を継続した。1950 年以来，アメリカはフランスを支援し，53 年には仏側戦費の80% を負担していた（LaFeber, Polenberg and Woloch 1986: 410）。にもかかわらず，フランスは翌年ディエンビエンフーで決定的な敗北を喫し，アメリカは軍事的に直接介入するか否かの選択を迫られた。結局，単独介入を嫌ったアイゼンハワーはイギリスが不介入を貫いたこともあり，軍事介入を断念した。朝鮮

戦争をただちに休戦に持ち込んだことと並んで，アイゼンハワーの抑制的な外交政策の例といえよう。

　1954年に成立したジュネーヴ休戦協定は，フランス軍の撤退，北緯17度線での南北ベトナムの暫定的な分割，2年後の南北統一選挙の実施を定めたが，アメリカは調印を拒否した。さらにアイゼンハワーは選挙でホー・チ・ミンが圧勝すると予想し，南ベトナムにゴ・ディン・ジェム政権を擁立して統一選挙を阻止した。かつてスターリンがポーランドで行ったのと同じことを，アメリカは第三世界で行うことになった。第三世界の問題が，当初よりアメリカにとって決して分のよい戦いでなかったことが示唆されている。この頃から，フランスに代わってアメリカが，東南アジアにおける最も強力な外部勢力となった。

　アメリカは，なぜ東南アジアを重視したのであろうか。天然資源やアメリカの信頼性も要因であったが，アイゼンハワーが述べたように，もしベトナムが共産化したら，その他のアジア諸国も「ドミノのごとく」倒れてしまうであろう，とアメリカが恐れたからにほかならない。このドミノ理論においては，日本も実はその最後に連なっていて，最も重要な存在として意識されていた。周知の通り，戦前の日本経済は満洲と中国市場にかなり依存していたが，中華人民共和国の成立によってそれを喪失した。アメリカは，そうした市場なしでは日本経済が再建できないのでは，そして日本は市場を求めて中国と妥協し，中立化するのではないかと懸念していた。東南アジアは，日本にとってまさに中国市場に代わる代替市場としての意味をもたされていたのである（シャラー2004）。

　1950年代半ば，これまで以上に多くの国が独立し，世界は確実に多元化しつつあった。1960年にはアフリカだけで17もの国が独立し，やがてアメリカは国連総会で多数派の地位を失うようになった。1956年には，アメリカの制止にもかかわらず，イギリスとフランスがエジプトへの戦争を開始したように（第2次中東戦争），アメリカは傘下の同盟国すら統制できなくなっていた。しかも，第三世界の新興国家は単に数が増えただけでなく，一部の国々は1955年に開催されたバンドン会議に象徴されるように，反米の意味さえ込められた非同盟中立の旗印のもとに結集した。

　1958年にはラテンアメリカ諸国を歴訪中のリチャード・ニクソン副大統領

が，ベネズエラで激しい反米デモにあうという事件も起きた。アメリカの経済援助は完全にヨーロッパ優先であり，南の隣国はほとんど忘れられた存在となっていた。このような中，1959年1月，キューバでフィデル・カストロ率いる革命軍が勝利を収めた。1950年代後半にアメリカ外交は，第三世界との関係において行き詰まりを見せ始めていた。

ブラウン判決

　一見平穏に見えた国内でも，巨大な革命が静かに始まりつつあった。1954年に連邦最高裁判所は，公立学校における人種分離教育を違憲とする画期的な判決を下した。これは前年にアイゼンハワーが連邦最高裁判所長官に任命したアール・ウォーレンのもと，9人の判事の全員一致で下された。カンザス州トピカに住むリンダ・ブラウンという黒人少女は白人だけの小学校への入学を教育委員会から拒否されたため，親が訴訟を起こした。1896年のプレッシー対ファーガソン判決以来，連邦最高裁判所は「分離すれども平等」という原則に依拠して，人種隔離政策を合憲としてきた。しかし，このブラウン対トピカ教育委員会判決において，連邦最高裁判所は公教育における人種隔離制度そのものが本来的に不平等であると判断し，違憲と断定したのであった。

　1955年12月，アラバマ州モントゴメリーにおいて，ローザ・パークスという黒人女性がバスの中で白人に席を譲るように，という運転手の命令を拒否したため，市の条例違反で逮捕された。これをきっかけに，同市の黒人たちはバスのボイコット運動を開始した。この中心人物であったのが，マハトマ・ガンジーの非暴力不服従思想に共鳴していた当時26歳のマーティン・ルーサー・キング2世牧師であった。運動が始まってほぼ1年が経過した1956年11月，連邦最高裁判所がバスにおける人種差別を違憲とする判決を下したことで，運動は最終的に勝利を収めた。

　1957年，アーカンソー州リトルロック市は，ブラウン判決を受けて共学に踏み切ることになったが，州知事は州兵を派遣して，自ら先頭に立ってこれを阻止しようとした。結局，アイゼンハワー大統領は連邦軍を派遣し，州兵を連邦部隊の指揮下に組み入れて，公立高校に通学しようとした黒人生徒の安全を確保することになった。これらの事件は，1950年代の人種統合推進において

連邦の裁判所と行政部が大きな役割を果たしていたことを示している。徐々にではあったが，南部における人種差別の壁は崩されつつあった。

2 ケネディ政権の内政と外交

アイゼンハワーとケネディ

1957年10月，ソ連は世界初の人工衛星スプートニクの打ち上げに成功して，アメリカ人を驚かせた。これはソ連が大陸間弾道弾によってアメリカ本土を攻撃できることを，そして軍事・科学技術競争でソ連のほうが優位に立っていることをも意味しかねなかった。これをきっかけに，アメリカ国内では科学教育の遅れを憂慮する声が高まり，一連の教育改革が実施された。

しかし，スプートニクの衝撃は，これにとどまらなかった。米ソは世界規模で，とりわけ第三世界で影響力を競い合っていたが，その文脈でソ連型の政治経済システムは，スプートニクの成功ゆえによりいっそう魅力的にみえた。ソ連や中国のような集権的な政治経済体制は，急速な近代化を達成するために，後発国にとって好ましい体制選択と判断されたのである。1950年代のソ連経済は平均して約6％の成長率を記録していたが，アメリカのそれは半分程度に過ぎなかったし，たびたび景気後退に襲われていた。その経済的平等というイデオロギー的魅力ゆえに，当時，社会主義国は軍事力を使うことなく影響力を拡大することが可能であった。

実はスプートニク・ショック以前に，アイゼンハワーはフォード財団のローワン・ゲイザー2世に安全保障政策の再検討を依頼していた。いわゆる「ゲイザー・レポート」は特にソ連のミサイル優位（いわゆるミサイル・ギャップ）を示唆しながら，中ソの軍事的脅威を強調し，国防費の大幅増額を勧告していた。

しかし，中央情報局（CIA）からの報告でミサイル・ギャップが存在しないことを知っていたアイゼンハワーは，この勧告を拒絶した。ただし，彼が政権末期，自分の考えを効果的に国民に説明しなかったことも確かである。

これに対して，J. F. ケネディ上院議員（マサチューセッツ州，民主党）は，「ゲイザー・レポート」を支持し，ミサイル・ギャップ論に依拠して，共和党政権

は国防で弱腰であると攻撃した。彼は大規模な軍事支出とミサイル増強を主張したのである。

　このようなアイゼンハワーとケネディの相違は，1961年のほとんど同時期になされた2人の演説を読み比べると，よりいっそう明らかとなる。一つは1月17日に行われたアイゼンハワーによる告別演説であり，もう一つはその3日後，1月20日になされたケネディ大統領の就任演説である。前者は「大規模な軍事組織と巨大な軍需産業との結合」すなわち「軍産複合体」が，大学までも巻き込み，政府の政策に影響を及ぼすことによって，アメリカ国民の自由や民主主義に脅威を与えていることに対して警告を発した。これはまた，大規模な軍備増強に乗り出そうとしていたケネディへの牽制<ruby>牽制<rt>けんせい</rt></ruby>であったし，さらには第二次世界大戦以来できあがった民主党と軍部・軍事産業とのつながりに対する批判ですらあった。

　CIAによる秘密活動や限定的な軍事介入は容認しながらも，アイゼンハワーは1950年代の多くの国際的危機に対して比較的抑制された対応をとっていた。逆に，例えば1956年のハンガリーでの反ソ動乱の際には，ソ連を刺激しないように気を遣うあまり，民主化を求めるハンガリーの人々にかなり冷淡であり，少なくともソ連による抑圧のコストを少しでも高くするという戦略的発想は貧弱であった（キッシンジャー 1996）。

　この3日後，ケネディは国民に慎重さや抑制ではなく，国家のための行動と犠牲を求める就任演説を行った。「われわれは生存と自由の成功を確保するために，いかなる犠牲も払い，いかなる負担にも耐え，いかなる困難にも立ち向かい……すべての敵に立ち向かう用意がある」。そしてアメリカ国民に「諸君が国家のために何ができるかを問いたまえ」と彼は語った。この演説は，異例なことに，国内政治問題には全くふれておらず，基本的にソ連との対決を強調した所信表明であった。

ケネディの実績

　弱冠43歳で初のカトリックとして大統領に当選したケネディであったが，1960年のニクソンとの選挙戦はまことに辛勝であった。この年，民主党は上下両院で多数党の座を維持したものの，下院で22議席，上院で2議席失って

おり，民主党議員からみるとケネディは自分たちの選挙の助けにならない弱い候補であった。はたして，ケネディが「ニューフロンティア」の名のもとに実現しようとした老人医療制度や教育への連邦補助は，議会で否決された。

黒人に対する法的な差別解消のための公民権法案については，政権が用意した当初の法案はキング牧師らに評価されず，1963年6月になってようやく，政権は本格的な公民権法案を提案した。この頃までにはケネディ自身も徐々に，黒人差別問題を，政府が座してみているわけにはいかない，第一義的には道徳的な問題である，と語るようになっていた。また，アジアやアフリカを含む全世界でソ連と影響力を競い合っているとき，国内で有色人種に対する差別制度を残しておくわけにはいかないという冷戦的な思考も作用していた。

ケネディにとって，当初より外交政策のほうが国内での社会改革よりも優先課題であった。ケネディは，「自由を守り，また広めていくための主たる戦いの場は全南半球である」と述べていた。また，アメリカにできないことはないというアメリカ全能の考えも抱いていた。

ケネディ政権は具体的には，大陸間弾道弾の増強，および第三世界でのゲリラ戦にも対応できる通常兵器と地上部隊の増強を実施した。同時に，それまで忘れられた存在であったラテンアメリカ諸国に対する改革支援計画として「進歩のための同盟」を開始し，20年間で200億ドルの援助を約束した。ただし，貧困対策や土地の再配分などの社会改革はほとんど進まなかった。

ケネディ政権は1961年4月に，カストロ政権打倒をめざして亡命キューバ人によるキューバ侵攻作戦を実施に移した（いわゆるピッグズ湾事件）。これはアイゼンハワー政権によって準備されていた計画であったが，完全な失敗に終わった。

1961年8月，東西ベルリンの境界線上に，当時急増していた東ベルリンから西ベルリンへの難民を阻止するため，東ドイツ政府はコンクリートの壁（ベルリンの壁）の建設を強行した。アメリカ側も西ベルリンにアメリカ軍を増派したため，米ソ関係はまたも緊張することになった。

キューバ危機とベトナム

このようなケネディ政権下での米ソ間の緊張は，翌1962年10月に発生した

図 10-1　アメリカと中南米

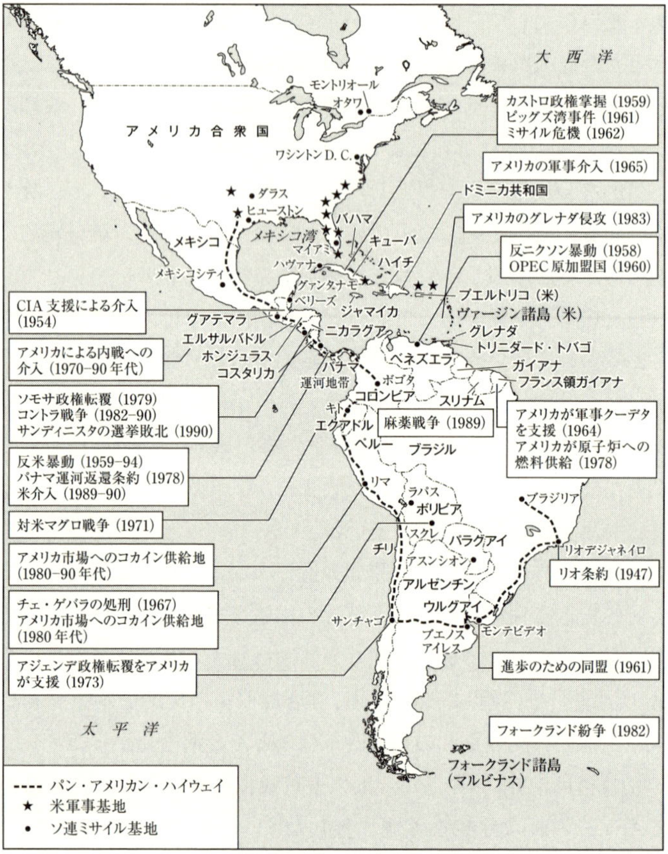

大西洋

アメリカ合衆国

モントリオール
オタワ
ワシントン D. C.

ダラス
ヒューストン
メキシコ
メキシコ湾
マイアミ
メキシコシティ
ハヴァナ
バハマ
キューバ
ハイチ
グァンタナモ
ベリーズ
ジャマイカ

カストロ政権掌握 (1959)
ピッグズ湾事件 (1961)
ミサイル危機 (1962)

アメリカの軍事介入 (1965)
ドミニカ共和国

アメリカのグレナダ侵攻 (1983)

反ニクソン暴動 (1958)
OPEC 原加盟国 (1960)

プエルトリコ (米)
ヴァージン諸島 (米)
グレナダ
トリニダード・トバゴ
ガイアナ
フランス領ガイアナ

CIA 支援による介入 (1954)
グアテマラ
エルサルバドル
ホンジュラス
コスタリカ
ニカラグア
パナマ
運河地帯
ベネズエラ
ボゴタ
コロンビア
スリナム

アメリカによる内戦への介入 (1970-90 年代)

ソモサ政権転覆 (1979)
コントラ戦争 (1982-90)
サンディニスタの選挙敗北 (1990)

反米暴動 (1959-94)
パナマ運河返還条約 (1978)
米介入 (1989-90)

対米マグロ戦争 (1971)

アメリカ市場へのコカイン供給地 (1980-90 年代)

チェ・ゲバラの処刑 (1967)
アメリカ市場へのコカイン供給地 (1980 年代)

アジェンデ政権転覆をアメリカが支援 (1973)

キト
エクアドル
ペルー
リマ
ブラジル
ラパス
ボリビア
スクレ
パラグアイ
チリ
アスンシオン
アルゼンチン
ウルグアイ
サンチャゴ
ブエノスアイレス

麻薬戦争 (1989)

アメリカが軍事クーデタを支援 (1964)
アメリカが原子炉への燃料供給 (1978)

ブラジリア
リオデジャネイロ
リオ条約 (1947)

モンテビデオ
進歩のための同盟 (1961)

太平洋

フォークランド紛争 (1982)

フォークランド諸島 (マルビナス)

----- パン・アメリカン・ハイウェイ
★　米軍事基地
•　ソ連ミサイル基地

[出所]　ドックリル＝ホプキンズ 2009：xvi をもとに作成。

キューバのミサイル危機において頂点に達した。アメリカの U2 型機はキューバの基地にソ連製核ミサイルが持ち込まれていることを発見した。ケネディ政権は強硬にミサイル撤去を要求するとともに，キューバの海上封鎖を断行した。これに対して，ソ連のニキータ・フルシチョフは，海上封鎖強行突破を選択せず，アメリカによるキューバへの内政不干渉を条件としてミサイル撤去に応じて，米ソ核戦争の危機は回避された。

　その後，一転して，ケネディ政権下の米ソ関係は改善した。ケネディは自ら

のソ連認識を再検討し，その結果それを大きく変化させた。そのことが明瞭に示されたのが，1963年6月に行われたアメリカン大学での演説であった。ここでケネディは，米ソの相違よりもその利害の共通性を強調し，イデオロギーが異なっても平和的共存が可能であることを，ソ連とアメリカ国民に訴えた。同月，両国首脳間にホットラインと呼ばれた直接の通信回線を開設する協定が成立し，さらに同年8月には米英ソ3国間で，地下核実験を除いて核実験を停止する部分的核実験禁止条約も成立した。

　ところが，ケネディは，ベトナム問題では行き詰まりに逢着（ほうちゃく）した。前政権時代には，直接の軍事的介入は限定されており，ケネディ就任時にはジュネーヴ協定の枠内である675人の軍事顧問が派遣されていたに過ぎなかった。しかし，ケネディ政権終了時には1万7000人の部隊がベトナムに駐留していた。ケネディはアメリカのベトナムへの関与を，軍事的なものへ変質させていた。

　南ベトナムでは1958年にゴ・ディン・ジェム政権に対して内戦が勃発（ぼっぱつ）した。ゴ・ディン・ジェムはカトリックであったが，仏教徒の多いベトナムではカトリックは10%程度に過ぎなかった。また腐敗と権力濫用も，民心が離反した原因であった。それでも，ケネディ政権は，ベトナムを，アジアでの共産主義との戦いの雌雄を決する試金石であると認識していた。

　すでにみたように，ソ連との関係は1963年に好転したが，アメリカは同時に中国こそが最大にして最も危険な敵である，とみるようになっていたのである。

　それでも，1963年半ばになると，ベトナム人の民心がゴ・ディン・ジェムから離れたため，ケネディ政権もゴ・ディン・ジェムを見放すことになった。はたして，同年11月2日軍部のクーデタによりゴ・ディン・ジェムは暗殺される。ところが約3週間後の11月22日，今度はケネディ自身，テキサス州ダラスで遊説中に凶弾に倒れたのであった。

3　ジョンソン大統領と公民権法の成立

公民権法成立

憲法の規定により副大統領から大統領に昇格したリンドン・B.ジョンソン

図10-2　黒人の分布（1965年）

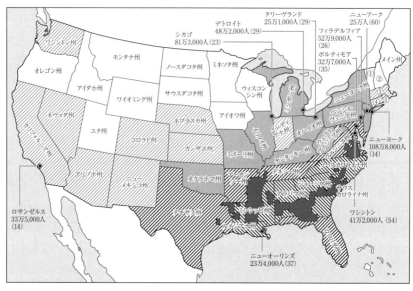

黒人の人口が

■ 50％以上の地域　　▨ 25％以上の地域　　▧ 10％以上の地域
■ 5％以上の地域　　▨ 1％以上の地域　　□ 1％未満の地域

● 黒人が20万人以上住んでいる都市。（　）内の数字はそれぞれの都市人口における黒人の割合。

①ヴァーモント州　　②ニューハンプシャー州　　③マサチューセッツ州
④コネティカット州　　⑤ロードアイランド州

[注]　1965年時点のアメリカ合衆国の人口は1億9000万人で，そのうち黒人の人口は2000万人。
[出所]　ギルバート2003：113をもとに作成。

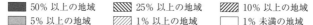

は，テキサス州出身であり，苦学して州内の大学を卒業した後，ニューディールに共鳴して貧困青年を救済するための連邦政府機関であった全国青年局に勤務した。1937年からテキサス州選出連邦下院議員を務め，49年に同上院議員となった。

　L. B. ジョンソンは1955年，上院の最も重要なポストである多数党院内総務に就任し，民主党をとりまとめてアイゼンハワー政権と対峙した。彼は議会操縦の名人で，「史上最強の多数党院内総務」ともいわれた。1960年，ケネディの要請により副大統領候補となった。

大統領就任後，L. B. ジョンソンは精力的にケネディが残した立法計画案を実現しようとした。ジョンソンが最初に直面したのは公民権法案であったが，この早期成立こそがケネディの追悼になると国民に訴え，その成立に全力を注いだ。

　再選を求めた1964年の大統領選挙では，共和党保守派のゴールドウォーター上院議員に対して，選挙人票で486人対52人（得票率で61.1％を獲得）という圧勝を収め，2期目に臨んだ。

　すでに述べたように，ケネディ政権は1963年6月に包括的な公民権法案を提出した。同年8月28日，首都ワシントンにて，その成立を求めて，黒人を中心として20万人以上が集まる「ワシントン大行進」が挙行され，キング牧師による有名な「わたしには夢がある」演説も行われた。キング牧師は，白人と黒人が一つの社会の中で平等に生活する「夢」を語り，アメリカの独立宣言や憲法で謳われた原則や価値に依拠しながら，非暴力的手段を通じて人種統合を実現しようとした。

　南部民主党議員の激しい抵抗にもかかわらず，公民権法案は1964年2月，下院で290対130，上院でも同年6月に73対27の大差で可決され，L. B. ジョンソン大統領のもと，ついに公民権法が成立した。かなりの数の共和党議員も賛成した。

　公民権法は，レストラン，娯楽施設，ホテルなどすべての公共施設において，また投票や公立学校教育において，さらに連邦政府予算による事業において，人種を理由に差別を行うことを禁止し，連邦司法省と公民権委員会の権限を強化した。さらに，同法は25人以上を雇用する企業が，人種・宗教・出身国および性の違いを理由に，雇用における差別を行うことを禁止した。ちなみにこの規定は，のちに女性の権利を強化するためにも大きく貢献することになる。公民権法はまた，投票や公教育における人種差別も禁止した。翌65年には，L. B. ジョンソン大統領は特に黒人の有権者登録を保護・促進することを目的として，投票権法も成立させた。これによって，黒人の投票権に対する法的な障害はほぼ完全に撤廃されることになった。

　公民権法と投票権法は，アメリカにおいてようやく黒人に対する法的な差別がほぼ全廃されたことを意味していた。その重要性はいくら強調しても強調し

過ぎることはない。ただし，彼らはその後，貧困や失業など「事実上の差別」ないし白人との「格差」という，より困難な現実に直面することにもなったことにも留意する必要がある。

「偉大な社会」

1964 年の大統領選挙中，L. B. ジョンソンはさまざまな国内政治上の改革を実現して，アメリカを「偉大な社会」にすることを公約していた。

1962 年に刊行されたマイケル・ハリントンの『もう一つのアメリカ』は，世界で最も豊かな国に存在する凄まじい貧困に注意を喚起していた（ハリントン 1965）。L. B. ジョンソンはこれに応える形で，1964 年に「貧困に対する無条件戦争」を宣言し，同年 8 月に経済機会法を成立させた。これは貧しい青少年に教育や職業訓練などを提供するとともに，貧困家庭の多いコミュニティでは貧困者自身の参加も求めつつ医療・教育の援助を推進しようとしていた。

また，L. B. ジョンソン大統領は貧困家庭の児童が多数就学している公私立の学校に連邦政府が財政援助を提供する初等中等教育法と，低所得家庭の大学生への奨学金などを開始した高等教育法を 1965 年に，さらに 65 歳以上の老人の医療費の相当部分を連邦政府が負担する老齢者医療扶助（メディケア）と，公的扶助の受給者（すなわち低所得者）の医療費を連邦政府が負担する低所得者医療扶助（メディケイド）も同年に成立させた。これらはすべて，リベラル派にとって長年の懸案であった。1964～65 年は，ニューディール期に匹敵する大規模な改革の時代となり，これらの新しい法律の結果，アメリカの福祉国家は一挙に拡充されることになった。

また，L. B. ジョンソン政権は人種問題に対しても，法的平等（すなわち機会の平等）の達成にとどまらず，より積極的に教育や雇用における「結果の平等」の実現をめざして，1965 年に大統領行政命令 11246 を発布した。これは，連邦政府と契約する企業に対して，黒人などの少数集団および女性の優先的雇用を義務づける政策であり，アファーマティヴ・アクション（積極的差別是正措置）と呼ばれるものである。L. B. ジョンソンは，1965 年 6 月 4 日にハワード大学の卒業式で次のように演説した。

長年鎖で縛りつけられてきた人を自由にして，人種間の競走のスタート・ラインに立たせ，「今日から君は自由に他の人種と競走できる」といってあげたとしても，それで公正といえるであろうか。…われわれは自由のみならず機会を求める。われわれは法的な公平さのみならず人間の能力を，権利ないし理論としての平等だけでなく事実上の平等と結果としての平等を，追求している（Johnson 1965）。

　アメリカの大統領が公的に「結果としての平等」という言葉を語り，なおかつそれを政策目標と宣言したのはきわめて稀なことである。これは当時のきわめてリベラルで平等主義的な雰囲気のもとで可能になったが，多くの白人の間で長年の差別に対して罪悪感が共有されていたことも，重要な要因であろう。

　以上のようなさまざまな政策の結果もあって，アメリカ社会の貧困者の割合は 1960 年代から 70 年代にかけて，着実に減っていった。しかし，L. B. ジョンソンが同時に推進したベトナム戦争は，皮肉にもこのような「偉大な社会」計画の財政基盤を掘り崩し，民主党政権をも崩壊に導くことになる。

　なお，L. B. ジョンソン大統領期のいま一つの重要な立法に，1965 年移民法が挙げられる。これは，1924 年移民法が採用した移民の国別割当制を廃止し，WASP 以外の移民にとって差別的な移民政策を大きく転換させた。新移民法はそれに代えて，年間受け入れの総枠を東半球から 17 万人，西半球から 12 万人とした。今日アジアやラテンアメリカからの移民が急増しているが，それはこの 1965 年移民法がきっかけとなっていたのである。

4　ベトナム戦争の拡大

トンキン湾決議

　1964 年 8 月，L. B. ジョンソン政権は，アメリカの駆逐艦が北ベトナム軍から攻撃を受けたと発表し，それへの報復と称して北ベトナムを爆撃した。そして，L. B. ジョンソンは議会に「アメリカ軍への武力攻撃を撃退するために必要なありとあらゆる措置を講ずる権限」を大統領に与えるように要請した。議会は，下院では全会一致で，上院では 2 人の反対のみで，大統領の要請を承認した。これがトンキン湾事件ならびにトンキン湾決議である。

図10-3　ベトナム戦争の展開

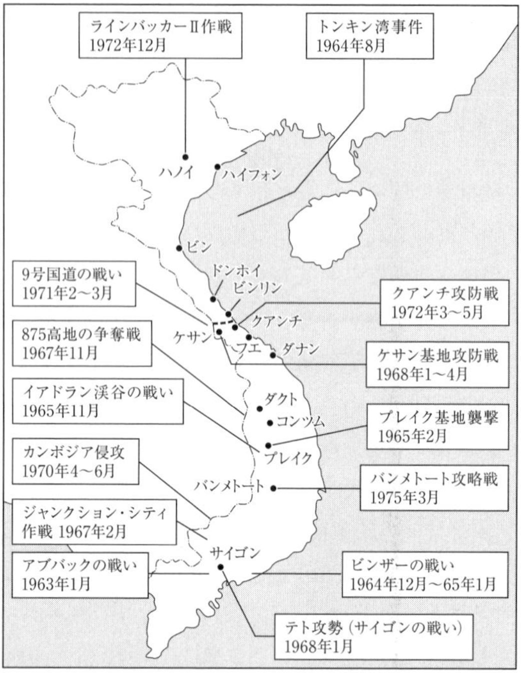

ラインバッカーII作戦
1972年12月

トンキン湾事件
1964年8月

ハノイ

ハイフォン

ビン

ドンホイ
ビンリン

9号国道の戦い
1971年2〜3月

875高地の争奪戦
1967年11月

イアドラン渓谷の戦い
1965年11月

カンボジア侵攻
1970年4〜6月

ジャンクション・シティ
作戦 1967年2月

アプバックの戦い
1963年1月

クアンチ

ケサン
フエ　ダナン

ダクト
コンツム
プレイク

バンメトート

サイゴン

クアンチ攻防戦
1972年3〜5月

ケサン基地攻防戦
1968年1〜4月

プレイク基地襲撃
1965年2月

バンメトート攻略戦
1975年3月

ビンザーの戦い
1964年12月〜65年1月

テト攻勢（サイゴンの戦い）
1968年1月

［出所］　油井・古田 2010：329 をもとに作成。

　これによって，ベトナム戦争はアメリカ軍の直接介入の本格化という新たな
段階を迎えた。のちに『ニューヨーク・タイムズ』などが暴露した「ペンタゴ
ン・ペーパーズ」（国防総省の秘密文書）によれば，トンキン湾事件はアメリカ
軍が政権首脳の承認のもと，計画的に北ベトナムの領海を侵犯し，その攻撃を
挑発した結果であった。そしてL. B. ジョンソン政権は，この事件をきっかけ
に，狙い通りベトナム戦争遂行の白紙委任状を議会から獲得したのであった。
　1964年11月の大統領選挙で圧勝した後，L. B. ジョンソンは北ベトナムへ
の戦闘を本格的な爆撃にまでエスカレートさせた。しかし，南ベトナム軍が不
利な戦況は一向に改善せず，アメリカ軍の規模は拡大の一途をたどった。1965
年末に派兵されたアメリカ軍は18万4000人であったが，68年末には最高の
56万にまで達した。ベトナム戦費も，1965年度の1億ドルから69年度の290

億ドルへとまさにうなぎ登りであった。それにもかかわらず，L. B. ジョンソン政権は福祉支出も増額させ「大砲もバターも」という政策を継続したため，財政赤字が増大し，悪性のインフレーションが発生した。

　国際状況全般をみると，部分的核実験停止条約の成立などもあって，米ソ関係は緊張緩和の傾向をみせていた。激化の一途をたどっていた中ソ対立も，ソ連が西側との接近を望んだ一つの要因であった。したがって，そのような状況でベトナム攻撃を強化したL. B. ジョンソン政権は，米ソ関係改善の好機を十分生かすことができなかったといえよう。また，L. B. ジョンソンはベトナムの背後には中ソに代表される一枚岩的な国際共産主義勢力が控えていると信じたが，それは中ソに関してはいうまでもなく，中国とベトナムに関しても誤りであった。むしろ，アメリカによる激しい北爆ゆえに，歴史的に中国を警戒していたベトナムは，中国から支援されることを余儀なくされたといえる。

エスカレーションの理由

　L. B. ジョンソン大統領は，なぜベトナムにこだわり，深みにはまったのであろうか。

　第1に，L. B. ジョンソンは，ベトナム戦争はアメリカがアジアで共産主義を，それも中国が率いる農民革命型の共産主義を食い止めることができるかどうかのテスト・ケースであると信じていた。彼は，ベトナム内戦の諸要因の中でナショナリズムが果たした役割と，北ベトナム政府がもっていた断固として戦い抜く決意と能力を過小評価し，中国に指導された国際共産主義運動という側面を過大評価していた。

　第2に，L. B. ジョンソンはベトナムへの介入は，トルーマン以来のアメリカの外交政策，特にソ連ないし共産主義の封じ込め政策と完全に合致していると信じており，それをアジアにおいて実践しているに過ぎないと考えていた。

　第3に，かなり私的な理由として，ケネディとの関係を指摘できる。L. B. ジョンソンは，ケネディ派の人間がケネディの死後，徐々に政府を辞し，L. B. ジョンソンのベトナム政策を批判し始めたことに激怒していた。彼はベトナムで勝利を収め，彼らを見返してやろうと考えていた。

　第4に，L. B. ジョンソンのベトナム政策が，事実として世論の強い支持を

受けていたことも忘れてはならない。戦争がエスカレーションの最中にあった1965年12月の世論調査でも，回答者の58％が北爆強化を和平への道であると支持していたし，回答者の82％は共産主義者が譲歩するまでアメリカ軍はベトナムにとどまるべきであると考えていた。さらに，わからないと答えた人を除いた3分の1が，もし戦争を早く終わらすことができるのなら核兵器も使用するべきであると答えた。要するに，世論とアメリカ社会そのものが第二次世界大戦後の冷戦政策を支持していたのである。

L. B. ジョンソン大統領の挫折

　1965年から66年にかけて，大学のキャンパスを震源にして徐々に戦争批判が広がり始め，それはやがて議会にまで影響を及ぼし始めた。上院外交委員長のJ. ウィリアム・フルブライト議員（アーカンソー州，民主党）はL. B. ジョンソンの友人であり支持者であったが，1966年にトンキン湾事件の真相を知ると公に批判した。さらに政権内部のL. B. ジョンソンの腹心の部下であったロバート・マクナマラ国防長官も，67年に公的に北爆の失敗を認めた（3カ月後に更迭）。

　イギリスやフランスなどの同盟国も，ベトナム戦争を，ヨーロッパを軽視し，かつヨーロッパにとって死活的に重要な市場であるアメリカ経済を弱体化させる誤りとみていた。また，1960年代にみられた日本と中国の経済的な接近も，アメリカには不愉快かつ不可解であった。1950年代半ばにアイゼンハワーが認めたように，そもそもアメリカがベトナムを重視したのは，中国市場を失った日本経済にとっての代替市場としてであった。この文脈からみると，日中の経済的接近はきわめて当惑すべきことであった。アジアにおけるアメリカの最も重要な同盟国と敵対者が徐々に関係を強化していたのである（ラフィーバー1987）。

　このような状況下で，1968年2月に起きた南ベトナム反政府勢力によるテト攻勢は，決定的転機となった。サイゴンのアメリカ大使館すら脅かされたこの一大攻勢によって，戦局は決して政府の説明のようにアメリカに有利に展開していないことが国民に明らかになった。アメリカ軍現地司令官がさらに20万6000人の増派を要請したことも，L. B. ジョンソン大統領にとっては衝撃で

あった。

L. B. ジョンソンにとってさらに悪いことに，同年3月のニューハンプシャー州民主党予備選挙において，戦争終結を訴えた無名の新人候補ユージン・マッカーシー上院議員（ミネソタ州，民主党）が42％もの得票を記録し，現職のL. B. ジョンソンの46％に肉薄した。ロバート・ケネディ上院議員（ニューヨーク州，民主党）も，和平交渉を訴えて大統領選挙への出馬を表明していた。

ここに至って，L. B. ジョンソンも（結果的には4年遅れて）ベトナム政策の全面的再検討に着手した。彼は民主党系の外交経験者の会議を召集したが，アチソンやディーン・ラスク国務長官などほとんどの出席者が政策変更を支持した。出席者の一人ジョージ・ボール前国務次官の「爆撃を継続する限り，われわれは文明社会から疎外される」との発言は，L. B. ジョンソン政権の挫折を象徴していた（Williams 1985）。

こうして，L. B. ジョンソン大統領は3月31日テレビでの演説で，北爆の停止と大統領選挙立候補辞退を表明し，国民と世界を驚かせた。一時順風満帆にみえたL. B. ジョンソン政権は，このときからほぼ影響力を失った。

◆ 引用・参考文献

キッシンジャー，ヘンリー／岡崎久彦監訳 1996『外交』下，日本経済新聞社。

ギルバート，マーティン／池田智訳 2003『アメリカ歴史地図』明石書店。

シャラー，マイケル／市川洋一訳 2004『日米関係とは何だったのか——占領期から冷戦終結後まで』草思社。

ドックリル，マイケル・L.＝マイケル・F. ホプキンズ／伊藤裕子訳 2009『冷戦1945-1991』（ヨーロッパ史入門）岩波書店。

パッカード，ジョージR.／森山尚美訳 2009『ライシャワーの昭和史』講談社。

ハリントン，M.／内田満・青山保訳 1965『もう一つのアメリカ——合衆国の貧困』日本評論社。

油井大三郎・古田元夫 2010『第二次世界大戦から米ソ対立へ』（世界の歴史28），中公文庫。

ラフィーバー，ウォルター／清水さゆり訳 1987「ベトナム戦争と日米関係」細谷千博・有賀貞編『国際環境の変容と日米関係』東京大学出版会。

ラフィーバー，ウォルター／久保文明・久保典子・五味俊樹・鐸木昌之・阪田恭

代・木村昌人・土田宏・高杉忠明・小川敏子訳 1992『アメリカの時代――戦後史のなかのアメリカ政治と外交』芦書房。

Goodwin, Doris Kearns 1976, *Lyndon Johnson and the American Dream*, Harpercollins.

Johnson, Lyndon B. 1965, Commencement Address at Howard University: "To Fulfill These Rights," June 4, 1965 (http://www.presidency.ucsb.edu/ws/?pid=27021).

LaFeber, Walter, Richard Polenberg and Nancy Woloch 1965, *American Century: A History of the United States Since 1890's*, 3 rd edition, Alfred A. Knopf.

Reischauer, Edwin O. 1960, "Broken Dialogue with Japan," *Foreign Affairs*, 39(1).

Williams, William A., et al. eds. 1985, *America in Vietnam: A Documentary History*, Anchor Press.

第11章 デタントと大きな政府の挫折

⬆中国を訪問し，毛沢東・国家主席（左）と握手をするニクソン大統領
（1972年2月21日，中国・北京。写真提供：AFP＝時事）。

　1960年代は運動と文化変容の時代であった。黒人運動，ベトナム反戦運動と
並んで，女性運動が台頭し，同様に大きな成果をあげた。ベトナム戦争への批判
が高まり，南部民主党が民主党主流派から離反する中，ニクソン政権が誕生した。
　ニクソンは中国とソ連を訪問し，ベトナム和平にも成功した。南部白人らを共
和党の新しい支持基盤に加えようとしたが，ウォーターゲート事件で辞任を余儀
なくされた。
　カーターはワシントン不信の中，大統領に当選した。外交では人権外交を打ち
出したが，ソ連によるアフガニスタン侵攻で虚を突かれ，基本方針を転換するこ
とになった。全体として，この時期，アメリカの政治は急速に保守化していく。

1 運動の時代と政治文化の変容

運動の時代

　公民権法と投票権法の成立は，黒人自身による大規模な運動なしには想像することができない。彼らはワシントン大行進のような大衆的直接行動によって，一見困難と思われる政治的目的を達成することが可能であることを，女性など他の集団にも示した。1960年代から70年代は改革の時代であったが，同時に運動の時代でもあり，反乱の時代でもあった。

　公民権運動の頂点は，1963年のワシントン大行進であった。その後，黒人運動は，キング牧師が率いる白人社会との統合を求め，非暴力主義を奉じる穏健派と，白人社会からの分離を求め，暴力行使も辞さない急進派に分裂し始めた。後者がブラック・ナショナリズムの運動であり，マルコムXはその代表的な指導者であった。

　このような中，1964年から68年にかけて，主として北部の大都市黒人居住地域は，黒人暴動の嵐に襲われることになった。1964年7月，ニューヨーク市ハーレムにおいて発生した暴動は，ニュージャージー州などに飛び火した。1965年8月にロサンゼルスのワッツ地区で起きた暴動（ワッツ暴動）では，34人の死者と4000人以上の逮捕者を出した。この年には43件もの都市暴動が発生したが，このような暴動の嵐は1968年まで続いた。1968年4月には，キング牧師暗殺をきっかけとして，多くの都市で黒人暴動が発生した。

　南部における黒人問題は法的な差別であり，それは公民権法などによって撤廃された。しかし，北部の大都市では，白人より圧倒的に低い賃金，高い失業率，差別感情，そしてゲットーにみられるように白人社会からの事実上の隔離が顕著であった。いわゆる黒人問題は，法的差別の撤廃に成功した後，引き上げられた期待水準と現実の乖離に，そして「事実上の差別」や偏見といった，出口の見えにくい，より困難な課題に直面していた。

　ベトナム戦争への反対運動も大きな影響力をもった。1965年3月にミシガン大学で始まった「ティーチ・イン」（教員と学生が長時間議論する集会）は，すぐに他大学に広がっていった。それは同時期に広がりつつあった学生運動とも

連動し，1967 年からはキング牧師率いる公民権運動からも支持を得るようになった。徴兵カードを公然と焼き捨てる人，あるいは国防総省前で焼身自殺をする人など，運動の方法も急進化していく。L. B. ジョンソン大統領はいつしか，軍の施設内でしか安心して演説できなくなっていた。

　学生も大学当局に挑戦した。1964 年 12 月，カリフォルニア大学バークレー校において言論・集会の自由を求める学生運動が起こり，800 人近くの逮捕者を出しながら，「言論の自由運動」という学生組織が勝利した。巨大化した大学における管理主義に対する学生の反発が，主な原因であった。学生運動も各地に飛び火し，アメリカ軍のカンボジア侵攻に反発した 1970 年のオハイオ州のケント州立大学事件（4 人の学生が州兵に射殺された）のように，反戦運動と重なり合う場合も少なくなかった。

　アメリカの先住民も，不毛の土地で貧困と差別の中で暮らしてきたが，1968 年にアメリカ・インディアン運動を結成した。1972 年に同運動は白人が破棄したインディアンとの条約の回復と履行を要求したが，その要求は実現できずに終わった。

フェミニズム

　1960 年代には，このように多くの集団が運動に参加していたが，その中でも女性は特に大きな影響力を獲得し，顕著な成功を収めた。1963 年に出版されたベティ・フリーダンの『女らしさの神話』（邦訳書名は『新しい女性の創造』）は，家庭は主婦にとって「居心地のよい強制収容所」であると告発し，それまで受け入れられてきた「女性は家庭に」という見方を強く批判した（フリーダン 1977）。1966 年 6 月，フリーダンを会長として，全米女性機構（NOW）が結成され，男女平等憲法修正条項（ERA）の成立などをめざして活動を展開した。同時に，より徹底して男性中心社会を攻撃する急進派も登場した。

　ERA の歴史は長く，1923 年に議会に提案されていた。「法の下における権利の平等は，合衆国も州も，性によって否定したり制限されたりしてはならない」という内容であった。1971 年に下院，72 年に上院によって，それぞれ 3 分の 2 の特別多数で承認され，1 年以内に 30 州によって批准されたため，規定とされた 7 年以内に全州の 4 分の 3 である 38 州によって批准されることは

ほぼ確実とみられていた。

ところが，保守派の抵抗は予想以上であった。保守派の憲法学者で活動家の
フィリス・シュラフリー率いる「イーグル・フォーラム」はキリスト教保守派
女性団体として，南部の州を標的にして ERA 批准阻止運動を展開した。彼女
らは，ERA が女性の妻あるいは母としての役割を軽視し，伝統的な家族を解
体させると主張した。この主張は道徳的保守派に支持され，結局 3 州の不足の
ゆえに ERA は不成立となった（批准しなかった州は，1920 年の女性参政権憲法修
正に反対した州とかなり一致していた）。

ここで重要なのは共和党の変化である。元来，共和党のほうが ERA に賛成
であり，民主党内では南部保守派が反対していた。1976 年までの共和党政綱
は明確に ERA を支持していた。しかし，1980 年や 84 年には，その立場を曖
昧にした。

ただし，賃金や雇用の平等，あるいは男女平等の価値観の受容などの点では，
フェミニズム運動は多数の画期的な成果をあげた。ラルフ・ネーダー率いる消
費者保護活動，あるいはレイチェル・カーソンの『沈黙の春』（1962 年）（殺虫
剤の危険性を訴えた先駆的な本）や深刻な公害問題によって触発された環境保護
運動なども，1960 年代に大きな成果を収めた。

文化変容の重要性

これらの政治変動は，同時に文化的な変容ないし価値観の変化も伴っていた。
激しいベトナム戦争批判にみられるように，大統領に対する挑戦や批判も，よ
り日常的になされるようになった。アメリカ国民やメディアが，それまでのよ
うに素朴に大統領に敬意を払うことはなくなった。

何よりも，若者の間に登場したヒッピー的なライフ・スタイル，コミューン
的生活，マリファナや LSD などの麻薬の流行にみられるように，それまでの
謹厳にして権威主義的で，道徳主義的な価値観や文化に代わり，極端な場合に
は「対抗文化（カウンター・カルチャー）」と呼ばれるものが登場したことは注
目すべきことであった。性革命の進行，犯罪率の増加と治安の悪化なども，そ
のような文化変容の一部であった。

付言すると，これまでみたような 1960 年代の民主化・平等化の動きは，連

邦最高裁判所の判決によっても加速されていた。1953年に連邦最高裁判所長官に任命されたE.ウォーレンが率いる裁判所（ウォーレン・コート）は，1954年に画期的なブラウン判決を出していたが，60年代に入っても，州議会における議員定数配分の不均衡に対する厳しい判決（ベイカー対カー事件判決）や，公立学校において祈りを斉唱させることへの違憲判決（エンジェル対バイテイル事件判決）を出し，逆にそれまで猥褻とされ禁止されていたポルノグラフィーについては表現の自由を認めた。全体として，民主化・平等化とともに，個人の自由と少数派の権利の保護を重視する傾向が顕著であった。

　1960年代は，行政部だけでなく立法部と司法部も同様にリベラル派が支配し，同時並行的に改革を推進していった。この点で，1930年代のニューディールの時代とは異なっていた。

2　ニクソン復活

1968年大統領選挙

　1968年に向けて，民主党の大統領候補者選びは混迷を極めた。最終的に勝利者となったかにみえたロバート・ケネディは1968年6月，兄同様暗殺された。8月にシカゴで開かれた民主党全国党大会は，警察が催涙ガスを使って反戦活動家を追い散らすなど，大荒れとなった。結局，ほとんど予備選挙に参加しなかったヒューバート・ハンフリー副大統領が，L. B. ジョンソン大統領ら党幹部の支持を得て大統領候補の指名を獲得した。

　他方で，共和党ではニクソンが復活して，再度指名を勝ち取った。彼は「法と秩序」を訴える一方，長引いた戦争を批判し，「戦争を終結に導く計画をもっている」ことをほのめかしながら選挙戦を戦った。

　この選挙では，もう一人，アラバマ州知事のジョージ・ウォーレスが民主党と袂を分かち，アメリカ独立党から出馬して重要な役割を演じた。G. ウォーレスが最も重視した政策は，南部白人が反発していた公民権法への反対であった。しかし，彼はアファーマティヴ・アクションの採用，対抗文化，あるいは反戦運動に反感をもつ北部のエスニック系（アイルランド系，ユダヤ系，イタリア

系など）の白人労働者階級にも支持を広げていった。

　選挙の結果は，ニクソンが得票率でわずか 0.7% の差（43.4% 対 42.7%）でハンフリーに辛勝した（選挙人票では 301 対 191 票）。G. ウォーレスは南部 5 州で勝利して選挙人を獲得し，全国的にも 13.5% の得票率を記録した。彼が得た票は南部では白人の人種主義者，北部では肉体労働に従事するブルーカラーのエスニック系白人労働者たちであり，いずれも従来は民主党の固い支持基盤であった。これらの G. ウォーレス支持票は結局民主党に戻らず，その後の大統領選挙での共和党の度重なる勝利に貢献したと推測される。1968 年の大統領選挙は，それまでの民主党優位の体制から，その後 88 年までの大統領選挙において共和党が優位となった体制への転換点となる，節目の選挙であった。

　ベトナム戦争は結局，アメリカ国内において社会改革を中途で頓挫させ，大統領権力を肥大化させ，インフレを加速させ，西側諸国との同盟関係に亀裂を生んだ。そして，ニューディール以来続いてきた民主党優位の体制にも終止符を打った。特に民主党内において，冷戦外交に批判的な反戦主義的外交を支持する新しい勢力を生み出した。この後，民主党主流派のリベラル派は，むしろ一転してハト派的な外交政策を提唱することになる。

ニクソンの外交構想

　ニクソンは外交に最大の精力を注いだ。ニクソンはハーバード大学の国際政治学者ヘンリー・キッシンジャーを国家安全保障担当大統領補佐官に任命したが，それは多くの点で外交観に共通するものがあると感じたからであった。2 人とも秘密外交は必要と考えており，ニクソンが尊敬していたウィルソン大統領同様，長期的視点から体系的に外交政策を組み立てようとした。例えば，アメリカの長期的な国力の衰退について，2 人の評価はかなり一致していた（のちのレーガン派との大きな違い）。また，軍事力を安易に行使できない以上，今後の世界の歴史を決定するのは経済力である。そしてアメリカは経済力を強化しなければならず，政府が大規模に介入する必要がある，と彼らは考えていた。のちに実際にとられた賃金物価凍結，ドル切り下げ，輸入課徴金などの措置は，このような考えに沿ったものであった。

　ベトナムから早期に撤退して戦争を終結させる必要についても，2 人は基本

的に合意していた。問題はいかに名誉と面子を保ちつつ，すなわち南ベトナム政府が「相応の期間」存続できるような形で，アメリカが撤退できるかであった。ソ連との冷戦は継続しつつ，まずベトナムの重荷から自らを解放する必要があった。

　何よりも，彼らは国の判断について，独特の基準を考案した。それはイデオロギー（すなわち民主的であるかといった体制の道徳的な善悪）ではなく，正統性の原則であった。具体的には，既存の国際関係の基本的枠組みを遵守するか，国内に秩序が存在するか，そして他国との約束を履行できるか，であった。この基準によれば，それまで歴代のアメリカの政権が敵視してきた社会主義国のソ連や中国も基本的に合格であった。

　さらに彼らは，前政権と異なり，当時の最も根深い対立は，米ソ間ではなく中ソ間にあるとみており，それを前提に外交政策を練り上げた。また，世界は基本的に5つのブロック（アメリカ，ソ連，西ヨーロッパ，中国，日本）からなっていると考え，この文脈で日本の経済力を高く評価すると同時に，競争相手として警戒していた。

ニクソン外交の展開

　ニクソンは就任半年後の1969年7月，グァム島においてグァム・ドクトリン（あるいはニクソン・ドクトリン）を発表し，アメリカはもはや自由世界の守護者ではなく，アメリカの同盟国（特に南ベトナム・韓国など）はアメリカ軍の駐留に依存すべきではないと述べた。そして実際に，大量の武器を援助しつつ，南ベトナムの駐留アメリカ軍の規模を急速に縮小した（就任3年以内に，55万人近くから2万人にまで削減したが，全面的撤退を求める世論は，この削減を評価しなかった）。これがいわゆるベトナム戦争の「ベトナム化政策」であった。

　ニクソンは，北ベトナムとの和平交渉を優位に進めることを目的にカンボジアに侵攻したため（1970年4月），国内の反戦運動と議会の強い反発を招き，上院は同年6月にトンキン湾決議を撤回した。しかし，ニクソンは1972年11月の大統領選挙を標的に，いくつかの劇的な行動計画を用意していた。

　1971年7月，ニクソンはテレビ演説で翌年に中国を訪問することを表明して，アメリカ国民を驚かせ，実際に72年2月に訪中した。これは中国をイデ

オロギーの相違ゆえに和解不可能とみてきた，それまでの外交を転換する政策であった。これによって，ニクソンはソ連を牽制（けんせい）するとともに，北ベトナムとの和平交渉を促進しようとしていた。

彼は大統領就任直後の 1969 年 3 月から北ベトナムと秘密交渉を開始し，72年の大統領選挙までに停戦協定を結ぼうと努力してきた。それは果たせなかったが，アメリカが北ベトナムの大攻勢に対して凄まじい規模のハノイ爆撃と港湾の機雷封鎖で応酬したとき，中国は静観していた（すなわち，アメリカに対して実効ある対抗措置をとらなかった）。その意味で，アメリカはベトナムでの紛争を局地化するのに成功した（ただし，中国は北ベトナムの支援を停止しなかった）。

ソ連では，1971 年 3 月から 4 月にかけて開かれた第 24 回ソ連共産党大会で，アメリカとの関係改善によって先端技術および資本の導入をはかり，それによって経済を再建することを狙いとして，ブレジネフがいわゆるデタント政策を提示していた。ニクソンは 1972 年 5 月，アメリカの現職大統領として初めてモスクワを訪問した。このときもまさにアメリカ軍による北ベトナムの機雷封鎖が行われている最中であったが，ソ連はニクソンを大歓迎した。すなわち，ニクソンはソ連をベトナム戦争から切り離すことにも成功した。

ニクソンは訪中によって，これまでの中国との敵対関係に終止符を打ち，また訪ソによって，軍備競争に歯止めをかける第 1 次戦略兵器制限交渉（SALT I）をまとめ，SALT I 暫定協定および ABM 制限条約（弾道ミサイルに対する迎撃ミサイルの配備数を制限）に調印した。米ソ間のデタント，すなわち緊張緩和の開始であった。ニクソンはソ連との関係を安定化させ，アメリカ経済の再建をめざしていた。

ニクソン外交の評価

アメリカ国民の多数は，ニクソンによる中ソ訪問後，彼の外交を支持するようになった。ベトナム休戦交渉のほうは大統領選挙にやや遅れて 1973 年 1 月 27 日，パリで「ベトナム和平協定」が正式に調印され，南ベトナムのアメリカ軍司令部も同年 3 月に解散した。アメリカ軍戦死者は約 5 万 8220 人であったが，それに対して南北ベトナム兵士と解放戦線の死者は約 110 万人，一般市民の死者約 100 万人といわれている。

1975年4月29日から翌日にかけて解放戦線の総攻撃を受け，南ベトナムの首都サイゴン（現ホーチミン市）のアメリカ大使館から最後のアメリカ軍ヘリコプターが飛び立った。翌30日，サイゴン政権は無条件降伏し，ベトナム戦争は最終的に幕を閉じた。アメリカにとって，道徳的に正しいと言い切れない戦争で敗北したことは，二重の意味で衝撃であった。

脱イデオロギー，勢力均衡，国益重視，権力政治，現実主義——これらの言葉がニクソン＝キッシンジャー外交を表現している。彼らが，イデオロギーの呪縛にとらわれていたアメリカの外交を転換させた功績は否定し難い。

ただし，ニクソン外交はその後，さほどアメリカで実践されていない。その理由の一端は，アメリカの政治文化は道徳主義的傾向が強く，道義的な外交政策のほうが，世論の支持を得やすいからであろう。ジミー・カーターが1976年の大統領選挙において人権外交を提唱し，外交に道義を回復せよと主張してニクソン＝キッシンジャー外交を批判したのは，その典型例である。

さらにデタントについていえば，それは多分にソ連側の自制にも依存していた。しかし，ソ連が1970年代半ば以後，ベトナム，アンゴラ，エチオピアといった第三世界への浸透を強化し，ついにアフガニスタンに侵攻したとき（79年），デタントは崩壊した。

この間，共和党の主導権が中道穏健派から保守派へ移ったことも重要である。内政ではニューディール的政策を正面から批判し，外交ではソ連と中国に対決的な政策を提唱する保守派は，ニクソンとフォードの両政権に批判的になった。キッシンジャーが自著で，左派に対する対応策は練っていたが，右派の台頭と右派からの批判には無防備であったことを告白しているのが印象的である（キッシンジャー 1996）。ちなみに，ニクソンと後任のフォードは1976年末までに中国との国交正常化を達成するつもりであったが，共和党内の保守派の反対ゆえに不可能となっていた。

日米関係の変容——沖縄返還と「ニクソン・ショック」

1960年代に日本経済は驚異的な高度成長を記録し，1960年にアメリカの16分の1であった日本のGNPはその10年後に5分の1弱にまで膨らんだ。1960年代にアメリカは日本を，徐々に「major power」と呼ぶようになった。

第二次世界大戦後，沖縄の返還は日本の悲願であった。1967年11月，佐藤栄作首相は，小笠原諸島返還での合意を実現する（翌年6月に返還）とともに，沖縄についても「ここ両3年内」の返還に目処をつけることでL. B. ジョンソン大統領と合意した。1960年代初めまでアメリカは沖縄返還に否定的であったが，日米関係を長期的な視点で強化することを望み，ベトナム戦争の最中に返還を決断した。

　ニクソン大統領も，当初から沖縄返還に肯定的であった。1969年11月に開かれた日米首脳会談において，「核抜き・本土並み」「事前協議制の沖縄への適用」，そして「韓国と台湾の安全は日本の安全上緊要」という条件で，返還が確定した。緊急時の核の沖縄への持ち込みと貯蔵については，佐藤とニクソンの間で密約書が取り交わされた。1971年6月に沖縄返還協定が調印され，翌年5月に施政権が返還された。ようやく「戦後は終わった」（佐藤首相）のである。

　中国問題では，1960年代初頭から，中国との貿易を拡大しようとする日本に対して，アメリカは警告を発してきた。それだけに，1971年7月15日にニクソン大統領が突然訪中を発表したことは，佐藤政権にとって衝撃以外の何物でもなかった。しかし翌年，日本はアメリカに先んじて中国との関係を正常化した。この時期，再び日米関係は動揺した。

　ニクソン大統領が1969年に発表したグァム・ドクトリンは，日本のより一層の防衛努力を求めるものでもあったため，この頃から日本がどの程度アメリカの安全保障面での期待に応えることができるかどうかも，重要な争点の一つとなった。

　加えて，この時期からアメリカは，その競争力が衰退するにつれ，経済問題でも厳しい要求を突き付けるようになった。その代表例が，毛・化合繊製品の対米輸出規制をめぐる紛争であった。佐藤首相は沖縄返還の確約をニクソンから得るため，繊維問題で包括的な輸出自主規制案を受け入れる決意をし，一種の密約を交わした。それにもかかわらず日米交渉がまとまらなかったため，ニクソン大統領は強い不快の念を抱くことになった。繊維交渉が決着したのは，結局1972年10月になってからであった。

　この背景には，1965年以来のアメリカの対日貿易赤字の存在があった。当初は小額であったが，1968年から急増し，71年からはアメリカの貿易収支そ

のものが赤字に転落した。また，繊維はニクソンが重視する南部の重要な産業であった。

1971年8月にニクソンが突然発表した新経済政策（金・ドルの交換停止。その結果実質的な変動相場制へ移行）も日本にとって衝撃であったが，73年の第1次オイル・ショックも，日本経済にとって激震となった。この後，日本はイスラエルを支持するアメリカからの牽制にもかかわらず，石油確保のためにアラブ寄りの姿勢を鮮明にした。これは，戦後日本がアメリカに対して独自の外交を展開した例の一つである。

3 国内政策とウォーターゲート事件

南部戦略

ニクソンは，国内政治でも南部戦略と呼ばれる再選計画をもっていた。彼はとりわけ，1969年に刊行されたケヴィン・フィリップスの著書『共和党多数派の出現』で展開された分析にかなり忠実に従っていた（→次頁資料）。フィリップスは，共和党の支持基盤が，エスニック系の白人有権者（アイルランド系，ポーランド系，イタリア系など），ブルーカラー労働者層，そして特に南部白人の間で，今後大きく広がる可能性があることを説いた。それは，1968年にG.ウォーレスが獲得した票であり，ほとんどが伝統的な民主党支持者であった。ニクソンが標的にしたのは，まさにこのような集団であった。

したがって，ニクソンは，労働者，カトリック系有権者，そして南部白人にアピールしようとした。そのための政策は，福祉国家に反対しない，ポルノや人工妊娠中絶へは反対する，法と秩序など道徳と宗教を強調する，そして黒人に対する反感を利用する，などであった。実際のところ，ニクソンはケインズ的な予算を提案し，賃金・物価を凍結するなど，議会の民主党に近い経済・福祉政策を推進した。

外交政策での成果，このような国内政策，そしてジョージ・マクガヴァンという急進的な民主党大統領候補の登場（在外米軍の全面的撤退を訴えるスローガンを掲げた）などの要因が重なって，1972年大統領選挙はニクソンの地滑り的勝

資料　1968年大統領選挙

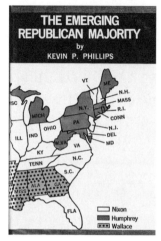

共和党が近い将来多数党になるための戦略を打ち出す。特にG.ウォーレスが獲得した南部白人票と北部白人労働者票に注目した。

［出所］　Phillips 1969.

利に終わった（得票率は60.7%）。

ウォーターゲート事件

　ところが，1972年6月に起こった一見些(さ)細(さい)な事件が，ニクソンの政治生命を断つことになる。ワシントンのウォーターゲート・ビルにあった民主党全国委員会の本部に深夜5人組が侵入し，盗聴装置を仕掛けようとしているところを現行犯で逮捕された。主犯者はニクソン大統領再選委員会の警備主任であった。彼は裁判の中でホワイトハウスの関与を告白したため，一挙に重大事件となった。ニクソンは1973年4月にホワイトハウス・スタッフの関与を認め，腹心の部下である2人の大統領補佐官を含む4人の政府高官の解任を発表したが，自分自身は盗聴工作および事件の揉み消しに関与していないことを強調した。

　ニクソンは上院の要求を受け入れて，司法省から独立した特別検察官にハーバード大学教授のアーチボールド・コックスを任命した。その後，驚くべきことに，ニクソンがホワイトハウスの随所に録音装置を設置し，ほとんどすべての会話を録音していたことが発覚した。上院ウォーターゲート特別調査委員会

とコックス特別検察官はともに録音テープの提出を求めたが，ニクソンは拒否し，1973年10月，コックスを解任した。これに反対した司法長官と司法副長官は辞任した。

その後ニクソンは不完全なテープを提出したが，スピロ・アグニュー副大統領が汚職事件で起訴されて辞任し，さらにニクソン自身の脱税容疑も発覚し，窮地に追い込まれていった。1974年5月から大統領弾劾に関する審議を開始した下院司法委員会は7月末に3項目について弾劾決議を可決し，下院本会議に上程した。その直前には，連邦最高裁判所が大統領に対し，特別検察官にテープを提出するよう命じる判決を下していた。ニクソンはテープを提出し，また当初から揉み消し工作を行っていたことを告白した。この結果，下院本会議で弾劾決議が可決されることは確実な情勢となり，さらに上院で3分の2が有罪判決に賛成してニクソンが解任される可能性も高くなっていた。共和党議会指導部からの強い圧力もあり，ついにニクソンは同年8月8日に辞任を表明した。アグニューが辞任した後，副大統領に選出されていたフォードが，ただちに大統領に就任した。

ベトナム戦争とウォーターゲート事件は，大統領権力の肥大化の危険をアメリカ国民に教えた。議会は1973年に大統領拒否権を覆して戦争権限法を成立させ，議会の承認なしに大統領が海外でアメリカ軍を戦闘行動に使用することを制限した。翌1974年には，大統領が成立した予算の執行を停止させる権限を制限する予算執行留保統制法も成立させた。この頃を転機として，議会は自己主張を強め，大統領に対して批判的態度をとることが多くなる。明らかに一つの時代が終わりつつあった。

4　カーター政権の挫折

1976年大統領選挙と国内政治

1976年の大統領選挙に向けて，共和党は現職のフォード大統領を指名した。党内保守派のレーガン（カリフォルニア州知事）が挑戦したが，フォードが辛うじて候補者指名を勝ち取った。

民主党は，ジョージア州議会（上院）議員と州知事をそれぞれ1期務めただけの無名のカーターを大統領候補に指名した。なぜ，カーターのような国政の経験が皆無の政治家が，一躍大統領候補に指名されたのであろうか。

　第1に，ウォーターゲート事件の影響を指摘できる。大統領の犯罪と辞職によって，ワシントンの政治家への不信感を強めていた国民からは，むしろカーターのような「素人政治家」のほうが好感をもって迎えられた。

　第2に，1972年から，大統領候補選出過程において予備選挙方式を採用する州が急速に増加したことが重要である。1960年代までは，党の大統領候補を指名する全国党大会に送られる代議員は，かなりの割合で州の政党組織の有力者やボス政治家によって任命されていた。彼らの後押しがあれば，1968年のハンフリーのように，予備選挙に参加しなくても党の大統領候補に指名されることが可能であった。しかし，1972年から，党員が大統領候補者に投票して直接代議員の配分を決定する予備選挙が急速に広まった。予備選挙を採用しない州でも，党員集会方式が採用され，ここでも実質的には，党の有力者ではなく党員の意向で代議員の配分が決定されるようになった。

　この結果，民主党・共和党ともに，大統領候補の決定は，職業的政治家，いわゆる政治のプロよりも，素人である一般党員主導で行われるようになったのである。これは大統領候補者の決定が，プロの政治家の評価よりも，場合によると一時的な人気，特定の時期の雰囲気，あるいはイメージ，テレビ映りといったものによって，大きく左右されるようになったことも意味していた。1972年に代議員選出方法が改革された後，予備選挙を勝ち抜くことなしに2大政党の大統領候補に指名されることは，ほとんど不可能になった。

　1976年11月の本選挙でカーターは，現職のフォードを僅差で破った。議会選挙でも，上下両院で民主党が大差で多数党の地位を維持した。

　カーターの選挙戦における政治への基本的態度は，反ワシントンであった。これは，予備選挙を勝ち抜くには巧みな戦術であったが，統治の戦略を欠いていたため，民主党の主流派であるリベラル派議員からの支持を得ていないカーターは，立法的成果をあげるのに苦労することになる。彼は政府がすべての問題を解決できるわけではないと率直に認め，官僚制の改革，石油危機に対処するためのエネルギー政策の策定，医療保険改革などをめざしたが，成果は乏し

Column ⑪　カーターと南部政治の変容 ※※※※※※※※※※※※※※※※※※

　カーターが 1976 年選挙で勝利した州は，北部工業地帯と南部が中心であり，
この点で 30 年代のニューディール連合の勝利地図とよく符合していた。しかし，
南部でカーターに投じられた票の中身を精査すると，かつての民主党大統領候補
の得票状況とは大きく変化していることに気づかざるをえない。1960 年代前半
までは差別制度のため，南部で投票できた黒人はごく少数であった。しかし，カ
ーターは多数の黒人票に支持されて南部で勝利していた。

　カーターの出身地ジョージア州のような深南部では，公民権法と投票権法成立
まで，ほとんどの白人（そして同時に民主党）政治家は，人種差別制度を支持し
ていた。しかし，それらの法律が施行され，1970 年代に入ってから，現実に多
数の黒人が選挙に参加し始めると，これらの政治家は，そのまま差別制度を擁護
するものと，態度を変え法的平等を支持するものとに分かれていった。前者の多
くは，次第に当選が困難となり，中には引退を余儀なくされた政治家もいた。こ
のような中で，カーターは，かつての差別制度に加担せず，黒人の法的平等が実
現した後に，それを当然の前提として受け入れて政界入りした，深南部で新しい
世代を代表する政治家であった。

　実は，黒人差別制度の解消こそが，深南部から大統領が当選する前提条件であ
った。なぜなら，1960 年代半ばまで南部では，黒人差別を支持しないと多数派
の白人から支持されず，南部で政治家として生き残ることが困難であったが，逆
に差別主義者であれば，全国レベルの大統領選挙で当選することは不可能であっ
たからである。

※※※※※※※※※※※※※※※※※※※※※※※※※※※※※※※※※※※※

かった。徐々にエドワード・ケネディ上院議員（マサチューセッツ州，民主党）
に代表される党内リベラル派は，声高にカーターを批判するようになった。

　また，ベトナム戦争やウォーターゲート事件の影響もあって，この頃から議
会が強力に自己主張と大統領権力の監視を行い始めたのも，カーターには不運
であった。ただし，エネルギー省の新設，黒人や女性の政権への積極的登用，
あるいは航空運賃の規制緩和などは，カーター政権の内政において注目すべき
成果であった。

　しかし，カーターは何よりもアメリカ経済の不振によって，大きな政治的打
撃を受けた。第二次世界大戦後の経済成長が止まり，1970 年代には石油価格

の急騰にも見舞われて，アメリカ経済は長期的な景気後退期に入った。しかも，失業と同時に深刻なインフレも進行した（スタグフレーション）。

1970年代後半，戦後の成長経済と分配と再分配の政治，そして寛大な福祉支出の政策が行き詰まりに直面した。ケインズ型の経済政策の破綻（はたん）も頻繁に指摘されることになった。国民の重税感も高まり，また大きな政府や政府による規制の非効率や無駄も，保守派から批判されるようになった。戦後のアメリカ政治は転換点を迎えていた。

人権外交

カーターは州知事出身ということもあり，外交政策に関しての理解は弱かった。そのため彼は，国務長官に迎えたサイラス・ヴァンスと，国家安全保障問題担当大統領補佐官ズビグニュー・ブレジンスキーに外交政策を任せることになる。カーター外交は，ニクソン＝キッシンジャー外交（フォード大統領もこれを継承した）の一部を継承しつつ，ある意味でそれに対するアンチテーゼであった。

カーター陣営は，第1に，ニクソン＝キッシンジャー外交は権力政治的であり，社会主義の中国やソ連に妥協的なデタント外交には，道徳性が欠如していると批判した。彼はアメリカ外交に道義性を回復することを訴え，人権外交を提唱した。

今日，人権外交はアメリカ外交の特徴とみなされることが多いが，実はその歴史は長いものではなく，政権の公式の政策としてはカーター時代から開始されたに過ぎない。それ以前にはアメリカ自身，南部で黒人に対する法的な差別を抱えていたために，人権外交を積極的に展開する余地がなかった。カーターの人権外交も公民権法制定後の時代の産物であった。

第2に，カーターは，ニクソンのデタント外交は西側諸国の同盟関係を緊張させたと批判し，アメリカと西ドイツや日本との堅固な協力関係を外交の基礎に据えて，第三世界の問題に対処し，またソ連に対抗しようとした（日米欧3極主義）。

カーター外交については，いくつかの重要な成果を指摘できる。第1には，1979年1月1日に実現された米中国交正常化である。カーターはニクソン，

フォードという2人の前任者が果たせなかったことを，ここで達成した。中国にはソ連に与えられていなかった最恵国待遇も認めた（ただし，議会は台湾関係法を制定して，アメリカが国交を断絶した台湾に対する武器提供義務を規定した）。

第2に，1978年に批准されたパナマ運河条約が重要である。これは2000年にパナマ運河をパナマに返還することを規定していた。さらに，カーター大統領が自ら仲介して1978年に成立した，エジプトのアンワル・サダト大統領とイスラエルのメナヘム・ベギン首相によるキャンプ・デーヴィッド合意（イスラエルはシナイ半島をエジプトへ返還し，両国は平和条約を締結），あるいは79年に調印されたソ連との第2次戦略兵器制限条約（SALT II条約）などが画期的な成果であった。ここではデタントの継続という側面も存在した。

ただし，看板の人権外交は，同じ権威主義的国家であっても，戦略的に重要でない国には適用できても韓国などに適用できず，一貫性の欠如を生まざるをえなかった。また，日米欧3極主義にしても，際立った成果を生み出せなかった。

カーター外交の矛盾と漂流

　カーター外交は，政権内部で深刻な対立を生み出していた。それは，ヴァンス国務長官とブレジンスキー大統領補佐官の対立であった。これは，アメリカ外交自体が直面していた重要な選択をめぐる対立でもあった。ヴァンスは，ソ連との交渉と妥協を重視し，またいわゆる第三世界での紛争は必ずしもソ連の浸透ではなく，土着のナショナリズムによって引き起こされていると考えていた。

　それに対し，ブレジンスキーはソ連との対決的な外交を主張し，中国をソ連と対抗するための有効なカードであるとみていた。また，人権外交で強くソ連に圧力をかけることも支持していた。彼は国際政治を，基本的に米ソ対立を軸としてみており，第三世界での紛争も，基本的に東西対立の枠組みで解釈した。1970年代半ばから，ソ連はベトナム，ソマリア，そしてアンゴラなどで影響力を拡大していたが，ブレジンスキーはそれをソ連の膨張主義の帰結と解釈していたのに対し，ヴァンスは南の国々のナショナリズムの発現とみなしていた。これは民主党内の路線の違いでもあった。ブレジンスキーはかつての民主党の

外交観を，ヴァンスはベトナム戦争後の民主党の新しい外交観を代表していた。

　カーター外交は，1979年以後の国際情勢にも翻弄された。1979年にイラン革命が勃発し，親米のパーレビ（モハンマド・レザー・パフラヴィー）体制が崩壊した。同年，反米色がきわめて強いルーホッラー・ホメイニ政権が成立したが，その年の11月にテヘランのアメリカ大使館が占拠され，アメリカの大使館員52人が人質にとられる事態に発展した。カーターは1980年4月，ブレジンスキーの助言をいれて人質の軍事的救出作戦を敢行したが，失敗に終わった。これに反対であったヴァンスは国務長官を辞任し，カーター政権に大きな打撃を与えた。

　1979年半ばには，ニカラグアで政変が起こって親米政権が倒れ，社会主義的傾向をもったサンディニスタと呼ばれる勢力の政権が成立した。同年12月には，ソ連がアフガニスタンに侵攻した。第二次世界大戦後，ソ連が東欧圏以外の地で直接本格的侵略を行ったのは，これが初めてであった。カーターはこれに驚愕し，「カーター・ドクトリン」を発表するとともに，軍事費を大幅に増額した。上院で審議中であったSALT IIも不成立となった。このソ連の侵攻は，アメリカにおける対ソ協調派の影響力を決定的に弱体化させたのみならず，アメリカ国内に「強いアメリカ」復活の気運を作り出すことになった。経済も不調であった1970年代末のアメリカは，悲観的な雰囲気に包まれていた。

日米通商摩擦の深刻化

　1970年代以後，日米間にはほとんど絶え間なく，深刻な経済紛争が介在した。カラーテレビ，鉄鋼などをめぐって摩擦が起こったが，特に激しかったのが日本の自動車輸出をめぐる対立であった。アメリカ側は日本からアメリカへの工場進出と，日本車の対米輸出自主規制を要求した。結局，1981年に日本は輸出割当を導入し，自動車輸出を80年の182万台から翌年は168万台に削減することを表明して，自動車摩擦は小康状態を迎えた。

　同時に，1970年代の後半からアメリカ政府は，アメリカ製品に対する日本市場の閉鎖性も批判し始めた。例えば，カーター政権期から，牛肉とオレンジに対して日本が適用していた輸入割当制度を批判した。これについては1980年代末，日本が完全自由化を認めることによって解決した。

日米の安全保障関係も，いくつかの問題を抱えていた。1970 年代後半に最
も日本政府を当惑させたのは，カーター政権が在韓米軍の撤退を一方的に打ち
出したことであった。これに対して，韓国はもとより，当時の福田赳夫内閣，
そしてアメリカの保守派が大きな懸念を表明した。1979 年，カーター政権は
正式に撤退中止を発表した。

　他方で，日本が経済大国になるにつれ，アメリカからはアメリカの負担軽減
のため，防衛費を増額するように要求された。アメリカは GNP の 5% 以上も
軍事費に投入しているのに対し（当時），日本の防衛費はわずか 1% 以下であ
るという批判が日本に投げかけられた。日本の防衛費は中曽根康弘内閣のもと
で 1% を突破したが，それは一時的なものに過ぎなかった。

　1980 年代から 90 年代初めにかけての経済関係の悪化と並行して，アメリカ
ではより知的なレベルで，日本を脅威ないし異質な国ととらえる議論が有力に
なっていった。特に官僚の行政指導，とりわけ通商産業省の産業政策を批判す
る見方が顕著であった。また，日本をソ連に代わるアメリカ最大の脅威とみる
世論も台頭しつつあった。

　このような中，1990 年 8 月湾岸危機が発生した。海部俊樹内閣は関係諸国
に 10 億ドルの資金協力することを発表したが，アメリカはこの貢献策を不十
分であると批判した。翌月，下院は，在日アメリカ軍駐留費全額を日本が負担
しない場合，アメリカ軍は日本から段階的に撤退することを要求する決議案を
可決した。日本はさらに 10 億ドル，および周辺諸国援助 20 億ドルの追加援助
を発表し，翌年 1 月，多国籍軍の攻撃開始後，さらに 90 億ドルの援助を（ア
メリカではなく）多国籍軍に行った。戦争終結後の 1991 年 4 月には，自衛隊掃
海艇の湾岸派遣も決定した。これは，自衛隊として初めての海外派遣であった。

　それにもかかわらず，日本は石油の 4 分の 3 も中東に頼っていながら，支援
は不十分であり，特に軍事的貢献が不足している，とアメリカから批判され続
けた。

◆ 引用・参考文献

　五百旗頭真編 2008『日米関係史』有斐閣。
　カーソン，レイチェル／青樹簗一訳 1974『沈黙の春』新潮文庫。

キッシンジャー，ヘンリー／岡崎久彦監訳 1996『外交』下，日本経済新聞社。

フリーダン，ベティ／三浦冨美子訳 1977『新しい女性の創造〔増補版〕』大和書房。

Phillips, Kevin 1969, *The Emerging Republican Majority*, Arlington House.

第12章　保守化と冷戦の終焉

❶マンハッタン島の沖にあるガバナーズ島での首脳会談を終えたレーガン
大統領（中央）とゴルバチョフ書記長（右）。左は，この直前に行われた
大統領選挙に勝利し，次期大統領となる予定のG. H. W. ブッシュ（1988
年12月7日，ニューヨーク。写真提供：CNP／時事通信フォト）。

　1970年代後半，共和党では保守派が急速に台頭し，党の政策も変えつつあっ
た。健全財政から積極的な減税推進に，世俗的立場から人工妊娠中絶禁止など宗
教保守の立場に，また外交ではデタントからソ連との対決に変化した。その波に
乗って大統領に当選したのがレーガンである。
　レーガン政権は大減税や規制緩和を実現し，ニューディール以来の大きな政府
への流れを逆転させることに成功した。外交では，当初ソ連に正面から立ちはだ
かる姿勢を明確にしたが，ゴルバチョフ登場後は軍縮を達成した。
　しかし，レーガン人気の下で誕生したG. ブッシュ政権は，冷戦終結・ソ連崩
壊・湾岸戦争勝利にもかかわらず，景気後退の中で支持率を落としていった。

1　共和党の変化とレーガン

共和党の変容——減税

1970年代末の経済的混乱とアメリカが直面した国際危機は，野党共和党を
おおいに活気づかせた。しかし，共和党の党勢回復には，共和党の自己変革と
いう要素も存在した。

最も重要な変化は経済政策にみられた。従来の共和党の経済政策の基本は健
全財政，すなわち予算の均衡であった。これはもっぱら歳出の抑制，すなわち
福祉や社会保障支出の切り詰めを含意しており，党の支持基盤をミドルクラス，
さらには下層階級に広げるうえで政治的魅力を欠いていた。

これに対して，アメリカが経済不振に見舞われていた1970年代後半から，
共和党保守派は，大型減税による経済成長の達成という新しい政策を提示し始
めた。この案は「ラッファー曲線」という単純明快な形で保守派の間で広く流
布し始めた。これは，高い税率がアメリカの経済成長を抑制していると説き，
税率が上昇するとある点までは税収は増加するが，それ以上高めるとかえって
減収となるという理論である（→図12-1）。したがって当時のアメリカの「高
い」税率を前提とすれば，減税すればむしろ増収となる，と論じた。主流派の
経済学者から異端視されたこの理論は，共和党保守派の間で急速に支持を広げ，
「サプライサイドの経済学」として知られるようになった。

共和党保守派の経済政策はこのように1970年代後半，それまでの静的な均
衡予算論から大型減税と経済成長という，より動的で，政治的にも魅力的なも
のに変わりつつあった。次第に福祉の受給者というより，重税感を強め，高い
税金の負担者としての意識を強く持ち始めていた白人中産階級にとって，これ
は重要な変化であった。共和党はこうして，減税と経済成長の党としてアピー
ルできるようになった。

そして当時，まだ共和党内でも批判が多かったこの政策を率先して支持した
のがレーガンであった。党内の中道穏健派はジョージ・H. W. ブッシュを筆頭
に，「まじないの経済学」と呼んで，サプライサイドの経済理論に批判的であ
った。党内に大幅減税を中心とする経済政策を支持する新しい保守派が誕生し

図 12-1　ラッファー曲線

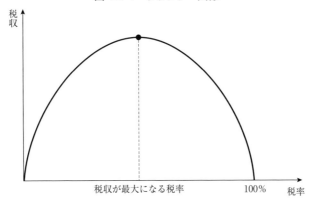

税収が最大になる税率　　　100%　税率

表 12-1　悲惨さ指数（1963-88 年）

大統領	期間（年）	平均	就任時	退任時	差
L. B. ジョンソン	1963–68	6.77	7.02	8.12	1.1
ニクソン	1969–74	10.57	7.8	17.01	9.21
フォード	1974–76	16	16.36	12.66	− 3.7
カーター	1977–80	16.26	12.72	19.72	7.0
レーガン	1981–88	12.19	19.33	9.72	− 9.61

［注］　失業率とインフレ率の合計を「悲惨さ指数」と呼ぶ。1976 年大統領選挙
　　　でカーターがフォードを批判する際に使ったが，80 年にはカーターに対し
　　　て使われることになった。

たことによって，共和党内の路線対立はむしろより先鋭になった。

　共和党内では 1970 年代まで中道穏健派が優位に立っていたが，レーガンが
登場して以来，保守派が俄然勢いづき，レーガン政権が 8 年続く間に，ほぼ党
の主流派の座を奪うに至った。さらに 1990 年代半ば以降，共和党内では議会
と草の根レベルにおいても保守派の勢力がますます強くなる。この変化は外交
政策にも重要な含意をもっていた。

共和党保守派と宗教保守

　もう一つ，共和党の変化として重要なのが，宗教右派への接近である。共和
党右派のニューライトと呼ばれる勢力は，南部を中心とするプロテスタント保
守派と連合を構築して，新しい政治勢力を作り出そうとした。特にリチャー

ド・ヴィゲリー，ポール・ウァイリック，ハワード・フィリップスらが指導的役割を果たした。

　保守的で敬虔なプロテスタントにとって，公立学校から新約聖書が一掃されたこと，人工妊娠中絶の大幅な自由化とその件数の急増，性の自由化，女性や同性愛者の権利主張と「家族の解体」の危機，男女平等憲法修正条項（ERA）への支持の高まり，進化論教育の普及，そして伝統的道徳観の崩壊などは，すべて憤激すべき現象であった。特に天地創造説をはじめとして聖書の内容をほぼ一字一句信ずるファンダメンタリストと呼ばれる人々は，このような状況を是正するために，教会で祈りを捧げるだけでなく積極的に政治に参加していった。このような行動主義的傾向を強くもつ人々を，特に福音派と呼ぶこともある。

　この動きの先頭に立ったのが，テレビ伝道師と呼ばれた牧師たちであった。「モラル・マジョリティ」を設立したジェリー・ファルウェル師や，1988年，大統領選挙に共和党から立候補したパット・ロバートソン師らが有名である。彼らは，あまり豊かでないが信心深い南部の白人を中心にして，広い支持を獲得するようになった。彼らを支え，共和党政治家との橋渡しをしたのが，ヴィゲリーやウァイリックらであった。

　こうした動きを受けて，共和党は人工中絶反対などのいわゆる社会的争点をこれまで以上に積極的に訴えるようになった。その結果，それまで基本的に民主党支持者であった南部の貧しい白人層を支持者に擁することになった。共和党はそれまでよりはるかに大衆レベルでの支持基盤を強化し，ポピュリスト的イメージを獲得することになったのである。

　ただし，共和党中道派の政治家，あるいは宗教よりも経済問題を重視する政治家は，ニューライトと呼ばれたこの新しい保守派を嫌い，時に激しい党の主導権争いを展開した。宗教的争点の活用は共和党にとって両刃の剣でもあったが，1980年，多くの共和党員は，レーガンに共和党を一つにまとめ，大統領選挙での勝利をもたらしてくれる可能性を見出すことになった。

　共和党はレーガンのもとで，このような新しい経済政策，信仰重視の方針，およびニクソン以来の白人を標的にした政策をとりまとめて，少数党から脱しようとしていた。

なお，南部の白人は長らく民主党支持者であったが，篤い信仰心をもっていることだけでなく，依然黒人に対して否定的な感情をもっている点でも，共和党にとって有望な有権者であった。かつての人種差別制度を復活させることはもはやありうることではなかったが，共和党は黒人に対する優遇制度や支援策を批判することで，徐々に南部白人に支持を広げていった。共和党が攻撃の標的にしたのは，差別是正のためのアファーマティヴ・アクション（積極的差別是正措置）と要扶養児童家庭扶助制度（AFDC）であった。

　前者は1960年代後半から始まり，就職，大学入学者選抜，解雇，公共事業の配分など，多方面にわたって実施された。白人の間に長年の黒人に対する差別に対して謝罪の念が存在し，「当面の間」という留保が付いている限りで，この政策は許容されたが，早くも1978年にカリフォルニア大学医学部の入学者選抜をめぐって白人から訴訟が提起され，明確な人種割り当て制度は違憲とされた（バッキー判決）。ただし，多様な学生集団を確保することを目的として，人種を一つの要因として配慮することは合憲とされた。

　AFDCの支給額と対象は1960年代に一挙に増額され，同時に黒人社会で母子家庭が急増しつつあったことと相まって，白人納税者の強い反感を買うことになった。偽装離婚の存在，職があるにもかかわらず離職して福祉に依存して暮らす例，税金による生活支援を受けながら子どもを産み続ける例，そして福祉に依存しながらかなり高い生活水準を維持している例（場合によるとwelfare queenとも呼ばれた）などが，誇張を伴って共和党関係者から指摘され続けた。「福祉改革」というスローガンは，実は黒人支援策批判の婉曲表現となった。南部に限らず，白人労働者が民主党から共和党に支持を変えた理由の一部は，黒人問題にある。

レーガンの経歴と思想

　レーガンは1911年2月6日，イリノイ州の小さな町タンピコにて生まれ，同州のユーレカ大学に進んだ。レーガンはニューディール期には民主党支持者であったが，1950年代に共和党支持者に転向した。ラジオのアナウンサーや映画俳優として経験を積んだレーガンが政治家として注目されるようになったのは，1964年の共和党大統領候補で保守派のゴールドウォーターへの応援演

説がきっかけであった。その後，レーガンは 1967 年から 8 年間カリフォルニ
ア州知事を務め，80 年に大統領候補に指名された。

　レーガンは同じ共和党でも，ニクソンやフォードとはかなり異なる公約を掲
げた。レーガン陣営は，社会福祉の縮小と大幅な減税，規制緩和，インフレの
抑制，アファーマティヴ・アクションへの支援の停止，国防費の増額，そして
人工中絶の禁止と公立学校における祈りの時間の復活などを訴えていた。

　1980 年の大統領選挙の結果は，現職カーター大統領の惨敗であった。レー
ガンは選挙人獲得数で 489 対 49，得票率で約 51% 対 41% という結果で大統
領の座を手にした。共和党は下院で少数党にとどまったものの，上院では
1954 年以来久しぶりに多数党に復帰した。「悲惨さ指数」（→表 12-1）上昇など
に起因するカーターの不人気もレーガンの重要な勝因であったが，アメリカ社
会そのものが確実に保守化していたこともレーガン政権成立の大きな要因であ
ろう。レーガンは，第二次世界大戦後のアメリカで最も保守的な大統領であっ
た。

　レーガン大統領は，国民にどのような政策が受け入れられるかについて鋭い
政治的嗅覚をもっていた。そして，結果的にアメリカ政治の方向性を，大きな
政府から小さな政府へと変えるのにかなりの程度成功した。レーガン大統領は
俳優出身ということも関係して，テレビの利用に長け，巧みな話術を駆使して
わかりやすく国民に訴えかけた。まさに「偉大な語り手」と呼ばれたゆえんで
ある。

　レーガン大統領の演説や信念の重要な特徴は，それが夢と希望を語る楽観論
であったことにある。彼がそのような大統領を演じ切るとき，多くの国民に夢
と自信を与えた。その支持率も 8 年間まずまず高い水準を保っていた。大統領
としての支持率は最低でも 40% 台を維持しており，個人としての支持率は最
高が約 80%，最低でも 60% 台の後半であった。

2 レーガン政権の国内政策

「政府こそが問題だ」

レーガン政権の最優先政策は，何よりもアメリカ経済の再建であった。それをレーガン大統領はまず減税によって達成しようとし，連邦個人所得税の税率を3年間で25%引き下げる減税法案を議会に可決させることに成功した。民主党からも南部保守派を中心に多くの賛成票が入った（保守連合）。この減税効果は1981年からの5年間で3454億ドルにも及ぶ大規模なものであった。法人税引き下げも実施された。

第2に，レーガン政権は非常に野心的な歳出削減計画を実施しようとした。実際に議会では，1982年度に350億ドル，3年間合計で1300億ドルの支出削減が承認された。

「小さな政府」を実現するための第3の政策は，規制緩和であった。まさに「政府こそが問題である」（就任演説）というのが，レーガン大統領の基本的認識であった。実際にはすでに民主党のカーター政権も証券・銀行・航空・運送などの分野で規制緩和を実施していたが，レーガン大統領はそれをさらに通信・環境保護・消費者保護などの領域にも広げようとした。

第4に，金融政策として，インフレの抑制を目的として通貨供給量の抑制による金融引き締めを実施した。レーガン政権は連邦準備制度理事会と協議の上，通貨供給の伸びを1986年に80年の半分である約3%にまで引き下げることを目標とした。

経済成長とインフレの抑制という観点から評価すれば，1981年7月から翌年12月までアメリカ経済は第二次世界大戦後，それまでで最も厳しい不況に突入したものの，83年から急速に回復し，その後長期にわたって好景気が維持された。1984年の大統領選挙でレーガン大統領が民主党候補ウォルター・モンデールに圧勝した主たる要因も，経済の好転であった。

レーガン革命の成果と限界

経済の好調は政権第2期に入っても持続した。1985年から88年にかけて，

経済成長率は 2.7% から 4.4% の間の水準を維持した。失業率は 7.2% から 5.5% に下降し，消費者物価上昇率は 1.9% から 4.1% の間にとどまった。要するに，1983 年以降についてみれば，レーガノミクスは基本的にインフレなき経済成長を達成した。

　しかし，もう一つの公約である大幅な歳出削減は不成功に終わった。その原因の第 1 は，国防費の伸びがあまりに大きかったためであり，第 2 は社会保障関係支出の削減が予算の性格上きわめて困難であったためである。連邦政府支出の約 70% (1981 年当時) が法律によって自動的に支出を義務づけられた経費（法定支出義務経費）となっており，ここに多くの社会保障関係経費が含まれていた。残りの約 30% のみが裁量的な支出であり，そのうちの約半分が国防費であったが，レーガン政権はそれを急増させた。

　社会保障関係支出についてみると，レーガン政権は「中核的な社会セーフティー・ネット」（退職年金制度，失業手当，老齢低所得者への給付金，軍人恩給制度）に含まれるものは削減しないことを公約していた。また，医療保険費など他の社会保障費に関しても，実質的な増加を防ぐことができなかった。これは，依然として下院で多数党であった民主党が，削減に反対したからでもあった。レーガン政権 1 期目の実績は，カーター政権下で年 4.6% の率で上昇していた社会サービス・移転支出の実質伸び率を 2.5% に収めたことに過ぎなかった。

　それでも，老齢者医療扶助（メディケア），低所得者医療扶助（メディケイド），要扶養児童家庭扶助（AFDC），低所得者への食糧切符支給と教育費補助といった分野では，受給資格の引き上げが実施され，福祉支出の圧縮が行われた。実際，レーガン政権期に貧富の格差が拡大したことは否定し難い。1981 年から 85 年にかけて，所得上位 5 分の 1 の世帯の実質可処分所得は約 9% 増加したのに対し，下位 5 分の 1 の世帯のそれは約 8% 減少した。政府が定義する貧困家庭の割合も，1981 年初めまではそれまでの 10 年間とほぼ同じ水準の 11.7% であったが，翌年には 60 年代以来最高の 15% に跳ね上がっていた。

「レーガン革命」の遺産

　1985 年から始まった第 2 期レーガン政権は，86 年に大がかりな税制改革を実現した。これはアメリカの税制を，公平にする，簡素化する，そして経済成

長を促すものにすることを主たる目的としていた。税制改革が着手された理由は，第1に多数の税制上の優遇措置の存在によって納税者の間に不公平感が高まっていたからであり，第2に税制そのものがあまりに複雑になっていたからである。

　このような中，1986年に超党派的な支持のもとで，税制改革法が成立した。これによって，個人所得税率は11〜50%の14段階から15%と28%の2段階のみとなり，また個人所得税に関する多数の優遇措置が廃止された。法人税率も従来の5段階から3段階に簡素化され，最高税率も引き下げられた。ただし，減価償却方式の変更などによって，法人税は全体として増税となった。結局，個人所得税と法人所得税の税率が引き下げられ，また累進性が弱くなったものの，基礎控除が増えたために，より多くの低所得層が非課税となった。

　この税制改革については，左派から高額所得者の優遇措置であるとして厳しい批判が寄せられたが，実際には多くの民主党議員も賛成票を投じていた。通常は無数の利益団体が反対するために実現が困難とみなされているのが，この種の税制改革である。レーガン大統領の重要な遺産の一つであるといってよい。

　レーガン時代のもう一つの超党派的な重要な立法が，1986年の移民改革規制法であった。当時増えつつあった不法移民問題に対して，米墨国境警備の強化と同時に，約300万人の不法移民に法的地位と将来の市民権取得資格を与えたものである。

　好調な経済はレーガン政権が残したプラスの遺産であったが，レーガンが残したものは肯定的に評価されるものばかりではなかった。レーガノミクスはアメリカ史上例のない大規模な財政赤字を生み出した。財政赤字の規模は1960年代で国民総生産（GNP）の1%程度，70年代には2%程度であったのに対して，80年代には4%を超えるに至った。元来，財政均衡を党是とする共和党が史上最大の財政赤字を生み出したことは，皮肉以外の何ものでもない。アメリカはその後，長期にわたって巨額の財政赤字に悩まされることになった。予算が均衡したのは，ビル・クリントン政権第2期の末になってからであった。

　貿易赤字も深刻となった。アメリカの貿易収支は1960年代には基本的に黒字であったが，西ヨーロッパや日本からの製品輸入が増え，また石油価格の上昇も加わって，70年代に入ると悪化し始め，76年以降，赤字基調に転じた。

1983年以降，レーガン政権のドル高容認政策，財政赤字の拡大，さらに景気の急上昇などを背景に，貿易赤字額は過去に例をみないほどの大きさになり，特に対日貿易赤字問題と絡んで一挙に政治問題化した。さらに貿易赤字が主因となって，アメリカの対外純債務残高（対外資産残高と対外債務残高の差）も増大し，アメリカは第一次世界大戦後，初めて債務国に転落したばかりか，1986年には世界最大の債務国となった。

3 レーガン外交——反共産主義イデオロギー外交の復活

「強いアメリカ」の復活

「強いアメリカ」の復活，あるいは「力を通じた平和（peace through strength）」というスローガンは，レーガンの当選に対してきわめて重要な役割を果たしていた。レーガン自身にとっても，外交政策の優先順位はきわめて高かった。

レーガンは世界情勢を，少なくとも当初は，それまでの大統領と違った観点からみていた。それは，ソ連こそが国際問題の諸悪の根源であるという見方である。例えば，第三世界における紛争をソ連が率いる共産主義の浸透の問題としてみていた。まさにソ連との対決，反共産主義が，レーガン外交の基本原則であった。

レーガン大統領は，このような反共主義を軍事力の増強によって実践し，現に軍事費を40％増やした。1981年初めに政権が発表した軍備増強計画は，5年間で1兆5000億ドルであり，平時としては史上最大規模であった。

レーガンは，さらに1983年から戦略防衛構想（SDIあるいはスター・ウォーズ計画とも呼ばれた）に着手した。レーガン大統領によれば，SDIは宇宙を基地とする防衛計画であり，相手国から発射されたミサイルが着弾する前に打ち落とすことができる，先端技術による防衛の盾であった。SDIの実現には1兆ドルもの費用がかかると予想されたが，レーガン大統領は相互確証破壊（相手による核の先制攻撃を阻止するために，双方が第2撃能力を持ち合うこと）という理論に道徳的嫌悪感を抱いていたがゆえに，SDIに惹かれた。側近の多くはSDIの

実現性に疑問を感じつつ，彼らの一部はソ連に対する圧力として，より正確にはソ連にSDIへの対抗措置を講ずるための無理な支出を強いる手段として，SDIを推進した。実際に，冷戦終結後，ソ連指導者は，SDIへの対抗がソ連にとって重い負担となったことを認めた（シェワルナゼ 2011）。

レーガン政権は，現地の反共産主義勢力を支援することによって，第三世界における紛争においてもソ連への攻勢を強めようとした。このようなレーガン政権の基本姿勢は，1985年の大統領年頭教書で明らかにされた。ここでレーガン大統領は，次のように述べて，これらの勢力を積極的に支援する政策を確認した。

> われわれは……アフガニスタンからニカラグアに至るあらゆる大陸で……ソ連が支援する侵略に対抗し，われわれにとっては生まれたときから当たり前だった権利を確保するために，自らの生命を危険にさらしている人々の信頼を破ってはならないのである。自由の戦士たちを援助することは，わが国を防衛することなのである。
>
> （ラフィーバー 1992：505）

実際，レーガン政権は，1979年に侵攻したソ連軍に抵抗するアフガニタンのゲリラ勢力に対して，さまざまな援助を行った（Schweizer 1994）。

レーガン大統領が最も注目したのは，ニカラグアであった。ニカラグアでは，1979年にそれまでアメリカが支援していたソモサの独裁政権に代わって，サンディニスタと呼ばれる革命派の政権が成立した（→11章）。レーガン政権は，かつてソモサ政権に属し，コントラといわれた反政府武装集団を「自由の戦士」と定義して，コントラを訓練し指導するために中央情報局（CIA）が少なくとも1900万ドルを支出することを認める秘密指令書を発した。しかし，1984年，議会はコントラ援助禁止法を成立させ，CIAその他の情報活動機関がコントラ援助活動を行うことを禁止した。

このような中，1987年半ばに一つの和平への試みが実を結んだ。コスタリカのオスカル・アリエス大統領は，ニカラグアのダニエル・オルテガ大統領を含む中央アメリカ4カ国の大統領に働きかけて，和平案に調印させることに成功した。レーガン政権はこの和平協定に反対していたが，1988年初めに政権の予想に反してコントラとサンディニスタ政権の間で和平会談が開始されたため，アメリカが間接的に介入したニカラグアの内戦は実質的に終了した。

イラン・コントラ事件とベトナムの教訓

　ところで，1985 年の夏から 1 年以上にわたって，レーガン大統領は極秘のうちに，イスラエルを通じてイランに対戦車ミサイルなどの兵器を送った。これは，イランの支援するテロリストが捕えたアメリカ人の人質を解放させることを目的としていた。実際，人質の解放はある程度実行された。しかし，このことが 1986 年 11 月に暴露され，さらにその 3 週間後，イランへの武器売却によって得た代金は密かにコントラに渡されていたことが明らかとなった。これは明らかにコントラ援助禁止法違反であった。

　この事件はイラン・コントラ事件と呼ばれ，深刻なスキャンダルとなった。議会が設立した特別委員会の調査報告書は，国家安全保障会議（NSC）のスタッフが実行部隊となっていたことを明らかにし，同スタッフには責任があるが，大統領は関知していなかったという結論を出した。レーガンは直接責任を問われなかったものの，政治的責任は免れず，逆にこのような重大決定に関与していない大統領として戯画化される存在ともなった。

　レーガン政権は，いくつかの例では実際に軍事力を行使した。例えば，1983 年 10 月，アメリカはキューバと協力関係を結んだ急進的なグレナダ政府を打倒するために，595 人のアメリカ人医学生を保護するという名目で軍事介入し，全島を占領した。

　レーガン政権の国防長官に就任したキャスパー・ワインバーガーは，軍事力の強化に積極的であり，また対ソ軍備管理交渉には反対であったが，軍事力の行使に関しては消極的であった。他方で，国務長官のジョージ・シュルツは，対ソ交渉には積極的であったが，「軍事力に支持されないと強力な外交は展開できない」と考えていた。2 人に代表される見解の違いは，政権内で深刻な対立を引き起こした。

　アメリカの軍部が軍事力の行使に消極的であった主たる理由は，ベトナム戦争の教訓であった。ある意味で，ベトナムでの敗北で最も深刻な屈辱感を味わわされたのが，軍部であった。国防長官は 1984 年 11 月に，「ワインバーガー・ドクトリン」と呼ばれる考えを発表した。それは，次の 6 つの条件を満たさない限り，アメリカ軍を紛争地域に派遣しないように文民指導者に要請したものであった。①アメリカまたは同盟国の利益にとって死活的な重要性をも

表 12-2　核軍縮の歴史（1963-93 年）

締結時期	条約名	内　容
1963 年 8 月	部分的核実験禁止条約 (Limited Test Ban Treaty)	大気圏，宇宙空間，水中における核実験を禁じる。
1967 年 1 月	宇宙条約 (Outer Space Treaty)	核兵器を地球を回る軌道に乗せること，それらを宇宙空間に配備することを禁じる。
1968 年 7 月	核兵器不拡散条約 (Nuclear Nonproliferation Treaty: NPT)	他国への核兵器の委譲，非核兵器保有国による核兵器の製造および取得を禁じる。
1972 年 5 月	弾道弾迎撃ミサイル制限条約 (Antiballistic Missile Treaty: ABM)	迎撃ミサイル・システムの宇宙空間における配備が禁止され，米ソともに迎撃ミサイルの地上配備を 1 ヵ所に限定する。
1979 年 6 月	戦略兵器制限条約 (Strategic Arms Limitation Treaty: SALT)	初の公式な戦略兵器制限条約。大陸間弾道ミサイル，潜水艦発射弾道ミサイル，戦略爆撃機，空中発射ミサイルの総枠上限を 2400 基機とする。
1987 年 12 月	中距離核戦力全廃条約 (Intermediate-Range Nuclear Forces Treaty: INF)	米ソが保有する地上配備の中距離・短距離ミサイルを全廃し，条約違反防止のための兵器査察システムが設けられる。
1991 年 7 月	第 1 次戦略兵器削減条約 (Strategic Arms Reduction Treaty: START I)	ソ連が保有する長距離核弾頭数を 1 万 1012 発から 6163 発に，アメリカが保有する長距離核弾頭数を 1 万 2646 発から 8556 発にそれぞれ削減する。
1993 年 1 月	第 2 次戦略兵器削減条約 (Strategic Arms Reduction Treaty: START II)	米ソ両超大国が保有する核弾頭数を現在の 3 分の 1 とし，3000〜3500 発に削減する。

　　［出所］　ラフィーバー 2012：526。

つこと。②勝利への確固たる信念をもって戦うこと。③政治的・軍事的目的が明確に定義されていること。④目的と投入された軍事力の関係について絶えず再評価が行われること。⑤事前に国民と議会から固い支持を得ること。⑥軍事力行使は最後の手段であること。逆にいえば，ベトナム戦争にはこれらの条件が欠けていたと考えられる。

　ワインバーカーは，中距離ミサイル撤廃をめぐる米ソ間の合意が成立する前の 1987 年に国防長官を辞任した。しかし，彼の見方は 1989 年から 93 年まで統合参謀本部議長を務めたコリン・パウエルのもとでもパウエル・ドクトリン

として軍内で継承されていく。

対ソ連政策の展開

　レーガン政権の第1期の間，政権の対ソ対決姿勢と軍備拡大，1983年の
SDI計画の発表などのために，米ソ関係は悪化していた。しかし，1984年に
なると，レーガン外交はやや軟化し始めた。同年9月にはレーガン大統領はソ
連外相と会談するなど，交渉に積極的な姿勢を示し始めた。

　同時期，ソ連側でも交渉に前向きな指導者が登場した。1982年にブレジネ
フが死去したが，それ以前からソ連では大胆な指導力を発揮するリーダーが枯
渇していた。そのような中，1985年初めソ連最高指導者の地位に54歳のミハ
イル・ゴルバチョフが就き，ペレストロイカと呼ばれるソ連経済の抜本的改革
に着手した。ゴルバチョフはそのために，米ソ間の緊張緩和，軍備競争の停止，
および軍事費の抑制を実現しようとした。

　こうして，1985年3月から米ソ間の軍縮交渉が再開され，同年11月にジュ
ネーヴにて6年ぶりの米ソ首脳会談が開催された。次いで翌年10月にアイス
ランドのレイキャビクで2回目のレーガン＝ゴルバチョフ会談が開かれたが，
ここではSDIをめぐって見解が対立した。しかし，1987年12月のワシントン
での3回目の首脳会談で，レーガンとゴルバチョフはついに中距離ミサイルと
短距離ミサイルをすべて廃棄する画期的な中距離核戦力（INF）全廃条約に調
印し，また戦略核の50％削減に向けて交渉を進めることにも合意した。史上
初めて核兵器が実際に削減され，さらに特定の兵器が全廃されることになった。

　1988年に入ると，国連の斡旋でアフガニスタン和平協定が調印され，同年5
月，ソ連軍は同国からの撤退を開始した（この介入はソ連にとって，自国を疲弊さ
せた致命的な失策であった）。同月，レーガンはINF全廃条約の批准書を交換す
るために初めて，かつて自ら「悪の帝国」と呼んだ国の首都モスクワを訪れた。
冷戦は着実に終わりつつあった。

4 G. H. W. ブッシュ政権と冷戦の終結

1988年大統領選挙と冷戦の終結

1988年の大統領選挙は，20年ぶりに現職大統領不在の中で争われた。共和党にとっては，レーガン大統領個人の人気が依然として高いこと（88年の支持率は50～60%であった），そして好調な経済や米ソ関係の改善などが何よりも強みであった。それに対して，民主党はレーガン大統領期のアメリカを，過大な軍事費を支出し，借金を抱え経済的に疲弊した大国として，あるいは多数の深刻な国内問題を抱えた病める国家として批判した。

レーガンへの批判は，共和党内でも提起された。レーガン政権の副大統領で1988年に共和党大統領候補に指名された G. H. W. ブッシュですら，「より優しい，より親切な」アメリカを提唱していた。これが「レーガンより」優しく親切に，を意味していたことは自明であった（これを聞いたレーガンの妻ナンシー・レーガンはすかさず，「誰より優しく親切にっていうこと？」とつぶやいた）。

民主党では，マサチューセッツ州知事のマイケル・デュカキスが大統領候補となったが，今回も共和党が圧勝し，G. H. W. ブッシュが大統領に就任した。

元来，共和党中道派の出身でありながら，そして1980年の党内予備選挙ではレーガン候補を激しく批判しておきながら，一度レーガン政権の副大統領に抜擢されると「盲目的に」レーガン大統領に忠誠を尽くしたために，G. H. W. ブッシュには「腰抜け」のイメージがつきまとっていた。民主党はその G. H. W. ブッシュにも敗れ，大統領選挙3連敗となっただけに，その衝撃は大きかった。「リベラル」という政治的立場が国民の間で不人気になったことも明らかであった。ただし，選挙で現職議員がもつ優位など，さまざまの要因に助けられ，議会選挙では民主党が上下両院での多数を維持したため，分割政府（少数与党議会）はさらに継続することになった。

G. H. W. ブッシュ大統領は外交のプロをもって自認していたが，彼が予想した以上に，現実はアメリカにとって有利な方向に激変した。1989年，ベルリンの壁崩壊に象徴される東欧革命が勃発し，東欧の共産主義政権が軒並み崩壊した。同年12月のマルタでの米ソ首脳会談では，「冷戦の終焉」が宣言され

　冷戦がアメリカをいかに大きく変えたかについて再考してみよう。

　ソ連の膨張主義的政策にどのように対応するかは，アメリカにとってきわめて大きな選択であった。黙認することもできた。むしろ，ソ連の挑戦に対して，受けて立たないのがアメリカの伝統であったといえよう。

　しかし，トルーマンがそれを変えた。ただ，そのためにはアメリカ自身が国のあり方を変えなければならなかった。NSC68 は，いわば国家改造のための青写真であった（→9章）。そして，トルーマンの政策は，多くの変奏曲を狭みながらも，その後も受け継がれた。例えば，ニクソンはソ連の現実の軍事力，特に核戦力を認知し，関係の安定化をめざした。その時点では，ソ連を封じ込める以前にベトナム戦争が大きな重荷となっており，それから解放されることが最優先とされた（→11章2）。それを再び大きく転換したのがレーガンであった。

　長年の封じ込め政策はアメリカにとっても大きなコストを強いた。膨大な国防費はその端的な例であるが，戦死者，軍事秘密の拡大，反戦運動の発生と国内の分裂などもみられた。キング牧師はその反戦活動によって，連邦捜査局（FBI）から監視・盗聴されていた。ソ連封じ込めのため，アメリカの価値観に合致しない権威主義の国とも協力し，あるいは CIA は 1970 年代前半までしばしば他国の政治に介入した。そして，妥当性が疑われる戦争にも着手した。

　そして第 13 章以降でみるように，このようにして定着した恒常的な軍事的超大国としてのアメリカは，冷戦終結後も消えることはなかった。

❉❉❉

た。さらに翌年には東西ドイツの統合が実現し，1991 年 12 月，ついにソ連そのものが解体した。ソ連大統領としてのゴルバチョフは失職し，独立国家共同体（CIS）という緩やかな協力体制が成立した。そしてボリス・エリツィン大統領が率いるロシア共和国が国連安全保障理事会での常任理事国の地位を継承した。

　これらの出来事はアメリカ外交の環境を一変させることになった。米ソ核戦争の脅威は一挙に薄れ，軍縮にはずみがついた。ロシアはむしろ，民主化が挫折しないように，そして順調に核兵器の廃棄が進展するように，少なくとも一時期には，アメリカが支援する対象となった。実際，アメリカは 1991 年 7 月に，ソ連と戦略兵器削減条約（START I）を，さらに 93 年 1 月にはロシアと

第2次戦略兵器削減条約（START II）を調印した。

　それに対して，依然として共産党一党支配を残したままの中国との関係は，徐々に困難なものになった。民主化運動を武力で弾圧した1989年6月の天安門事件に抗議して，G. H. W. ブッシュ政権は経済制裁や政府高官の対中接触禁止などの強硬な措置をとらざるをえなくなった。アメリカ外交にとっての「人権問題」は，ながらく第三世界の権威主義体制とソ連における人権抑圧であり，しかもしばしば中国はアメリカがソ連に対抗するうえでの有力な「カード」（まさにチャイナ・カード）であった。しかし，状況は天安門事件で一変した。さらに冷戦終結後，中国は一方で巨大な市場でありながら，他方で最後の共産党独裁の大国であり，またアメリカにとっては人権問題や貿易摩擦を抱えた国となった。1979年以来，ソ連に与えられていなかったにもかかわらず，中国には与えられてきた最恵国待遇の付与も，天安門事件以降一大政治争点となった（ロシアには1992年に与えられた）。

湾岸戦争

　このような中，1990年8月，イラクのサダム・フセイン大統領は突如隣国クウェートに侵攻して全土を占領した。G. H. W. ブッシュ大統領はただちにアメリカ軍をペルシャ湾地域に派遣して紛争の拡大を防ぐ一方，国連安全保障理事会からも限定的な武力行使を認める決議を得た。アメリカ議会では民主党を中心に武力行使に消極的な意見も存在したが，1991年1月に武力行使を承認する決議案を可決した。投票結果は上院で賛成52票，反対47票，下院では250票対183票であり，決して圧倒的多数の賛成ではなかった（多くの民主党議員は反対した）。統合参謀本部議長のコリン・パウエルら軍首脳も，ベトナム戦争の教訓もあり，決して戦争に積極的でなかった。

　G. H. W. ブッシュ大統領は1991年1月17日，28カ国で形成された多国籍軍を率い，アメリカ軍54万人を動員して戦闘を開始した（湾岸戦争）。早くも同年4月6日に停戦協定が締結され，クウェートは解放された。戦闘は多国籍軍の圧勝の下に短期間で終了し，アメリカ軍の死傷者も比較的少数（死者383人，負傷者467人）にとどまったため，アメリカ国内での反戦運動もほとんど生まれず，G. H. W. ブッシュ大統領の支持率も88％という驚異的な水準にまで

跳ね上がった。

　ただし，多国籍軍はイラク領内に進攻しなかったため，フセイン大統領の地位はそのままであった。しかも世論は，冷戦終結による「平和の配当」を，すなわち国防費の目にみえる形での減額と，それを国内支出に移転することを性急に求めていた。しかし，それは容易なことではなかった。

　G. H. W. ブッシュ大統領は国連大使，中国連絡事務所長，CIA 長官，そして副大統領という華々しい外交経験からも推測できるように，外交問題に強い関心を抱いていた。しかし，「得意」の外交においても，ソ連の崩壊や湾岸危機への対応に終始したという傾向が強い。まして内政では，主導権をとるのにさらに消極的であった。

G. H. W. ブッシュ大統領の「信念」

　国内政策で G. H. W. ブッシュは一つのジレンマに逢着していた。元来，共和党内の穏健派に近かった彼は，先に述べたように，レーガン時代に党内右派に同調した。大統領就任後は議会の民主党とも協力して，1990 年に長年の懸案であった大気浄化法の改正とともに「障害をもつアメリカ人法」を成立させた。しかしながら，これらの立法は共和党保守派からみると，連邦政府による規制を強化するだけの法律にほかならなかった（ノーキスト 1996）。

　共和党の保守派は何より，G. H. W. ブッシュ大統領が 1990 年に議会民主党と妥協して増税を受け入れたことに憤激した。彼らにとって，これこそは保守主義への裏切りにほかならなかった。G. H. W. ブッシュは 1988 年の共和党全国党大会において「私の言葉を信じてください。絶対に増税をしません。(Read my lips. No new taxes.)」と固く党員に誓っていただけに，この公約違反は致命的であった（久保 2005）。

　アメリカ経済は 1982 年から続いた景気拡大に終止符が打たれ，90 年後半に後退期に入った。失業率も 1991 年に 7% 近くまで上昇し，子どもは自分よりもよい生活ができるという信念，すなわち「アメリカン・ドリーム」も，この時期，崩れ始めたように思われた。湾岸戦争の勝利に酔いしれた国民が，急速に悲観的空気に包まれ始めた。1992 年 4 月にロサンゼルスで勃発した人種暴動では 50 人以上の死者が出た。この事件も，アメリカ社会が根深い病理を抱

えていることを示唆していた。

　このような中，G. H. W. ブッシュは景気後退に対して有効な対策を講ずることができなかった。公約違反ゆえに，右派の支持を固めることもできず，むしろ彼自身の信念とアメリカの将来について，彼が抱くビジョンが何なのかが強く問われることになった。12年間続いた共和党政権が湾岸戦争に圧勝した直後，意外にも危機に直面することになった。冷戦の終結によって，皮肉にも国民の関心は国内問題に集中し始めたのであった。

◆ 引用・参考文献

久保文明 2005「G・H・W・ブッシュ政権（1989-1993）の国内政策と共和党の変容——米国における政党内イデオロギー闘争の一例として」『レヴァイアサン』36号。

佐々木毅 1993『現代アメリカの保守主義』（同時代ライブラリー）岩波書店。

シェワルナゼ，エドアルド 2011「ソ連崩壊20年　解けない呪縛：インタヴュー編（3）」『産経新聞』2011年12月26日付。

ノーキスト，グローヴァー／久保文明・吉原欽一訳 1996『保守革命がアメリカを変える』中央公論社。

ラフィーバー，ウォルター／久保文明・久保典子・五味俊樹・鐸木昌之・阪田恭代・木村昌人・土田宏・高杉忠明・小川敏子訳 1992『アメリカの時代——戦後史のなかのアメリカ政治と外交』芦書房。

ラフィーバー，ウォルター／平田雅己・伊藤裕子監訳 2012『アメリカ vs ロシア——冷戦時代とその遺産』芦書房。

ラフィーバー，ウォルター／土田宏監訳，生田目学文訳 2017『日米の衝突——ペリーから真珠湾，そして戦後』彩流社。

Schweizer, Peter 1994, *Victory: The Reagan Administration's Secret Strategy That Hastened the Collapse of the Soviet Union*, Atlantic Monthly Press.

第13章 冷戦終結後の政治と第三の道

⬆ホワイトハウスの大統領執務室で議論するクリントン大統領（中央）とドール上院少数党（共和党）院内総務（左），ギングリッチ下院少数党（共和党）院内総務（右）（1993年6月30日。写真提供：CNP／時事通信フォト）。

　1992年の大統領選挙では，現職 G. H. W. ブッシュの不人気ゆえに，クリントンが当選し，民主党政権が復活した。国民の関心は経済に向いており，外交経験の欠如はクリントンにとって致命的な弱点とならなかった。ただし，公約した皆保険制度は実現せず，1994年の中間選挙で大敗した。しかし，共和党多数議会は連邦政府閉鎖をもたらし，1996年にはクリントンに大差での再選を許すことになった。1990年代は景気が順調に拡大し，ついに財政黒字が生み出された。
　クリントン政権の外交は日本との激しい通商摩擦をもたらし，中国に対しては人権問題で譲歩を迫ったが，撤回せざるをえなかった。第2期には，方針を転換し，中国との関係改善をめざした。

1 クリントン政権の成立

1992年大統領選挙

1992年, 再選をめざすG. H. W. ブッシュ大統領は予備選挙で共和党内から保守派のパット・ブキャナンの挑戦を受け, しかもニューハンプシャー州予備選挙では, 本来圧勝のはずが接戦にまで持ち込まれた。このことは, G. H. W. ブッシュ再選に対して, 予想通り党内保守派の反発が強いことを示していた。

　民主党では, アーカンソー州知事のビル・クリントンが大統領候補に指名された。2人に加えて, 大富豪のロス・ペローが私財を投じて無所属で立候補し, 当時深まりつつあった政治不信の波に乗ってワシントン政界全体と財政赤字の放置を激しく攻撃した。ペローの立候補には, G. H. W. ブッシュ落選を企図した共和党保守派の働きかけがあったという指摘も存在する (Micklethwait 2005)。

　11月の選挙では, 「変革」を合言葉にした民主党が12年ぶりに政権を奪還した。議会でも民主党が多数を維持し, 12年ぶりに統一政府となった。ペローが得票率で19% を達成し, 1年半前に88% の支持率を享受していたG. H. W. ブッシュ大統領のそれはわずか37% であった (クリントンは43%)。

　クリントンの勝因として, G. H. W. ブッシュ政権が有効な経済政策を打ち出せなかったことだけでなく, いくつかの民主党側の主体的な要因も指摘できる。それまで民主党の大統領候補はリベラル派の場合が多かったが, クリントンは保守的な南部州の出身で, 党内中道派の政治家集団「民主党指導者会議 (DLC)」の委員長も経験していた。実際, クリントンの政策も, 一方で国民健康保険制度の創設など民主党らしさを示しながらも, 他方で生活保護 (正確には被扶養児童のいる家庭への公的扶助) に関して, 受給期間を制限し, 就労義務を強調した福祉改革案を携え, 死刑制度を支持するとともに, 黒人団体や労働組合からも一定の距離を保っていた。これは民主党員だけでなく, 多くのアメリカ人にとって驚きであった。クリントンの選挙戦は何よりも, 80年代以降, 民主党から離反した白人労働者とミドルクラスを引き戻すことに主眼を置いており, 自らを「ニュー・デモクラット」としてアピールしていた。民主党はも

はや白人労働者の政党でなく，黒人，貧困者，福祉受給者，フェミニスト，同性愛者，そして刑事被告人（黒人の場合が多い）の党であるという，1960 年代末以来もたれてきたイメージを，クリントンが多少なりとも払拭（ふっしょく）できたことが重要である（From 2013; Baer 2000）。

　また，冷戦が終結し，外交経験の欠如が以前ほど弱点にならなかったこと，国民の関心が国内問題，特に経済問題に集中していたことも，クリントンに有利に働いた。

クリントンの政権運営

　しかしながら，クリントン政権の政権運営は当初から苦しいものとなった。景気刺激策は共和党の反対で早々に廃案となった。また初年度の予算案は，下院で 2 票差，上院で可否同数のため議長（副大統領アル・ゴア）による投票で辛うじて可決された。これは今後 5 年間で約 5000 億ドルの財政赤字削減をめざす経済政策であった。これによって高額所得者への増税とガソリン税の値上げを実施した。また，小規模ながら歳出の削減にも着手し，財政赤字の削減に取り組むことによって長期金利の引き下げを図り，それによって景気を刺激しようとしていた。

　このようなクリントンの経済政策は，12 年続いたレーガン的経済運営を一部逆転させるものであった。ただし，政治的には，増税ゆえに（クリントンはミドルクラスには減税を公約していた！），共和党議員から賛成票を全く得ることができず，「旧態依然たる大きな政府路線である」として厳しい批判を浴び続けた。

　それに対して，1993 年 11 月に議会が可決した北米自由貿易協定（NAFTA，94 年発効）は，クリントン政権にとって大きな勝利であった。この法案に共和党の多数の議員が賛成票を投じた一方で，民主党の支持基盤である労働組合，環境保護団体，黒人団体，消費者保護団体などは，反対していた。これは，この後自由貿易関係の法案では頻繁に登場する賛否のパターンである。

　これ以外では，家族疾病休暇法（家族に出産・病気の者がいるときに休暇をとる権利を認める），ブレイディ法（短銃購入者の身元調査を義務づける），国民サービス法（奨学金の返済をボランティア・サービスで行うことができる制度）などが，ク

リントン政権初期の成果であった。

　ところが，クリントンにとって最も重要な公約であった国民皆保険制度の創設をめぐる議会審議は，難航を極めた。アメリカで公的な健康保険制度は，高齢者・障碍者を対象としたメディケアと低所得者を対象としたメディケイドのみであり，約 3700 万人の国民が無保険で生活していた。しかし，保険市場を奪われることになる保険会社，多くの医療関係者，そして従業員の保険料を新たに負担することになる中小企業経営者らが強く反対した。共和党議員だけでなく，民主党からも反対議員が現れた。

　結局，1994 年秋に政権案は廃案となった。ここでの経緯は，クリントンが実は旧来のリベラルと何ら変わるところがないという印象を有権者に植え付けた。クリントン大統領の支持率は 1994 年に着実に下がっていった。

2　1994 年中間選挙と共和党多数議会

1994 年中間選挙と「アメリカとの契約」

　中間選挙（上院の 3 分の 1 と下院の全議席が改選）は，規模の点で他国の総選挙にも匹敵するが，政権交代の可能性がないため，その重要性は十分に認識されないことが多い。また長期的な政党再編成との関係で議論されるのは，通常は大統領選挙である。しかし，1994 年の中間選挙は，政党再編成をもたらした「決定的選挙」と分類されてきた大統領選挙と並びうるほどの衝撃を，アメリカ政治に与えた。

　1994 年 11 月の中間選挙の結果，下院では共和党が一挙に 54 議席増やして過半数を 13 上回る 230 議席を獲得した。上院でも，同党が 8 議席を増やし，非改選議員と合わせて 53 対 47 となり，民主党を逆転した。これはアメリカのほとんどの政治評論家が予想できなかった変化であった。下院で共和党が多数党に返り咲いたのは 1954 年以来 40 年振り，上院では 86 年以来 8 年振りであった。この結果，クリントン政権を取り囲む政治状況も劇的に変化した。リベラルな政策を議会が通す可能性はほぼ皆無になり，クリントン政権は死に体とみなされた。

1994年中間選挙の激震は，その後の政局にまで及んだ。ほとんどの共和党下院議員候補は「アメリカとの契約」といわれる公約集に署名していた（歳出削減などを投票にかけることを公約）。政策的な規律が弱いアメリカの政党が中間選挙に臨んで，このような公約集を作成するのは異例であったし，ましてそのうえで少数党から多数党に上昇することはさらに稀であった。「アメリカとの契約」をとりまとめたニュート・ギングリッチ下院議員（ジョージア州，共和党）の手腕は高く評価された。1995年に第104議会が始まると，ギングリッチは下院議長に選出され，「アメリカとの契約」を梃子に強力な指導力を発揮して，クリントン政権と正面から対決することになった。

連邦政府閉鎖とクリントン再選

　両者が激しく対立したのが，予算案をめぐってであった。クリントンとギングリッチは7年間で財政赤字を削減し均衡予算を達成することで合意したものの，減税の規模，および医療・教育予算の削減額をめぐって対立し続けた。この結果，暫定予算すら成立せず，1995年11月と同年末から翌年にかけて2回にわたって連邦政府が部分的に閉鎖された。

　この結果，共和党の期待とは裏腹に，同党は世論の厳しい批判を浴びることになった。皮肉なことに，クリントン大統領の支持率はこの間上昇し続け，それに対してギングリッチ下院議長の支持率は一挙に下降した。

　共和党も1996年春，連邦政府閉鎖が誤りであったことを認め，妥協を受け入れて立法的成果を求め始めた。その結果，1996年夏，ニューディール以来の福祉政策のあり方を大きく改革する福祉改革法が，議会共和党とクリントン大統領双方が支持する形で成立した。これは要扶養児童家庭扶助（AFDC）といわれる政策（基本的に貧しい母子家庭への生活扶助）について，これまで無期限であった生活扶助給付の受給期間を最長で5年とし，受給開始から2年以内の就労を義務づけるほか，州政府に大幅に権限を委譲したものであった。これに強く反発したのは，民主党のリベラル派，特に黒人団体であった。

　1996年の大統領選挙に向けて，共和党公認候補に指名されたのは上院多数党院内総務のボブ・ドール（カンザス州選出）であった。民主党は，クリントン大統領が実質的に無競争で党の候補に再指名された。

大統領選挙の帰趨に大きな影響を及ぼしたのは，やはり1995年初頭以来のクリントン政権と共和党多数議会の衝突であった。1994年末の世論調査ではドールの支持率がクリントンを大きく上回っていたものの，95年5月から96年1月にかけて逆転され，96年春からはクリントンが終始一貫してリードするようになった。彼の支持率はこの間，常に50% 前後を維持したのに対し，ドールのそれは29〜40% の間を低迷していた。

　ただし，クリントン陣営は，1994年にリベラルな方向に傾斜していた政権の基本方針を中道に引き戻す努力を重ねていたことも忘れてはならない。福祉改革法に署名したことはその象徴であった。

　さらに，クリントン大統領にとって有利であったのは，好調なアメリカ経済であった。1991年3月以来アメリカの景気は順調に拡大し，いわばインフレなき経済成長が続いていた。1992年および94年の選挙における国民の受け止め方は悲観的であったが，96年になると，ついに楽観的な見方に転じた。1996年の実質国内総生産（GDP）の伸び率は2.8%，92年に7.5% であった失業率は5.4%，消費者物価上昇率は2.9% となり，特に企業利潤と株価の上昇が顕著であった。

　選挙結果はクリントンの圧勝であった。獲得選挙人数ではクリントンが379で159のドールを圧倒し，得票率でも約49% 対41%（ペローは8%）であり，前回の差をさらに広げることに成功した。

　それに対して，連邦議会選挙では共和党が上下両院で多数体制を維持した。共和党が両院で2回連続して多数党の座を維持したのは1928年選挙以来68年ぶりであり，これも注目すべきことであった。これは，大統領選挙での民主党の勝利がクリントン個人の勝利であり，必ずしも民主党優位の時代の復活を意味するものではないことを示唆していた。

弾劾と財政黒字

　第2期のクリントン政権は，再び大統領自身の女性スキャンダルや政治献金問題を抱えながらも，ますます好調な経済に支えられて高い支持率を維持した。失業率が1998年には4.3% というアメリカとしては記録的な水準にまで下がった。しかも1998年（クリントン大統領が発表した99会計年度予算）は30年ぶり

に財政黒字を計上した。

しかし，財政黒字が生まれたにもかかわらず，民主党側は余剰を年金への対処のほか，教育・社会福祉などへの投資に支出しようとし，共和党は主として減税に充てることを主張し，両党は新たな形で対立することになった。

1998年11月の中間選挙の結果に大きな影響を及ぼしたのが，クリントン大統領の弾劾問題である。1998年初めに報道された大統領とホワイトハウス研修生モニカ・ルインスキーとの不倫疑惑は，中間選挙前には事実であることが明らかとなった。共和党は偽証や司法妨害を理由に弾劾の動きを強めたが，その戦略は裏目となり，1934年の中間選挙以来64年ぶりに与党が下院の議席を伸ばす中間選挙となった。共和党は僅差ながら多数体制を維持したものの，辞任に追い込まれたのはむしろ共和党の下院議長ギングリッチであった。

選挙後も下院共和党は弾劾の手続きを押し進め，下院司法委員会が弾劾に賛成投票した後，下院本会議もついに1998年12月19日に「偽証」と「司法妨害」の2項目につきクリントン大統領の弾劾訴追を議決した。これはかつてA.ジョンソン大統領が弾劾されて以来130年ぶり，アメリカ史上2回目のことである。

これを受けて上院は，翌1999年1月から大統領の弾劾裁判を開始した。有罪判決が成立するためには3分の2の賛成が必要であったが，結局，有罪判決は成立せず，2月に大統領は無罪となった。この間，大統領の支持率は一貫して60%台の高水準を保っていた。

3　クリントン外交の展開

経済と人権

クリントン大統領の優先順位は，1992年の選挙戦のときから内政に置かれていた。外交にふれるときでも，主として国内経済を強化するための手段として，あるいはその結果として（例えば，国内経済が強力でないと対外的にも安全でありえないという主張）であった。すなわち，経済的観点から，そして国内政治的視座からの外交への接近という傾向が際立っていた。ここからすでに，きわ

めて厳しい対日経済要求が予測された。市場としてのアジアに注目し、アジア・太平洋経済協力（APEC）閣僚会議を首脳会議に格上げして、アジアへの積極的姿勢を示したのも同様の発想に基づいている。

　経済重視と並ぶもう一つの柱は、人権外交であった。ブッシュの対中国政策などを念頭に置きながら、クリントンは選挙戦で再三再四「G. H. W. ブッシュ大統領は世界の独裁者を甘やかしている」と批判した。

　さらに、クリントンは共和党との違いを際立たせながら、軍事費の縮小と海外でのアメリカの負担の軽減、そして多国間主義と国連の活用を提唱して、冷戦終結の果実（「平和の配当」）を収穫しようとした。クリントン政権発足早々ピーター・ターノフ国務次官は、アメリカには冷戦時代のようにグローバルなリーダーシップを展開する資力がないと発言した。政権内外から強く批判され訂正したものの、このような認識は初期のクリントン外交を形成した一つの要素であった。

　ウォーレン・クリストファー国務長官、マデレイン・オルブライト国連大使（のち国務長官）、そしてアンソニー・レイク国家安全保障担当大統領補佐官らが提唱したクリントン外交の原則は、「積極的な多国間主義」「市場民主主義の拡大（enlargement）戦略」「関与」「人権擁護」などであった。しかし、これらの諸原則も、具体的な政策の指針として、十分に統合されているとはいいがたかった。全体としてみると、クリントン外交には、最も重要な安全保障について、あるいは地域紛争への対応について、そして経済、人権、安全保障、コストなどの諸要素を統合する視点という点で、弱点を抱えていた。

ソマリアとボスニア

　1993 年 10 月のソマリアでの出来事は、クリントン外交への批判を招来した。内戦終息のためにソマリアにアメリカ軍を派遣したのは、G. H. W. ブッシュ大統領であった。クリントン政権はそれを受け継ぎ、さらに「平和の強制」へ向けて国連との協力関係を強化した。しかし、同年 10 月 3 日に米兵 18 人が戦死し、その一人の遺体が市中を引きずられる様子がテレビで放映されると、アメリカ国内の世論は一挙に硬化し、クリントン政権の「失態」への批判が集中した。同時に、国連による平和維持活動（PKO）に協力するクリントン政権に対

する反対意見も噴出した。クリントン大統領は1994年3月末までにソマリアから撤退することを即座に決定し，同時に国連の積極的活用という外交方針も葬り去られた。

冷戦終結後，内戦と「民族浄化」（セルビア系，クロアチア系，そしてムスリム系住民の間の虐殺）ともいわれた大量殺戮が起こったボスニア・ヘルツェゴヴィナ問題でも，クリントン政権の態度は軍事的介入の検討（ただし，これはヨーロッパ諸国から拒絶された）と静観の間を揺れ動いた。本腰を入れて対応し始めたのは1995年夏からであったが，同年ようやくアメリカ軍の「和平安定化部隊」としての派遣と停戦に関する合意（デイトン和平合意）が実現した。

対中国外交の変容

対中国政策は，クリントン外交の矛盾を早々に露呈することになった。それは，選挙戦で人権問題を取り上げておきながら，他方で経済重視の「ニュー・デモクラット」として中国市場の魅力（とそれに魅かれるアメリカ経済界からの政治的支援）にも抗し難かったからである。具体的には，クリントン政権が1993年に，毎年更新されなければならない中国への最恵国待遇の承認を，中国国内の人権状況の改善を条件としたことを契機としていた。

しかし，中国が妥協しなかったため，クリントン政権は戦略を変更し，1994年5月，人権問題から切り離して最恵国待遇を中国に認めるといういわば屈辱的な譲歩を余儀なくされた。議会では中国に最恵国待遇を認めることに反対する意見が強く，1990年代には毎年相当数の反対投票が記録されているが，最終的には常に過半数の賛成で大統領決定（すなわち最恵国待遇の供与）が承認された。

クリントン政権期に米中関係が最も緊迫したのは，台湾をめぐってであった。1995年に台湾の李登輝総統のアメリカ入国が議会の決議によって認められ，李総統の訪米が実現した際，中国政府はアメリカを激しく非難した。さらに，民主化した台湾で行われた1996年3月の初めての総統選挙期間中に，中国がミサイル発射を含む軍事演習を台湾近海で行い，それに対抗してアメリカも空母2隻を含む艦隊を派遣したため，米中関係は軍事的にも緊迫することになった（台湾海峡危機）。

しかし，その後，米中は関係改善に努め，1997年に江沢民国家主席がアメリカを，そして翌年にはクリントン大統領が中国を，相互に公式訪問するに至った。中国市場の魅力，そして米中間の政治的協力のメリットを考慮して，クリントン政権は急速に対中関係を改善した。しかし，アメリカ国内では右派共和党議員と左派民主党議員を中心に中国に批判的な感情が強く，良好な米中関係についてのアメリカ国内の政治的基盤は決して堅固でなかった。

4 日米関係の変容と試練

日米包括経済協議

政権発足早々，クリントンは通商問題で強硬な対日政策を打ち出した。ここには，雇用重視で安全保障にやや関心が薄い政権の特徴がよく表れていた。1993年7月，日米両国は「日米間の新たな経済パートナーシップのための枠組みに関する共同声明」を発表し，日米包括経済協議を開始した。これは多様な中身をもっていたが，焦点は政府調達，保険，板ガラス，そして自動車であった。

包括協議は難航し，共同声明の15カ月後にようやく交渉は妥結した。長期化した原因のかなりの部分は，クリントン政権が「結果指向のアプローチ」を採用したことにあった。クリントン大統領は，（次の大統領選挙に十分間に合うよう）一定の期間に結果を生み出せる協定を強引に日本に受け入れさせようとしたが，日本が強硬に反対した。

アメリカ側は結果指向アプローチのための主要な梃子として，客観的基準の活用を主張した。これに対して，日本政府およびアメリカ国内の自由貿易論者も，これは数値目標であり，管理貿易につながると批判した。最終的には1994年秋，政府調達，保険，板ガラスの分野で合意がなされ，最も激しく対立した自動車および同部品に関しては制裁の発動の威嚇を受けながら，95年6月にようやく合意した。日本の抵抗は頑強で，アメリカが求めた客観的基準は明文化されなかった。

クリントン政権第1期の包括協議は，日米経済摩擦の歴史の中で最も激しい

　アメリカ産業の競争力が失われるにつれ，自由貿易に対する政治的支持は縮小し，保護貿易を求める勢力が日増しに強くなっていった。議会では 1985 年春，上下両院で対日制裁を要求する対日非難決議が採択された。

　それまで自由貿易主義に執着してきたレーガン政権も，ついに 1985 年のいわゆる「プラザ合議」においてドル安を受け入れ，貿易問題に本格的に取り組むことを余儀なくされた。この結果，日米間の経済摩擦はますます激しさを増すことになった。例えば，コメの輸入自由化などそれまで日本の政治で聖域扱いされてきた問題が取り上げられ，さらに日本の独占禁止法の運用や流通制度など，非関税輸入障壁まで交渉の対象とされた。

　また，安全保障ともかかわる半導体が 1985 年から摩擦の対象になり，翌年に日米半導体協定が締結された。これはアメリカ国内での日本製半導体のダンピング停止などのほかに，非公開の付属文書（サイドレター）において日本市場でアメリカの業界に 20% のマーケット・シェアを実現するように日本政府が努力する事を約束していた。後者の規定はさらに 1991 年の新協定で明文化された。協定は結局効果を表わし，1992 年 12 月までにアメリカの 20% のシェアが達成された。しかし，これによって，アメリカの通商問題専門家に，こうした数値目標的手法が日本に対して有効であるという教訓を与えることになった。

　アメリカ議会は 1988 年，ついに包括通商・競争力法を制定した。これは，外国の不公正貿易慣行に対する報復を規定した条文（301 条）を強化し，より機動的に発動できるように修正した条文（スーパー 301 条）をもつ法律であった。G. H. W. ブッシュ政権の対日交渉方針は，交渉が成功しやすい分野（人工衛星，スーパーコンピューターなど）を指定する一方で，日米間で構造協議（SII: Structural Impediments Initiative）と呼ばれる交渉を開始し，そこで構造的な貿易障壁を協議するというものであった。結果的に日本はスーパー 301 条適用を免れたが，構造協議は貿易不均衡の是正効果をもたず，日米関係は険悪なままであった。

　当時アメリカの GDP は世界全体の 25%，日本のそれは 15% となっており，こうした世界第 1 位と第 2 位（当時）の経済大国間の貿易紛争は，世界経済，ないし世界経済秩序に対しても大きな影響力をもっていたことにも留意すべきであろう。

☆☆☆☆☆☆☆☆☆☆☆☆☆☆☆☆☆☆☆☆☆☆☆☆☆☆☆☆☆☆☆☆☆☆☆☆☆☆

ものであった。冷戦の終結でソ連という共通の敵のない国際状況，経済問題を最重要視する政権の誕生，経済的な競争相手ないし脅威としての日本イメージなどが，ここまで対立が先鋭化した原因であろう。しかし，このような対日アプローチには，ライバルとしての日本という側面と同盟国としての日本という側面とを，どのように調和させるのかという点で，整合性の欠如も指摘できる。

日米安保の再定義

　クリントン政権内では，このような対日政策を修正する動きも生まれた。日米の安全保障面での紐帯の弱まりに危機感を抱いたウィリアム・ペリー国防長官，ジョセフ・ナイ国防次官補など，国防総省の指導部がこの点で積極的であった。特にナイは，ペリー長官が1995年2月に議会に提出した報告書「東アジア・太平洋地域に対する米国の安全保障戦略」の中で，「ナイ・イニシアチブ」と呼ばれる戦略論を展開した。高名な国際政治学者であったナイは，冷戦後の対アジア外交が経済偏重であったのを，安全保障面から建て直そうとしていた。同報告書は，アメリカが約10万人の既存の兵力をアジア太平洋地域からこれ以上削減しないことを表明し，同盟国との紐帯の緊密化（engagement〈関与〉）と中国などとの関係の拡大（enlargement〈拡大〉）という基本方針を明らかにした。

　冷戦期の日米安全保障条約の最大の目的は，ソ連の脅威への対処であった。冷戦終結後その意義は薄まったものの，より広い地域での不安定要素が顕在化してきた。先に述べた報告書によれば，アメリカがアジア太平洋地域で軍事的影響力をもつには，この地域でのアメリカ軍のプレゼンスを確保する基地が不可欠であり，その意味で日本国内のアメリカ軍基地の価値は，ソ連崩壊後も依然として高い。日米安保体制のもとでアメリカは，アジア太平洋地域に置く10万人の兵員の約半分を日本に駐留させることができるからである。これによって，アメリカは日本の防衛を支援する一方で，地域の緊急事態への対処，シーレーン（通商・戦略上重要な海上交通路のこと）の防衛などが可能になる。これが，国防総省からみた日米安保体制を冷戦終結後，さらに強化することの意義であった。

　日米安保の再定義という要請がアメリカ側から提出されたのは，このような

事情を背景にしていた。それは，クリントン訪日時に発表された 1996 年 4 月の日米安保共同宣言において基本的な方向性が明らかにされ，さらに 97 年には日米防衛協力のための指針（新ガイドライン）が策定されて制度化された。

　安保体制が抱えたもう一つの問題は，アメリカ軍基地が集中している沖縄の問題であった。沖縄問題は，1995 年秋に米兵による少女暴行事件が起きて一挙に爆発した。これに強い危機感を抱いたクリントン政権は，終始，慎重かつ低姿勢をもって事件に対応した。アメリカはさらに，普天間基地の返還（代替基地の提供が条件）に応じる形で，沖縄に対して譲歩する姿勢を示した。ただし，普天間基地の移転は予想された以上に困難であった。

◆ 引用・参考文献

五百旗頭真編 2008『日米関係史』有斐閣。

船橋洋一 1997『同盟漂流』岩波書店。

Baer, Kenneth S. 2000, *Reinventing Democrats: The Politics of Liberalism from Reagan to Clinton*, The University Press of Kansas.

From, Al 2013, *New Democrats and the Return to Power*, St. Martin's Press.

Micklethwait, John and Adrian Wooldridge 2005, *Right Nation: Why America Is Different*, Penguin Books.

第14章 保守の復活とテロとの戦い

⬆9.11 テロ事件で，航空機が突っ込んだ国防総
省を視察する G.W. ブッシュ大統領（中央）と
ラムズフェルド国防長官（左）（2001 年 9 月
12 日，ワシントン。写真提供：AFP＝時事）。

　G. W. ブッシュ政権はレーガン政権より保守色の強い政権であった。大減税を
国内政策の柱とし，外交では京都議定書から離脱するなど当初から単独行動主義
的性格が濃厚であった。
　2001 年 9 月 11 日に勃発した同時多発テロは，G. W. ブッシュ政権の性格を
規定することになる。「テロとの戦い」が政権の最優先課題となり，アフガニス
タンとの戦争を開始した。
　G. W. ブッシュ大統領は 2003 年にイラクに対しても戦争を開始した。フセイ
ン体制の崩壊は容易であったが，その後の占領統治に失敗したため，2004 年大
統領選挙はにわかに接戦となった。共和党はついに 2006 年の中間選挙で議会
の上下両院で過半数を失うことになる。

1 2000年大統領選挙とG. W. ブッシュ政権の成立

2000年大統領選挙

2000年11月の大統領選挙は，長期に及ぶ繁栄の中で行われた。民主党では副大統領を8年務めたゴアが公認候補となったが，共和党ではテキサス州知事2期目のジョージ・W. ブッシュ（ジョージ・H. W. ブッシュ大統領の長男）が予備選挙を勝ち抜いた。G. W. ブッシュは中道路線を示唆する「思いやりのある保守主義」というスローガンを掲げて選挙戦を展開した。そのレトリックはたしかに一部穏健であったが，公約の基本は大型減税であり，共和党保守派路線を示していた。

実際，G. W. ブッシュが共和党予備選挙で苦境に立ったときに重要な支援を与えたのは，共和党保守派の一翼を担うキリスト教右派勢力であった。また減税推進団体や国防タカ派団体，銃所持者団体など，共和党系保守派団体はこぞってG. W. ブッシュを強く支持した。共和党ではこの頃までに，こうした保守派が協力体制を確立して，党内主流派を形成していた。

未曾有の好景気や財政黒字の存在を前提にすれば，この選挙は民主党に有利なはずであった。しかし，クリントンのスキャンダル，ゴアの堅物とみられた性格，そして党勢が伸張した共和党の底力などの要因で，選挙は大接戦となった。そもそも第二次世界大戦終了後，同じ政党が大統領選挙で3連勝以上することは容易ではない（1948年と1988年のみ）。

結果的に，フロリダ州の開票結果によって大統領選挙の勝敗が決することになったが，そのフロリダ州では，投票機械の不備などさまざまな理由で，両候補者の最終的な得票数が長期間確定せず，選挙の結果は訴訟にもつれこんだ。連邦最高裁判所は最も重要な判決部分において，5対4の多数決で再集計作業の中止を決定し，当初からリードしていたG. W. ブッシュ候補の勝利を確定させた。全米での得票数ではゴアのほうが上回っていたが，連邦最高裁判所によって確定したフロリダ州でのG. W. ブッシュの勝利によって，大統領選挙人数ではG. W. ブッシュが過半数を辛うじて超え，G. W. ブッシュの当選が決まった。一般投票で負けた候補が大統領選挙人票で勝利を獲得したのも過去に2回

（1876 年と 1888 年）しか例がなく，しかも連邦司法部によって決着がつけられ
たのも異例であった。連邦最高裁判所において判決を左右したのが判事のイデ
オロギーであることも，かなりの程度明らかになっている。

　なお，連邦議会選挙では下院で共和党がわずかな議席差で多数党の座を維持
したが，上院では民主・共和両党の議席が完全に同数となった。これほど，す
べての選挙で両党の勢力が接近し拮抗（きっこう）したのも，めずらしいことであった。た
だし，上院では可否同数の場合に副大統領（憲法の規定によって上院議長を兼任）
が投票できるため，わずかの差で共和党が多数党となった。ちなみに，この頃
までに共和党は南部を支持基盤とする政党に変容していた（→表 14-1）。

G. W. ブッシュ政権の基本的性格

　こうして誕生した G. W. ブッシュ政権であるが，その本質は，自分の父の政
権よりレーガン政権に思想的に近く，レーガン政権より保守的ですらあった。
アメリカや日本のメディアは，G. W. ブッシュが中道を装い，ゴアも民主党中
道派出身であったため，両者を「似たもの同士」と報じる傾向にあったが，そ
れは G. W. ブッシュについては誤りであった。実際，G. W. ブッシュ大統領は
2001 年に総額 1 兆 3000 億ドルの減税を実現した（あとの 2 つの減税と合わせる
と 2011 年までに総額 1 兆 7000 億ドルの減税を行った）。G. W. ブッシュは 1999 年春，
大統領選挙への立候補表明をした際，すでに大型減税を公約していた。それは
景気の絶頂期のことであり，財政の黒字を国民に還元するという理由であった。
当選後，彼は同じ政策を実施したわけであるが，その際の理由は，落ち込んだ
景気を刺激するためであった。要するに，景気の良し悪しにかかわらず，処方
箋は同じ大型減税であった。減税は，景気調節の道具としてではなく，小さな
政府のイデオロギーから生まれていた。

　外交政策では，パウエルを国務長官に据えるなど，穏健派も登用したが，国
防長官にドナルド・ラムズフェルド，国防副長官にポール・ウォルフォウィッ
ツらを起用した結果，レーガン的な力の外交を推進しようとする強硬派が優勢
となった（久保 2007）。とりわけ副大統領のディック・チェイニーの影響力は
飛び抜けていた。フォード大統領の首席補佐官を務め，国防長官などを歴任し
たチェイニーは，G. W. ブッシュ大統領から厚い信頼を勝ち得ていた。それは

図14-1　G. W. ブッシュ大統領の支持率の推移

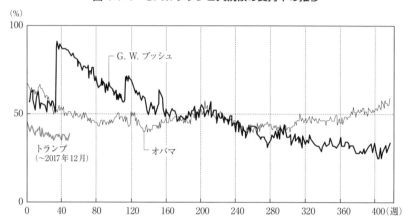

[出所]　Presidential Job Approval Center ウェブサイト（http://news.gallup.com/interac-tives/185273/presidential-job-approval-center.aspx）のデータをもとに筆者作成。

　またチェイニーが心臓病を患い，次の大統領を狙う野心をもたなかったからでもある。通常，大統領と副大統領は，そもそもあまり良好な関係をもてないことが多く，当初信頼関係が存在したとしても，特に2期目に入ると徐々に，2人の目標と関心は，片や歴史の中での評価へ，片や次の大統領選挙へと分かれていく。G. W. ブッシュ政権ではそれがみられなかった（ゲルマン 2010）。

　政権発足当初，ブッシュは強硬な外交公約をかなりの程度忠実に実行した。たとえば，中国に対して，国連人権委員会でその人権問題を非難する決議を提出しただけでなく，台湾に対して大規模な武器売却を実施した。ミサイル防衛についても，中国，ロシア，ヨーロッパ諸国の反対にもかかわらず，断固推進の態度を貫き，2001年12月にG. W. ブッシュ政権はロシアとの間に存在した弾道弾迎撃ミサイル制限（ABM）条約からの一方的離脱を表明した。また，G. W. ブッシュ大統領は就任早々，クリントン政権が署名した地球温暖化防止のための京都議定書からも離脱することを明らかにして，ヨーロッパ諸国の強い反発を招いた。当初からブッシュ外交は単独行動主義的であり，クリントン外交とは対照的であった。

　2001年4月1日，アメリカ軍の偵察機と中国軍用機が中国海南島沖で接触

事故を起こし，米中関係は一時緊迫した。ただし，最終的には妥協が成立して，対立の激化は避けられた。その後，対決的な対中政策は，以下で述べるテロ事件後，テロ対策が最優先されたことによって大きく修正された。

9.11 テロ事件の衝撃

2001 年 9 月 11 日，ニューヨーク市マンハッタンにあるワールドトレードセンター・ビルに相次いで大型旅客機 2 機が突入し，2 つのビルは完全に崩落した。首都ワシントン近郊にある国防総省ビルにも旅客機が突っ込み，ペンシルヴェニア州では 1 機がテロ未遂で墜落した。すべてオサマ・ビンラーディンが率いるアル・カーイダと称するイスラム過激派テロリスト集団が実行した乗っ取りによる自爆ないし墜落であった。死者は日本人 20 数人を含む 3000 人近くに上った。

この事件は，アメリカにこれ以上ないといってよいほど大きな衝撃を与えた。G. W. ブッシュ大統領は，この行為を犯罪でなく戦争と定義し（「テロとの戦い」と呼ばれた），テロ再発防止を大統領として自らの最大の使命とみなすようになった。その最初の課題は，実行犯を突き止め，打倒することであった。

テロリズムが提起した問題の困難さは，冷戦時代にソ連がアメリカに与えた脅威と異なっていた。軍事力総体とすればソ連のほうがアル・カーイダよりもはるかに大きな脅威であったが，米ソ間には冷戦中，奇妙な安定が存在した。相互確証破壊（MAD）といわれる体制がそれであり，どちらかが先制攻撃を試みても相手に反撃能力が確実に残るため，結局どちらも先制攻撃が行いにくかったのである。

テロリストの場合，「自爆」テロに象徴される通り，抑止は容易でない。しかも，テロリストの攻撃は予告や予兆なしで行われるため，未然防止は困難である。仮にテロを 1000 回試みて 1 回だけ成功したとしても，それはテロリストにとっては成功となる。9.11 テロ事件より殺傷能力の高い大量破壊兵器を使用してテロが起これば，より大きな被害が予想される。こうして，9.11 テロ事件はある意味でソ連の核兵器以上にアメリカを恐怖に陥れた。

アメリカに対するテロ拡大の前史も存在していた。1993 年に同じワールドトレードセンター・ビルに爆弾が仕掛けられたが，このときの被害はまだ巨大

アル・カーイダは，1988年頃，ビンラーディンがアフガニスタンにおいて，ソ連放逐のための戦いに身を投じたアラブ諸国出身イスラム義勇兵を中心にして結成した。

1990年の湾岸危機の際に，アメリカ軍はサウジアラビアの求めに応じて同国防衛のため同国に進駐したが，ビンラーディンは，これを異教徒の軍隊によるイスラム教聖地（アラビア半島）の蹂躙であるとみなして，反米活動を開始した。彼は1998年，「アメリカ人を，軍人・民間人を問わず殺害せよ」と命じたファトワ（イスラム法による裁定）を発した。その勢力は，9.11テロ事件当時で50カ国以上から集まった数千人と推測されていた。

アル・カーイダはイスラム教過激派原理主義を代表する組織であり，1990年代からアメリカを標的にしたテロを繰り返してきた。ただし，アメリカに対して何か具体的な取引を要求するというより，アメリカそのもの，あるいはアメリカ的なるものに対して，強烈な憎悪と敵愾心をぶつけようとしたというのが特徴であろう。

9.11テロ事件後，アル・カーイダはアメリカ軍の攻撃を受け，組織的には大打撃を被ったが，イデオロギー的に連携する組織は各地に多数存在する。特に2011年5月のビンラーディン殺害後は，司令塔を欠きつつ，緩やかに結び付いた組織形態に変容したため，中枢を叩いてもあまり効果がないという指摘も存在する。

同時に，2014年あたりに急速に台頭したIS（イスラーム国）に，急進派の指導的集団としての地位を奪われた感もある。今日，アメリカをはじめ多くの政府にとって，IS関係者によるテロはまさに頭痛の種である。

でなかった（死亡6人，負傷約1000人）。1998年，ケニアとタンザニアのアメリカ大使館が爆破され，合計で224人（うちアメリカ人12人）が死亡した。この後，その首謀者であるとみたビンラーディンらを標的にして，クリントン政権はアフガニスタンに巡航ミサイルを発射した。2000年にはイエメンに停泊中の駆逐艦USSコールに対する自爆テロが起こり，17名の死者を出した。9.11テロ事件はこれらのテロ行為の延長線上にあるように見えた。

2 アフガニスタン戦争とイラク戦争

アフガニスタンからイラクへ

9.11 テロ事件後数日にして，G. W. ブッシュ政権はアフガニスタンを拠点とし たビンラーディン率いる集団が行った攻撃であると断定した。G. W. ブッシュ政権はアフガニスタン政府に対してビンラーディンらを引き渡すよう要求したが，拒絶されると，2001 年 10 月にアフガニスタンでの軍事行動を開始した（アフガニスタン戦争）。これは放置しておくと，いつまたアメリカに対してテロ攻撃をしないとも限らないアル・カーイダを打倒し，またそれをかくまうアフガニスタンのイスラム原理主義タリバン政権の崩壊が目的であった。同国内の反タリバン勢力の支援も得て，アメリカは 12 月にタリバン政権の崩壊に成功した（ウッドワード 2003）。

アメリカ国内では，この軍事力行使に対して圧倒的な支持が存在した。G. W. ブッシュ大統領の支持率は 90% という驚異的な水準にまで跳ね上がった。国際社会においても，国連安全保障理事会（安保理）はタリバン政権にビンラーディンの引き渡しを求め，北大西洋条約機構（NATO）も，アメリカへのテロ攻撃を北大西洋条約機構（NATO）全加盟国への攻撃とみなしてアメリカを支持した。

9.11 テロ事件は，アメリカの国防戦略にも大きな変化をもたらした。それを明確に示したのが，2002 年 9 月に G. W. ブッシュ大統領が発表した『国家安全保障戦略』に含まれた「ブッシュ・ドクトリン」であった。これは，大量破壊兵器を取得し使用するおそれのあるテロリストやテロ支援国家に対して，自衛権の行使としての先制攻撃を躊躇しないと論ずる新しい戦略であった。また，G. W. ブッシュ政権は同年 11 月，既存の 22 省庁からテロ対策に関連する人員約 16 万 9000 人を集めて統合し，国土安全保障省を新設した。これは国防総省に次ぐ規模の巨大官庁であり，国境警備・移民管理から国内での緊急事態への対応までを管轄することになった。また中央情報局（CIA）など既存の情報部門がテロ情報を見逃していたため，情報機関を統括する閣僚級ポスト「国家情報長官」を新設した。

2002 年中間選挙と議会決議

　中間選挙は通常，与党にとって鬼門であるが，2002 年 11 月，共和党は上下両院で議席を増やし，2001 年 5 月以来少数党に転落していた上院においても，多数党に復帰した。選挙期間中の重要な争点は，一転してイラクに対する開戦の是非となった。

　湾岸戦争終結後もアメリカにとって，イラク問題は続いていた。国連安全保障理事会（安保理）決議 687 号（1991 年 4 月）によって，イラクは大量破壊兵器の保有が禁止され，国連と国際原子力機関（IAEA）の査察を受け続けることを義務づけられたが，徐々に査察を妨害するようになり，1998 年には査察の中断にまで立ち至った。また，国土の南部と北部では「飛行禁止区域」が設定されたが，これに対する違反も行われた。1993 年，96 年，そして 98 年に，アメリカ軍による空爆が行われ，G. W. ブッシュ政権成立直後にも空爆が行われている。

　2002 年半ばまでに，G. W. ブッシュ政権はイラクに対する武力行使を基本方針として決定していたように思われる。当初 G. W. ブッシュは国連安保理決議を求めない方針であったが，パウエル国務長官が国連の支持を得ることを強く主張し，大統領の説得に成功した。共和党がイラクへの武力行使容認決議への投票を中間選挙投票日前の 10 月にぶつけたことも原因となって，民主党議員からも賛成票が多数投じられた（10 月 10 日の下院の採決では賛成 296 票〈共和党 215 票，民主党 81 票〉，反対 133 票〈共和党 6 票，民主党 126 票，無所属 1 票〉，翌日の上院の採決では賛成 77 票〈共和党 48 票，民主党 29 票〉，反対 23 票〈共和党 1 票，民主党 21 票，無所属 1 票〉）。湾岸戦争のときの対応と対照的であった（→12 章 4）。民主党はこの問題への対応で分裂し，守勢に回ることを余儀なくされた。

　国連安保理では 2002 年 11 月 8 日，イラクの大量破壊兵器査察問題に関して，安保理決議 1441 号が成立した。それは，国連の諸決議にイラクが重大な違反を重ねてきたと断定したうえで，イラクが「無条件，無制限の査察」を受け入れることを要求した。そしてイラクがこれに従わなければ，「深刻な結果を招く」と警告した。イラクはこの決議を受け入れ，11 月末から査察が再開された。この間，アメリカとイギリスはイラク周辺に大規模な軍の動員を進めた。

表 14-1　南部での共和党の勢力拡大（1956-2016 年）

年	下院議員数		上院議員数		州知事数		大統領選挙で勝った州の数	
	民主党	共和党	民主党	共和党	民主党	共和党	民主党	共和党
1956	99	7	22	0	11	0	6	5
58	99	7	22	0	11	0		
60	99	7	22	0	11	0	8ª	2
62	95	11	21	1	11	0		
64	89	17	21	1	11	0	6	5
66	83	23	19	3	9	2		
68	80	26	18	4	9	2	1	5ᵇ
70	79	27	16[1]ᶜ	5	9	2		
72	74	34	14[1]ᶜ	7	8	3	0	11
74	81	27	15[1]ᶜ	6	8	3		
76	82	26	16[1]ᶜ	5	9	2	10	1
78	77	31	15[1]ᶜ	6	8	3		
80	55	53	11[1]ᶜ	10	6	5	1	10
82	80	33	11	11	11	0		
84	72	41	11	10	10	1	0	11
86	77	39	16	6	6	5		
88	80	36	15	7	6	5	0	11
90	77	39	15	7	8	3		
92	82	43	14	8	8	3	4	7
94	61	64	9	13	5	6		
96	53	72	7	15	3	8	4	7
98	54	71	8	14	4	7		
2000	53	70	9	13	5	6	0	11
02	54	77	9	13	5	6		
04	49	82	4	18	4	7	0	11
06	54	77	5	17	5	6		
08	59	72	7	15	4	7	3	8
10	37	94	6	16	3	8		
12	40	98	6	16	2	9	2	9
14	37	101	3	19	1	10		
16	39	99	1	21	3	8	1	10

［注］　南部：バージニア州，ノースカロライナ州，サウスカロライナ州，ジョージア州，フロリダ州，テネシー州，アラバマ州，ミシシッピ州，アーカンソー州，ルイジアナ州，テキサス州。
　　　　a：ミシシッピ州の8人の大統領選挙人はバードに投票。
　　　　b：ウォーレスのアメリカ独立党が5州で勝利。
　　　　c：バード2世が無所属。
　　　＊2000 年，下院議員に無所属が1人。
［出所］　*National Journal; CQ's Politics in America* をもとに作成。

イラク戦争の理由

　なぜアメリカはイラク戦争を開始しようとしたのであろうか。まずは大量破壊兵器の問題である。アメリカ，そして世界は，イラクによる大量破壊兵器保有を信じて疑わなかった。また，サダム・フセイン体制は，アル・カーイダのような反米テロリストと強いつながりをもっており，大量破壊兵器をそのような集団に譲り渡す可能性が小さくないと，G. W. ブッシュ政権はみていた。それがアメリカに対して使用されれば，9.11 テロ事件をはるかに上回る規模の被害が出るであろう。攻撃される前に，また，イラクが大量破壊兵器の製造能力を強化する前に，アメリカが先んじて攻撃する必要がある。このような形で，先制攻撃論が援用された（ただし，イラクが脅威になる前に攻撃するという論理が混入しているため，部分的には予防戦争という性格もある）。

　もう一つ，しばしば挙げられた理由が，イラクの，そして中東全域の民主化の必要性であった。「体制転換（regime change）」という言葉が使用されたのも，イラクや北朝鮮を念頭に置いてのことであった。G. W. ブッシュ大統領は，2002 年 1 月の年頭教書演説で，アフガニスタンに次ぐテロ対策の第 2 段階の標的として，イラク，イラン，北朝鮮を名指しし，「悪の枢軸（axis of evil）」と一括して呼んだ。その中で，軍事力行使による「体制転換」の本命候補はイラクであった。

　「民主化」論では，新保守主義者（neoconservative：ネオコン）と呼ばれた一群の外交専門家が顕著な役割を演じた。G. W. ブッシュ政権で役職を得た者の中では，ウォルフォウィッツ国防副長官がよく知られている。彼らは，アメリカの国益をきわめて広く定義し，イラクや中東の民主化推進を強く支持するだけでなく，それを軍事力の行使によって達成することがアメリカの義務であると論ずる。善悪の基準も明確で，道徳論的な外交論を展開する傾向が強い。新保守主義者の多くは元来民主党に属し，トルーマン＝ケネディ的な冷戦外交を支持していたものの，民主党がベトナム戦争後，ソ連との対決路線から軍縮・軍備管理路線に転向してしまったことに反発して，レーガン的な力の外交を支持するようになった。

　いわゆるネオコンと呼ばれる人々の一部は，フセイン体制倒壊を目的としてイラクに侵入すれば，アメリカ軍は解放軍としてイラク国民からもろ手を挙げ

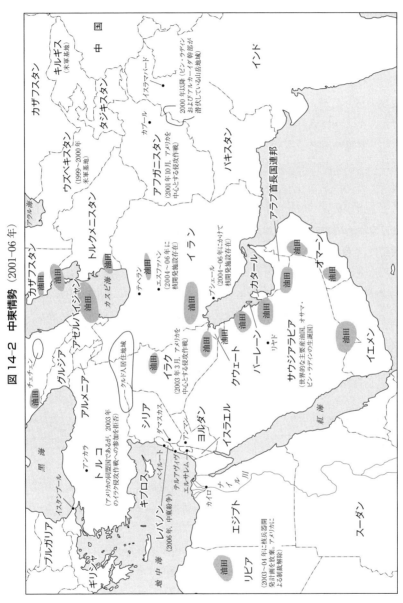

図14-2　中東情勢（2001-06年）

キルギス

カザフスタン

中　国

ウズベキスタン
米軍基地
（1999～2000年）

タジキスタン
（米軍基地）

インド

カシミール

2000年以降、
およびアルカーイダ幹部が
潜伏している山岳地域

カブール

アフガニスタン
（2001年10月、アメリカを
中心とする侵攻作戦）

パキスタン

アラブ首長国連邦

油田

油田

オマーン

トルクメニスタン

カスピ海

テヘラン

油田

エスファハン
（2004～06年に
核開発施設が存在）

イ　ラ　ン

油田

ブシェール
（2004～06年にかけて
核開発施設が存在）

油田

油田

油田

油田

油田

カタール

油田

イエメン

アゼルバイジャン

アルメニア

バクー

アラル海

カザフスタン

油田

グルジア

チェチェン

油田

クウェート

油田
バグダッド

イラク
（2003年3月、アメリカを
中心とする侵攻作戦）

クウェート

バーレーン
リヤド

サウジアラビア
（世界的な主要産油国。オサマ・
ビン・ラディンの生誕国）

黒　海

イスタンブール

ブルガリア

アンカラ

トルコ
（アメリカの同盟国であるが、2003年
のイラク侵攻作戦への参加を拒否）

ダマスカス
シリア

ベイルート
レバノン（2006年、中東紛争）
テルアビブ
エルサレム
ヨルダン

アンマン

イスラエル

クルド人居住地域

キプロス

ギリシア

地　中　海

カイロ

エジプト

紅　海

ナ
イ
ル
川

スーダン

リビア

油田

（2003～04年に核兵器開
発計画を放棄。アメリカに
よる制裁解除）

［出所］　ラフィーバー 2012：625 をもとに作成。

て歓迎されるであろうと断言した。そして，彼らによれば，イラクの民主化は他の中東諸国にも波及するはずであった（ウッドワード 2004）。これらの議論は，結果的にすべて誤りであった。

このように，テロ対策と民主化の必要性という 2 つの理由が挙げられたイラク侵攻であったが，G. W. ブッシュ政権にとってより直接的で重要な理由は前者であったように思われる。

さて，アメリカとイギリスは，2003 年 2 月 24 日，イラクに対する武力行使へ向けた決議案を国連安保理に提出したが，フランス・ドイツ・ロシアが強く反対したため，アメリカとイギリスは可決に必要な 15 票のうちの 9 票を獲得することは困難と判断し，3 月 17 日に決議案を取り下げた。そして 20 日，両国はイラクへの攻撃を開始した。イラク戦争の始まりである。

戦闘では米英側が圧倒的に優位であった。2003 年 5 月 1 日，G. W. ブッシュは主たる戦闘が終了したことを宣言した。この間，アメリカ政府をさまざまな形で支持したのは，日本を含む 47 カ国であり，ブッシュ政権はそれを「有志連合（Coalition of the Willing）」と呼んだ。イラクは，米英の占領下に置かれた。

3　イラクの占領統治とアメリカの国内政治

占領統治の躓き
アメリカが躓いたのが，イラクの占領統治であった。戦前の楽観論とは裏腹に，占領下のイラクでは，米英軍に対する大規模な抵抗とテロが止まなかった。武装抵抗の中心は，イラク社会でそれまで支配者側にいたスンニ派，与党であったバース党残存勢力，そして国外からの反米テロリストなどであった。占領計画が十分綿密に練られたものでなかったこと，そしてバース党を柱とした統治機構がほぼ完全に解体されたことなどが原因であった。

米英両国は当初，協力国で占領統治計画を独占する予定であったが，途中で変更され，国連と国際社会の協力を仰がざるをえなくなった。国連安保理は 2003 年 10 月 16 日，イラク駐留アメリカ軍を主体とする連合軍を国連によって授権された多国籍軍とした。しかし，それでもイラクの安定化は達成できず，

アメリカの経済的・軍事的負担も戦前の予想をはるかに上回った。イラクは2004年のアメリカ大統領選挙に向け，次第に大きな争点となっていく。

反戦派の台頭

　軍事的勝利と愛国的雰囲気の中，当初イラク戦争批判はほとんど聞かれなかったが，2003年夏頃から徐々に正面からの批判が報道されるようになった。この文脈で注目されるのは，ハワード・ディーン前ヴァーモント州知事の動きである。ディーンは2004年民主党公認大統領候補の指名を求めて早くから選挙運動を開始していたが，知名度もなく，またイラク戦争を批判していたこともあって，メディアは当初，彼を完全に「泡沫候補」扱いしていた。しかし，ディーンの支持率はその後うなぎ昇りとなり，2003年後半には民主党内で独走態勢を固めた。大統領選挙への立候補を検討していた多くの民主党政治家は，愛国主義に圧倒され，イラク戦争に賛成していたが，ディーンはその中にあって一貫してイラク戦争に反対であった。民主党大統領公認候補の座を求めて，ほかにはジョゼフ・リーバーマン，ジョン・ケリーらが立候補していた。

　イラク情勢の悪化で選挙戦は一挙に緊迫し，接戦となった。大量破壊兵器がついに発見されなかったことは，政権にとって打撃であった。米軍の戦死者数も急上昇した（最終的には約4500人）。ただし，民主党の悩みは，戦争に反対する党というイメージが強すぎ，安全保障，テロ対策，愛国心，道徳・宗教・家族の重視などといった領域で，共和党ほど強い信頼を国民から得ていないことであった。

　民主党の左派には，アフガニスタンとイラク，どちらの戦争にも反対の者もいた。民主党主流派は前者に賛成し，後者に反対するようになった。共和党の主流派は当初，どちらにも賛成した。一部の外交専門家は1991年の湾岸戦争を「余儀なくされた戦争」，後者を「選択による戦争」と形容し，イラク戦争をしなくてもよかったのにあえて選択してしまった戦争と規定して，批判を滲ませた（Haass 2009）。しかし，徐々に共和党支持者もイラク戦争に批判的となる。

G. W. ブッシュ再選

2004年1月，アイオワ州で民主党の党員集会が開催されると，勝者となったのはジョン・ケリー上院議員であった。2002年10月の上院での採決では，彼はイラク戦争に賛成していた。またジョン・ケリーの強みは，ベトナム戦争に従軍し，そこで仲間を救出したことであった。その後ジョン・ケリーは多くの州の予備選挙・党員集会を順調に勝ち抜き，春のうちに民主党公認候補の座を確実にした。ジョン・ケリーの選挙戦スローガンは「アメリカを国内でもっと強力に，海外で尊敬されるように」であった。これは，国内で雇用などの問題を抱え，海外では孤立している現状を批判したスローガンであった。民主党員は反戦一本のディーンより，従軍経験のあるジョン・ケリーに選挙の勝利を託した。

これに対して，G. W. ブッシュ大統領はテロ対策での実績を誇示した。さらに，G. W. ブッシュ大統領は内政では大型減税と教育改革を実現した。減税については，2001年の減税のほかに，03年にも史上3番目の規模の減税を実現した。9.11テロ事件後には，国土安全保障省を新設したことも成果であった。

他方でG. W. ブッシュ大統領の弱みは，イラクの混乱のほかに，雇用の喪失，そして財政赤字であった。就任時に黒字であった財政は，テロ対策やイラク戦費だけでなく，メディケア改革など国内政治関係経費によって膨れ上がり，2004年会計年度の赤字は4220億ドルにまで達した。これに対して，小さな政府を堅く信奉する共和党保守派，特にリバタリアン（完全自由主義者）と呼ばれる人々が強く反発した。

7月末から開催された民主党全国党大会でジョン・ケリーが正式に大統領候補に指名された。共和党は現職のG. W. ブッシュを再度指名した。イラク情勢は依然不安定であったが，11月の投票日にアメリカ国民が大統領として，そしてアメリカ軍最高司令官として選択したのは，イラク戦争に賛成投票しながらのちに反対に回ったジョン・ケリーでなく，現職のG. W. ブッシュ大統領であった。4年前より差が開いたものの，得票率において2.5％の差しか存在せず，これは再選された大統領の中では，20世紀初頭以来最も僅差の当選であった（これに次ぐ僅差は，1916年にウイルソンが再選されたときの3.3％差であった）。

4 G. W. ブッシュ政権の退潮

挫　折

　政権 2 期目に向け G. W. ブッシュ大統領は，イラク安定化と財政赤字縮小という，それだけでも大変な難問に挑戦しつつ，さらに社会保障改革として年金の部分的民営化を提唱し，また税制の簡素化を中心とする税制改革をめざした。きわめて野心的な課題設定であったが，どれも早々に挫折した。

　イラクに関しては，2005 年 1 月 30 日の議会選挙は当初の予想より平穏に行われ，ここにイラク戦争後初めて，民主的正統性をもったイラク人自身の政府が成立することになった。しかし，アメリカ軍とイラク政府や一般市民に対する武装抵抗勢力による攻撃は後を絶たなかった。

　イラク以外でも事態の進展はみられなかった。北朝鮮の核開発に関しては，共和党は 1990 年代から一貫してクリントン政権が行った枠組み合意（94 年成立）に反対してきた。これは北朝鮮が核開発を断念する代わりに，アメリカ・日本・韓国などが軽水炉建設を支援するというものであった。しかし，これは「悪事を働いている国家に財政支援で報いる政策である」として，共和党が議会を拠点に批判してきた。ミサイル開発も問題視されるようになった。G. W. ブッシュ政権成立後には，北朝鮮が，枠組み合意に違反して核開発を行った疑いも濃厚になった。G. W. ブッシュ政権は，北朝鮮とは直接公式の交渉を行わないという方針に基づき，2003 年から 6 カ国（米，朝，日，韓，中，露）協議を開始した。この 6 カ国協議は 2007 年開催の第 6 回協議まで行われ，アメリカは北朝鮮をテロ支援国家のリストから外すなどの譲歩すら行ったが，核開発中止など中身のある成果を獲得することはできなかった。

イラン，中東，中国

　深刻なのは，イラン情勢も同様であった。G. W. ブッシュ政権成立後，イランにおいてもウラン濃縮による核兵器開発が進んでいるという疑惑が深まった。この問題では，イギリス，フランス，ドイツがイラン政府と交渉に当たった。アメリカは当初，基本的にはこの交渉に対して懐疑的であったが，2005 年か

ら，1期目で緊張したヨーロッパ諸国との関係改善策の一つとして，3国による交渉をこれまでよりも好意的に評価し始めた。ところが，同年6月に行われたイランでの大統領選挙で，保守派で対米強硬路線のマフムード・アフマディネジャドが当選したために，しばらく妥協成立の可能性は小さくなった。

　中東和平に関しては，アメリカ，欧州連合（EU），ロシア，国連の四者による新しい中東和平構想が公表され，パレスチナ人が独立国家を樹立し，イスラエルと共存するという最終目標に向けた行程表（ロードマップ）が示された。これは2002年6月にG. W. ブッシュ大統領が発表した中東和平提案を基礎にしており，翌03年4月にイスラエル，パレスチナ双方が受け入れた。しかし，パレスチナ急進派によるテロ，イスラエルによる占領地への入植継続のため，和平は進展しなかった。2004年11月，パレスチナのヤセル・アラファト議長が死去した後，穏健派とみられるマフムード・アッバスが後任の議長となり，G. W. ブッシュ政権はパレスチナとの関係改善を模索した。しかし，05年，パレスチナ急進派勢力であるハマスが選挙で勝利し，さらに彼らはガザ地区で武力による支配を開始したため，イスラエルとの関係は緊張したままであった。

　G. W. ブッシュ政権が2期目に入って再び緊張したのが，中国との関係である。最大の原因は，アメリカからみると，あまりに安い製品が洪水のごとく国内市場になだれ込んだことにある。中国通貨の人民元がドル相場に固定されており，アメリカにとってあまりに安い（弱い）と思われる為替水準に対して強い批判が投げかけられた。この頃までに中国は，アメリカにとって日本を抜いて最大の貿易赤字国となった。共産党一党独裁，台湾に対する威嚇，労働者の団結権や信仰の自由に対する制限，軍事力の増強など，通商問題以外のさまざまな問題と一体となって，時にきわめて厳しい対中批判や反中感情に結び付く。6カ国協議が継続している時期には，北朝鮮に圧力をかけてくれるのではという期待も存在したが，その期待は，中国は北朝鮮に十分に圧力をかけていないという批判と裏表の関係にあった。

　このような中，G. W. ブッシュ政権に回復し難い政治的打撃を与えたのは，2005年8月末にルイジアナ州，ミシシッピ州などを襲ったハリケーン・カトリーナへの対応であった。それは稚拙かつ緩慢であり，統治能力に疑念を抱かせるものであった。共和党支持者ですら大統領を見放し，その結果，大統領の

支持率は急落した。これに，イラク占領統治の失敗とさまざまな共和党のスキャンダルが加わったため，2006年の中間選挙で同党は大敗し，上下両院において議会での多数党の座を失った。

この状況でG. W. ブッシュ大統領は，大方の予想に反して，政治的に不人気なイラクへの増派を決断した。これはそれまで試みられていなかった選択肢であった。壮大な政治的賭けであったが，結果的にこれは成功した（ゲーツ 2015）。

なお，2期目に入ってから，1期目に国家安全保障担当補佐官を務めていたコンドリーザ・ライスが国務長官に任命されていたが，中間選挙敗北後，国防長官も穏健派のロバート・ゲーツに代わった。チェイニーの影響力は弱まり，ブッシュ外交はリアリスト・穏健派の性格をもつようになった（久保 2007；ライス 2013）。

G. W. ブッシュ＝小泉期の日米関係

1999年から2000年にかけてG. W. ブッシュ陣営が選挙公約を練り上げた際に重視した点は，まずクリントン政権の外交・安全保障政策を徹底的に叩くことであった。経済が好調な中，共和党にとってそれが数少ない弱点であった。そして，その中では，特に対中国政策が弱点であると判断した。そしてG. W. ブッシュ陣営は，その文脈において，新共和党政権は中国に対して批判的な政策をとること，同時に民主主義と自由主義の価値観を共有する同盟国をもっと重視した外交を展開することを表明した。共和党が好んで口にしたのが，1998年にクリントン大統領が9日間も中国に滞在しながら，日本を完全に素通りしたことであった。共和党保守派の対日政策はこの点で，その対中政策と表裏の関係にあった。

同時に，超党派の対日政策専門家からなるグループは，いわゆる「アーミテージ＝ナイ・レポート」を発表し，英米間の信頼関係をモデルとした，より緊密な日米関係構築の必要性を訴え，政策提言を行った。ここに集まった専門家は，通商問題で激しく対立し，またバブル崩壊後の日本の経済的停滞とクリントン政権の中国傾斜で軽視されがちになった同盟国としての日本との紐帯の重要性を再び強調しようとしていた（Institute for Natimal Strategic Studies, National Defense University 2000)。その代表的人物がリチャード・アーミテージであった。G. W. ブッシュ政権においてアーミテージは国務副長官に起用されたが，さらにジム・ケリーやマイケル・グリーンら親日派も多数政権の重要ポストに登用された。ここでも，日本重視の姿勢は明確であった（マン 2004）。

　さらに転機となったのが，9.11 テロ事件であった。日本国内で高い支持率を得ていた小泉純一郎首相はテロリズムと断固戦うことを明言し，G. W. ブッシュ政権による対アフガニスタン武力行使を言葉で支持しただけでなく，2001年 10 月に「テロ対策特別措置法」を急遽成立させ，海上自衛隊によるインド洋での給油をアメリカなどの国に行った。これはこれまでの日本の安全保障政策の枠からはみ出る行動であり，G. W. ブッシュ政権から高く評価された。

　さらにアメリカがイラク戦争に向かう過程においても，小泉首相はそれをテロ対策の一環として支持し続けた。アメリカ軍等による占領が開始すると，与党（自由民主党と公明党）は 2003 年 7 月に「イラク人道復興支援特別措置法」を制定し，翌 04 年 1 月に陸上自衛隊をイラク南部ムサンナ県サマーワに派遣して，医療，給水，公共施設の復旧・整備などの人道復興支援活動を開始した。2004 年 6 月に成立した国連安保理決議 1546 号によって，占領軍はイラクへの主権委譲後「多国籍軍」となったために，自衛隊は多国籍軍の一部として支援活動を継続した（陸上自衛隊は 2006 年に撤収）。

　G. W. ブッシュ政権にとって，日本の自衛隊がアメリカ支援のためにイラクに派遣されたことそのものが，きわめて大きな象徴的意味をもっていた。2004年の大統領選挙で民主党からアメリカの「孤立」を批判された際，G. W. ブッシュ大統領は他の国々と並んで日本の貢献を指摘することができた。アメリカ側はこの間，日本に対して通商・為替問題を持ち出さないよう努め，北朝鮮による日本人拉致問題や 6 カ国協議開始においても，日本に対する配慮を最大限示そうとした。結果的に，ブッシュ＝小泉期の日米関係は首脳同士が意気投合したこととも重なり，近年では最もよい状態にあったと評価される。

◆ 引用・参考文献
　ウッドワード，ボブ／伏見威蕃訳 2003『ブッシュの戦争』日本経済新聞社。
　ウッドワード，ボブ／伏見威蕃訳 2004『攻撃計画——ブッシュのイラク戦争』日

本経済新聞社。

久保文明編 2007『アメリカ外交の諸潮流——リベラルから保守まで』日本国際問題研究所。

ゲルマン，バートン／加藤佑子訳 2010『策謀家チェイニー——副大統領が創った「ブッシュのアメリカ」』朝日新聞出版。

ゲーツ，ロバート／井口耕二・熊谷玲美・寺町朋子訳 2015『イラク・アフガン戦争の真実——ゲーツ元国防長官回顧録』朝日新聞出版。

マン，ジェームズ／渡辺昭夫監訳 2004『ウルカヌスの肖像——ブッシュ政権とイラク戦争』共同通信社。

ライス，コンドリーザ／福井昌子・波多野理彩子・宮崎真紀・三谷武司訳 2013『ライス回顧録——ホワイトハウス激動の 2920 日』集英社。

ラフィーバー，ウォルター／平田雅己・伊藤裕子監訳 2012『アメリカ vs ロシア——冷戦時代とその遺産』芦書房。

Haass, Richard N. 2009, *War of Necessity, War of Choice: A Memoir of Two Iraq Wars*, Simon & Shuster.

Institute for National Strategic Studies, National Defense University 2000, "The United States and Japan: Advancing toward a Mature Partnership," https://sp-fusa.org/wp-content/uploads/2015/11/ArmitageNyeReport_2000.pdf.

Rove, Karl 2010, *Courage and Consequences: My Life as a Conservative in the Fight*, Threshold Editions.

第15章 黒人大統領当選とイデオロギー的分極化

⬆医療保険制度改革法案に署名するオバマ大統領
（2010 年 3 月 23 日，ワシントン，写真提供：
AFP = 時事）。

　2008 年はアメリカにとって歴史的な年となった。長年差別されてきた黒人か
ら，オバマが大統領に当選した。
　オバマ政権は最初の 2 年間は，大型景気刺激策の実施や医療保険改革の実施
など，大きな成果をあげた。しかし，2010 年中間選挙で下院での多数党の座を
失い，それ以降は共和党に対して受け身に立たされることになった。
　オバマ外交は 1 期目には，ロシアとの戦略核兵器の削減，イラク撤退などの
成果をあげた。しかし，2 期目に入ると，領有権争いが深刻な南シナ海における
中国による埋め立て・軍事基地化をいかに阻止するかで苦慮するようになった。
　2016 年の大統領選挙では変化を求める世論のうねりに乗り，政治経験皆無の
トランプが勝利した。政治の針はまた大きく振れることになった。

1 黒人大統領の誕生

オバマ大統領の歴史的意義

2008年の大統領選挙は1928年以来初めて現職の大統領・副大統領がともに立候補しない選挙であった。共和党ではジョン・マケイン上院議員が公認候補に指名された。民主党では初の女性大統領をめざすヒラリー・クリントン上院議員が優位とみられていたが，緒戦のアイオワ州党員集会で勝利したバラク・オバマ上院議員が接戦の末，指名を獲得した。

オバマは父がケニアからの留学生，母はカンザス州出身の白人女性であったが，二大政党では初めての黒人候補であった。H.クリントンはイラク戦争に賛成の立場を貫いたが，左派の民主党員はそれに反発し，イラク戦争反対を選挙戦の柱としたオバマ支持に傾いた。民主党の中では，中道派・右派はH.クリントンを支持し，イラク戦争に強く反対する若年層，インテリ層，黒人，そして左派がオバマを支持した。

本選挙は2008年9月に戦後最大の金融危機が勃発した時点で，ほぼ勝負がついた。現職G.W.ブッシュ大統領の支持率は30%以下に下降していた。そこに，サブプライム・ローン問題に端を発した金融危機が起こり，アメリカの大手投資銀行リーマン・ブラザーズの破綻や株価の大暴落が続いた。

それに対してオバマは，雄弁さと初の黒人大統領実現によって歴史を作ろうという訴えで疑似社会運動を起こし，若者を中心に支持を拡大した。オバマには，G.W.ブッシュ政権による過度な保守路線，特にイラク戦争と京都議定書離脱を嫌った穏健派の共和党員からも支持が寄せられた。初の黒人大統領を実現することによって，イラク戦争で世界から批判を浴びたアメリカの名誉を回復したいと願った有権者も少なくなかった。結果は選挙人票365対173（得票率は約54%対46%）となり，8年ぶりに民主党政権が復活した。議会選挙でも民主党が上下両院で2年前に得た多数党の座を維持し，1993～94年以来の民主党下での統一政府となった。いわゆる「3期目のジンクス」も，共和党に不利に働いた。

少数派であり，経済的に劣位にあり，なおかつ長年差別されてきた黒人が，

　2010 年におけるアメリカの人種構成は，白人（ヒスパニック系を除く）が 63.7%，ヒスパニック系（メキシコなど中南米からの移民）16.4%，黒人 12.2%，アジア系 4.7% となっている。出生数だけではすでに白人は半分を割っており，将来的に白人が少数派に転落することは確実である。近年は，特にヒスパニック系とアジア系の伸びが顕著である。

　黒人のオバマ大統領が登場したことは歴史的な重要性をもつが，この時期に人種関係が顕著に改善したわけではない。2014 年 8 月，ミズーリ州ファーガソンにおいて白人警官が黒人を射殺したため，黒人の激しい抗議運動が起こった。この種の事件は頻繁に起きている。2015 年 1 月，アメリカ国民の 17% のみが，アメリカにおける人種関係は良好であると答えている（1 年前より 17% 下落）。

　また，主としてヒスパニック系からなる不法移民に対する反発も強い。2016 年の大統領選挙に共和党から立候補したドナルド・トランプは，彼らの多くは麻薬常習者であるなどと述べて支持率を伸ばした。失業率なども黒人やヒスパニック系は白人より相当高い。

　オバマ大統領は，黒人運動の代表としての選挙戦はせず，黒人と白人の融和を説いた。しかし，人種関係は今日のアメリカでも頭痛の種であるといえる。

アメリカで大統領に当選したことの歴史的意義は，いくら強調しても強調し過ぎることはできないであろう。2008 年はアメリカにとって歴史的な年となった。

オバマ政権の成果

　オバマ大統領の最大の課題は金融危機への対応であった。議会は 2009 年 2 月に 7870 億ドルという戦後最大規模の超大型景気刺激策を制定し，オバマ政権はさらに金融機関とゼネラル・モーターズ（GM）などの自動車産業に公金を注入して救済した。オバマ大統領就任時に 7.8% であったアメリカの失業率は，その後一時的に 10.2% にまで跳ね上がった（ただし，オバマが引退した 2017 年 1 月にはそれは 4.7% にまで下がった）。オバマ大統領はさらに医療保険改革に着手し，10 年春，皆保険化をめざした法案の通過に成功した（オバマケア）。

　しかし，共和党はこれらの政策に徹底的に反対した。政府が景気刺激策を講

ずるがゆえにかえって景気の立ち直りは遅れる，というのが共和党主流派の立場であった。特に金融機関の救済に対しては強い反対が生起し，ここからティーパーティーが誕生した。

　金融機関の救済は，常に厄介な政治問題となる。経営に何かしら問題があったからこそ，当該金融機関は経営危機に陥る。普通の企業であれば，政府は救済しない。しかし，一国の経済において，その心臓として特別の重要性を担うがゆえに，金融機関は優先的に政府からの救済対象となりがちである。実は2008年秋に早々に金融機関救済に着手したのは，G. W. ブッシュ政権であった。

ティーパーティーの台頭

　ティーパーティーの支持者は，これまでの共和党主流派の保守派ですらあまりに妥協的で，大きな政府を容認し過ぎるとみなす急進的保守派集団であり，徹底的に小さな政府を追求するリバタリアン的傾向を強くもっていた。彼らはオバマケアにも強く反発した。「パーティー」という言葉を使いつつ，政党ではなく，全国的な指導者ももっていなかった。G. W. ブッシュ政権に代表される共和党指導部への不信感を強くもちつつも，予備選挙では共和党内で投票した。

　オバマ政権の景気刺激策の下，景気の立ち直りは緩慢であった。依然多数の有権者が不満を鬱積させているときに行われた2010年中間選挙において，民主党は下院で多数党の座から転落した。共和党の躍進を底辺で支えたのは，まさにティーパーティー系の有権者であった。リベラル派が主流の民主党と保守派が主導する共和党によるイデオロギー的分極化はすでに1980年代から顕在化していたが，ティーパーティーの台頭は，共和党をさらに右傾化させることで，それを先鋭化させた。

　オバマ大統領は，この中間選挙の敗北で，議会で民主党の公約を実現していく可能性をほぼ完全に失い，むしろ当初2年間の成果，とりわけオバマケアをいかに守るかという受け身の戦いを強いられるようになった。

2　オバマ大統領と共和党多数議会の対立

オバマ大統領の妥協

　オバマ政権と下院を拠点とする共和党の対決は，2011 年 7～8 月に最初の頂点を迎えた。8 月初めまでに連邦政府の借入上限額が議会によって引き上げられない限り，連邦政府は債務不履行状態になる危機を迎えていた。共和党は初めてこの権限を盾にとって，大幅な歳出削減を大統領に求めた。オバマ大統領はここで譲歩し，歳出削減を受け入れた。すなわち，民主党・共和党双方が，まず 10 年間で 1.2 兆ドルの歳出削減で合意し，残りの 1.2 兆ドルの削減については，ここで設置される超党派特別委員会の決定に委ねられることになった。この際，万が一にもこの委員会が合意できないことがないように議会が規定したのが，ありえないほど厳しい歳出削減計画であり，国内支出と国防費からおおよそ半分ずつ削減するという案であった。

　しかし，結局，超党派特別委員会は合意できず，「ありえないほど厳しい」案が実施されることになった。共和党すら国防費の大幅な削減を受け入れたことは，外交に関心をもたないティーパーティー系議員の増加の結果の一つであろう。この妥協を敗北と解釈したオバマ大統領は，これ以降，共和党との対決姿勢を強めることになる。

オバマ再選

　共和党は 2012 年の大統領選挙に向け，ミット・ロムニーを大統領候補に指名した。ロムニーは乱立した保守派の候補者の中ではやや穏健であったが，減税の推進，オバマケアの撤廃，中国，ロシア，テロ問題での強硬な外交など，政策的には十分保守であり，民主党のそれと対照的であった。失業率は依然 8% 前後の中での選挙戦であり，オバマは現職としては苦戦したが，最後はオハイオ州での優位を守り切り辛勝した（選挙人票は 332 人対 206 人，得票率は約 51% 対 47%）。民主党の同州での切り札は「ビンラーディンは死に，GM は生きている」であった。これは，オバマ政権がビンラーディン殺害によってテロ対策で顕著な成果をあげ，同時に GM に政府資金を注入して復活させたこと

（ロムニーはそれに反対であった）を指していた。ただし，議会では民主党は上院で多数党にとどまったものの，下院で共和党の多数体制を崩すことができず，いわゆる分割政府が継続した。

　オバマ政権と議会共和党の対立は選挙後も継続した。2013 年 10 月，共和党はティーパーティー系議員に押され，オバマケア関係予算の削除を要求して連邦政府の一部閉鎖の挙に出た（約 2 週間閉鎖）。これが，対立の第 2 の頂点であった。連邦政府閉鎖については世論は共和党に批判的であった。ただし，成立したオバマケアについて，世論は依然として過半数が反対と回答しており，有権者はなかなか受け入れようとはしなかった。

中間選挙──再度の敗北

　そのような中で 2014 年 11 月に行われた中間選挙では，下院で共和党が多数党の座を維持したのみならず，上院でも多数党となり，議会での影響力を格段に強めた。この結果，オバマ大統領は 2015 年初頭から，予算，債務上限引き上げ，不法移民対策，気候変動対策，イラン問題などをめぐって，これまで以上に鋭く議会と対立するようになり，場合によると大統領権限に依拠して政策目標を実現しようとした。二大政党がイデオロギー的に分極化しているうえに，その対立が行政部と立法部の対立の形をとるがゆえに，アメリカ政治の膠着状態は深刻である。

　なお，大統領通商促進権限（TPA）は，このような中で唯一の例外であった。これは環太平洋パートナーシップ（TPP）などの通商協定について，議会が修正する権利を放棄し，可否の投票のみを行うようにする法案である。これがないと大統領は外国政府と強力な交渉を行いにくい。オバマ大統領は当然この権限を求めたが，多くの民主党議員は，労働組合や環境保護団体に配慮して反対票を投じた。TPA は例外的に，オバマ大統領と共和党議員の超党派的協力によって，2015 年に可決されたのである。

　失業率や株価など客観的数値でみると，アメリカ経済は順調に回復し，むしろ世界経済を牽引しているものの，アメリカ国民の 6 割以上はアメリカが悪い方向に進んでいると信じ，悲観的な雰囲気に閉じ込められていた。ただし，2015 年夏，そのような中でオバマ大統領の支持率は久々に 50％ を回復した。

3 オバマ外交の展開と課題

2つの戦争と中国

オバマ外交の出発点はイラク戦争反対であり，イラク戦争や京都議定書離脱に象徴される単独行動主義的なブッシュ外交の否定であった。ただし，オバマはテロとの戦い（すなわちアフガニスタン戦争）について，当初は断固推進の立場をとったため，イラク戦争とアフガニスタン戦争のどちらにも反対する反戦派の立場に属していたわけではない。「アメリカの力は世界にとって不可欠であるが，アメリカだけで問題を解決することは不可能である」というのが，オバマ外交の基本的前提であった。アメリカの世界における強い指導力と関与を肯定しつつ，単独行動主義を否定し，多国間的協調主義を前面に出そうとしていた。また，外交手法としては対話と交渉を強調した。ちなみに，オバマはH. クリントンを国務長官に抜擢した。

オバマ外交は1期目，外交・安全保障政策で大きな成果をあげた。第1に，ロシアとの新戦略兵器削減条約（新START）を成立させ，双方がもちうる核弾頭の上限を引き下げたことであろう。第2に，2011年，念願であったイラクからの撤退を実現した。第3に，同年，ビンラーディンの殺害に成功した。これによって，約十年続いてきた対テロ戦争は曲がり角にきたといってよかろう。これと同時に，一向に改善しないアフガニスタンでの治安状況とも重なり合い，アメリカ国内では厭戦気分が一挙に強まっていった。

オバマ大統領は，2度にわたってアフガニスタンに米軍を増派した。2009年末，オスロで開かれたノーベル平和賞授賞式での演説においても，テロとの戦いを継続する強い意志を表明していた。しかし，オバマはその後，態度を変え，2016年末までのアメリカ軍の完全撤退を表明するに至った（しかし，オバマは2015年10月，16年末までとしていた駐留米軍の完全撤退を断念し，5500人を残留させる方針に転換するなど，撤退・削減計画の度重なる変更を余儀なくされた。）。アメリカは9.11テロ事件から10年を経てようやくテロとの戦いを縮小し始めたが，その間，イラクで約4500人，アフガニスタンで約2200人の戦死者を出した。膨大な戦費も含め，コストあるいは犠牲が大き過ぎたという側面は残るであろ

う。同時に，この間，ほかの深刻な問題に十分な関心と資源を注ぐことができなかった嫌いもある。その一つが中国であった。

　中国との関係については，オバマ政権は当初大規模で広範な協議を行う方針を表明し，協力関係を強調する姿勢が目立った。初発を良い状態にしておけば，関係が悪化しても深刻にならないというのが，国家安全保障会議（NSC）の中国専門家ジェフリー・ベーダーの考えであった（ベーダー 2013）。

　しかし，H.クリントン国務長官は中国による一方的な現状変更の試みが顕著になりつつあった南シナ海での領土問題を念頭に，2010 年 7 月，アメリカは領土的野心を一切もたないこと，にもかかわらず海洋での航行の自由（freedom of navigation）を重視する点でアメリカも利害当事者であること，そして領土紛争に対しては仲介する用意があることなどを表明した。これは，同年春以来，周到に準備された演説であった。翌年 11 月，オバマ大統領はアメリカ外交の重点がアジアに移行すること（Pivot to Asia, あるいは Rebalance to Asia）を公式に宣言した。これは，少なくとも中国の台頭とその潜在的脅威を念頭に置いた措置であった。オバマ大統領は 1 期目において対中政策の基調を協調・協議から対峙へとかなり大きく舵を切ったといえる。

シリア，ロシア，イスラム国

　オバマ外交の問題は，2 期目に入ってから顕在化した。躓（つまず）きの石はシリアであった。いわゆる「アラブの春」の余波を受け，シリアでは反体制運動が登場したが，アサド政権はそれを抑圧した。オバマ政権は，リビアではイギリス，フランスなどとともに民主派を支援して軍事介入したが，シリアでは不介入を選択した。しかし，アサド政権による大量破壊兵器（特に化学兵器）の使用は「レッドライン（red line）である」，すなわち軍事介入を決断せざるをえない条件であると言明していた。2013 年 8 月，その化学兵器の使用が明白となった。オバマ大統領は限定的な武力行使を宣言した上で，それについて議会の承認を求めたが，結局承認は得られず，武力行使も放棄された。

　そもそも安易に「レッドライン」を明示したことは軽率であった。このように警告しておけば越えられることはないという期待があったと想像されるが，それはあっけなく越えられた。軍事力行使に対する強い躊躇（ちゅうちょ）が，予測の甘さ

や判断の揺れとともにオバマ外交の象徴として批判されることになった。

　2014年3月，ロシアとウクライナの関係が緊張する中，ロシアはウクライナからクリミアを軍事的に奪取・併合して世界を驚かせた。オバマ政権1期目には米ロ関係を「リセット」し，戦略核兵器の削減を実現しただけに，そのロシア観が批判されることにもなった。ロシアはその後もウクライナ東部への介入を続けたため，アメリカ，北大西洋条約機構（NATO）加盟国を中心としたヨーロッパ諸国，そして日本が，ロシアへの制裁を実施した。ちなみにこの年のG8サミットは1990年代から参加していたロシアを招請せず，久しぶりにG7サミットとして開催した。

　2014年夏には，シリアの反体制派の一つであった過激派組織IS（イスラーム国，「イラクとシリアのイスラム国」の略。）がイラク領内深くまで影響力を獲得し，イラク政府を脅かすまでの存在となった。ISは一定の領域を支配し，資金量も豊富であった。共和党タカ派は，この状況は，イラクからの米軍完全撤退を強引に進めて，米軍残留の道を強く模索せず，またシリアの混乱を放置したオバマ政権の失敗と批判した。

　オバマ大統領はシリア，クリミア，イラク，いずれの問題でも最初の段階で，アメリカが地上軍を投入することはないと言明した。これについては，敵を当初から安心させてしまう稚拙な行為であるという批判が投げかけられた。同時に，イラク問題では多くの国の協力を求めつつ，当初イラク領内で，次いでシリアにおいても，空爆を開始した。

2期目の成果と残された課題

　さて，オバマ大統領が2期目に外交政策で重視したのは，核開発を阻止するためのイランとの交渉，キューバとの国交回復，不法移民問題，TPPの成立，そして気候変動政策であった。

　アメリカはかねてよりイギリス，フランス，ドイツなどとともに，イランの核開発を阻止するために交渉を行ってきたが，2015年7月，ついに妥協が成立した。それは以下のような内容であった。イランは今後10年以上にわたり核開発を大幅に制限し，軍事施設に対する査察も条件付きで受け入れる。それと引き換えにイランに対する制裁は解除される。

オバマ大統領はキューバとの関係改善でも積極的であった。アメリカとキューバ両国は 2015 年 7 月，1961 年以来断絶状態にあった国交を正常化した。これについては，多くの共和党議員が強く反対したが，世論の過半数，経済界，キューバ系アメリカ人の若年層は概ね好意的であった。ただし，議会が制裁の全面的解除に同意するか，あるいはキューバも国内の人権状況を改善できるかどうかはまだ不明確である。

　アメリカにはおよそ 1100 万～1200 万人の不法移民が滞在していると推測されている。多くは中南米の出身者である。民主党，そして G. W. ブッシュ前大統領ら共和党穏健派は，罰金などを課しつつも，最終的には彼らにアメリカの市民権を与えることを提案している。それに対して，共和党保守派は，不法移民は犯罪者であり，基本的に強制的に国外退去させられるべきであると主張している。

　どちらの案も，現状では議会で法律として成立する見込みがない中，オバマ大統領は，2014 年 11 月，大統領権限を使って約 400 万人の不法移民を救済することを含んだ移民改革を発表した。救済の対象となるのは主としてアメリカの市民権または永住権をもつ子どもがいて，5 年以上アメリカに住んでいる約 370 万人の不法移民である。そのうえ，子どものときにアメリカに連れて来られた不法移民を対象とする制度の年齢の上限を撤廃することによって，さらに 30 万人を救済する。新制度では審査に合格した移民が税金を払うことを条件として，3 年間の滞在を認める（ただし，これは 2016 年夏，裁判所からの合憲判断を得ることができず，実施不可能となった）。

　これに対して，共和党議会指導部は，この大統領の方針は議会の権限を無視するものであり，明らかに大統領権限の逸脱であると非難した。

　オバマ政権は発足当初から地球温暖化防止を一貫して重視してきた。ただし，包括的な権限を与えてくれるはずの法案は共和党の反対で 2010 年に不成立となり，オバマ大統領は 1990 年大気清浄化法によって行政部に委任されていた権限に依拠せざるをえなくなった。そもそも国連への不信感の強い共和党は，国連主導で，なおかつ二酸化炭素（CO_2）排出量削減のため企業への規制を強化する地球温暖化防止策に断固反対である。それに，石炭産出州選出の議員も加わり，反対派の裾野は広い。

2015年12月，オバマ政権はいわゆる「パリ協定」採択に加わり，さらに16年9月に中国とともに批准した。アメリカは2025年までに温室効果ガス排出を2005年比で26〜28%削減するという目標を提示した。特に中国にも批准させたことは，オバマ大統領にとって重要な成果であった。

　ちなみに，2014年春にジョン・ケリー国務長官がアジア諸国を歴訪した際，何回となく強調したのは，気候変動こそがこの地域での最大の脅威であるということであった。ただし，これに対して違和感をもった国も少なくなかったであろう。

　それに対して，中国の台頭，特に南シナ海での行動に対しては，オバマ政権はやや受け身であり，対応は緩慢であった。2015年春までに，中国，フィリピン，ベトナム，マレーシア，ブルネイ，台湾などが領有を主張する島嶼が多数存在する南シナ海において，中国は領有を主張する環礁において大規模な埋め立て工事を実施したことが判明した。オバマ政権はこの動きを強く批判し，2015年秋にはついにアメリカの艦船を中国が主張する領海に進入させる「航行の自由作戦」を実施した。ただし，地球温暖化問題での米中協力を重視していたこともあり，中国への対応はやや厳しさに欠けるものとなった。

　オバマ政権8年を経て，みえてきた外交理念としては以下のようにまとめられよう。たしかに，増派から撤退に動いたアフガニスタン政策のように，変化もある。しかし，アメリカの大規模な軍事的関与を可能な限り避ける傾向は一貫して強い。また，アメリカが突出して，あるいは単独で軍事行動を行うことには消極的であり，軍事的手段を採用する場合でもNATO加盟国などと共同行動をとろうとする。そして何より，可能な限り軍事的手段を使わず，外交的手段によって，すなわち交渉，あるいは制裁などを通じて目的を達成しようとする。特に地上軍投入に対してはきわめて消極的である。そしてある意味でアメリカの資源と力の圧倒的優位を信じ，それについて楽観的である。例えばイランとの妥協についても，イランが仮に出し抜いたとしても，アメリカは事後的に十分対応できると考えていた。

オバマ政権下の日米関係

　オバマ政権は当初，日本重視の姿勢をみせつつ，中国との良好な関係維持を

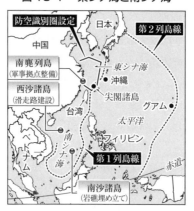

図 15-1　東シナ海と南シナ海

[出所]　共同通信社。

めざした。ところが，2009 年 9 月に日本において政権交代が起こり，民主党の鳩山由紀夫内閣が成立した。鳩山内閣は自民党政権時代に決まっていた沖縄県普天間基地の県内での移設を県外に見直そうとして迷走し，またアメリカを排除した東アジア共同体を提唱するなどして，日米関係を緊張させた。

　しかし，2011 年 3 月 11 日に起きた東日本大震災と津波に際して，米軍は人員約 2 万 4500 名，艦船 24 隻，航空機 189 機を投入（最大時）して救援活動を展開し，また米政府・国民は世界最高額の寄付によって日本を支援した。これらの支援が日米関係を永続的な形で強化したことは間違いないであろう。

　この間，大きな変化が日中関係でみられた。2010 年，尖閣諸島付近の日本の領海内で違法操業中の中国漁船が日本の海上保安庁の巡視船に体当たりをしたため，日本は船長を逮捕した。これに対して，尖閣諸島を自国の領土と主張する中国は，レアアースの禁輸を含むさまざまな報復措置に打って出た。中国による領海侵犯は 2008 年から行われていたが，この事件後さらに頻度が増した。

　この事件後，H. クリントン国務長官は，日米安全保障条約の第 5 条（アメリカによる日本防衛義務）が尖閣諸島に適用されることを明言し，また現状を一方的行為で変更しようとする中国の態度を批判した。この発言は国防長官や後任の国務長官にも引き継がれた。B. クリントン政権期の駐日大使が，第 5 条は

適用されないと語ったことと比較すると大きな変化であった（次のG. W. ブッシュ政権期，中堅官僚が尖閣諸島に第5条は適用されると発言していた）。

日中関係は2012年に日本政府が，東京都による購入を阻止するために，尖閣諸島のうちの3島を土地所有者から購入して国有化したことにより，再び大荒れとなった。中国はこれに激しく反発し，中国では日系商店・工場に対する暴動が起きるとともに，中国船による領海侵犯件数も激増した。

2014年4月，訪日したオバマ大統領は，大統領として初めて日米安全保障条約第5条が尖閣諸島に適用されると公的に発言して同盟関係の強化を図るとともに，中国による力ずくの行動を牽制（けんせい）した。ただし，日米のさまざまな措置は，東シナ海・南シナ海における中国による一方的行動を抑止するのに十分効果的であるとは言い難い。

日本側は2012年末に発足した安倍晋三政権（自由民主党・公明党の連立政権）のもとで，武器輸出3原則の緩和，政府秘密保護法の制定，防衛費の増額，そして集団的自衛権についての憲法解釈の変更などを行い，アメリカとの同盟関係の強化を図った。2015年9月に成立した一連の安全保障法制は，条件次第で日本がアメリカを直接防衛できるようになる内容であり，これによって，日米の同盟関係は質的に格段に強化された。

安倍首相はまた，農業関係者の反対を振り切って，TPP創設の交渉に参加する決断も下した。

この時期の日米関係の発展を考察する際，2015年5月の安倍首相訪米と，その際首相が議会上下両院合同会議において行った演説は重要である。そこで安倍首相は過去の戦争について謝罪したうえで，平和国家としての戦後の日本の歩みとともに今後の日米協力について語った。また，安倍首相は2015年8月14日に終戦70周年記念談話を発したが，オバマ政権はそれも高く評価した。

2016年5月，オバマ大統領はG7サミットの帰路，広島に立ち寄り，謝罪はしなかったものの，核兵器のすべての被害者を追悼した。これは日本の世論の圧倒的多数から支持され，日米の相互理解を強化する大きな出来事であった。同年12月，安倍首相もパールハーバーを訪れ，日米の和解する力を強調した。

しばしば，米英同盟は自然な同盟といわれる。それと比べると日米には異なる側面が多々ある。両国が，人種的・民族的に，そして宗教的・文化的に異な

ることは明らかであるし，過去に戦争・占領を経験したという歴史的経緯も存在する。恒常的な経済的競合関係も存在する。それにもかかわらず，今日，日本とアメリカという元来異質な国が，国益の重なり合いと共通の価値観を基盤にして，70年以上にわたって安定した同盟関係をもつに至ったことは特筆すべきであろう。

4 2016年大統領選挙

トランプとサンダースの台頭

　2016年，有権者の間には変化を求める強いうねりが存在した。先に述べたように，そもそも大統領選挙では同一政党の3連勝は容易でない。景気拡大が続き，失業率は投票日までに4.6%にまで下がっていたが，国民の約62%はアメリカが悪い方向に向かっていると感じていた。なおかつ，白人労働者層には，経済とともに不法移民問題に関して，強い不満が鬱積していた。

　共和党からは17人が大統領の座をめざして立候補した。本命視されていたのは，ジェブ・ブッシュらであったが，2015年夏に，トランプ・タワーで知られ，またテレビ出演でも名を成したドナルド・トランプが立候補を表明すると，たちまち党内で首位に躍り出た。トランプは不法移民問題に焦点を当て，彼らには犯罪者，麻薬中毒者などが多いと批判した。またメキシコとの国境上に，メキシコ政府の負担で壁を作るという公約も発表した。主流メディアからは発言の差別的傾向について強く批判されたが，共和党員の間での支持率は実はうなぎ上りであった。

　トランプのスローガンは「アメリカ・ファースト」であり，白人労働者階級に対する働きかけを中心とした選挙戦を展開した。北米自由貿易協定（NAF-TA）やTPPに反対し，NATOや日本・韓国との同盟も重視しなかった。ただ，2016年秋からは「力による平和」というスローガンも使い始め，保守強硬派的な側面も同時に打ち出した。2016年2月から実施された予備選挙あるいは党員集会において，トランプは専門家の予想に反して共和党員による支持を順調に集め，結局指名を勝ち取った。

1945 年以降，共和党が政治経歴も軍歴もない人物を公認候補に指名したの
は初めてのことであった（1940 年に指名したウェンデル・ウィルキー以来）。また，
トランプは共和党候補としては 1945 年以降で初めての保護貿易主義者であり，
孤立主義者であった。

　それに対して，民主党では，H. クリントンが圧倒的優位に立っていると信
じられていた。B. クリントン大統領夫人，上院議員，国務長官としての知名
度は抜群であった。しかし，H. クリントンはほぼ無名の上院議員であったバ
ーニー・サンダースに食い下がられ，予想以上に苦戦した。この原因としては，
民主党員が 1990 年代と比べると，かなり左傾化していたこと，民主党支持者
でも生活水準が上昇しないことに不満をもつ者が多かったことが指摘できる。

　サンダースは長年無所属を貫いたうえ，社会主義者を名乗り，大統領選挙立
候補後に民主党員として民主社会主義者を標榜し始めた。TPP への反対，公
立大学学費の無料化だけでなく，健康保険改革についてもオバマケアを廃棄し
てより政府統制色の強いものに代替することを提案した。それでもサンダース
は学費ローンで苦しむ若年層を中心に強い支持を獲得し，H. クリントンは国
務長官として自ら推進した TPP に対しても反対を表明せざるをえなくなった。
H. クリントンは辛うじて民主党の指名を勝ち取ったものの，この過程で彼女
の優柔不断さと不人気が露呈された。

トランプの逆転勝利

　本選挙ではほぼ一貫して H. クリントンが支持率でもトランプに大差をつけ，
またトランプによる失言やスキャンダルを報道するメディアも，トランプにき
わめて批判的であった。しかし，H. クリントンがひきずっていた電子メール
問題（国務長官時代に公務についても私的なアカウントを使用していた問題）につい
て，2016 年 10 月に連邦捜査局（FBI）が再捜査を開始したことによって一挙
に差が縮まり始めた。

　政策的には，いくつかの点で 2016 年大統領選挙は変則的であった。トラン
プは不法移民問題で激しい言葉を使いながら，必ずしも共和党保守派の小さな
政府主義には従わず，インフラ投資の必要性を訴えた。2 人とも TPP に反対
したが，トランプはさらに NAFTA にも反対しており，より強硬であった。

トランプはアフガニスタンおよびイラクでの戦争にも反対し，そのお金はむしろ国内のインフラ投資に使いたいと述べた。二大政党の候補が2人とも保護貿易主義の立場をとるのも戦後初めてであるが，いくつかの点で共和党候補のほうが左の立場を示すのも，最近40年前後なかったことである。

異例なことに，TPPに対する反対の強さに加え，トランプのほうがロシアに友好的，イラク，アフガニスタンでの戦争に対して否定的であるなど，民主党の外交論者ではタカ派に属するH. クリントンより共和党のトランプのほうが左に位置する場面が散見された。

投票日当日までH. クリントンが逃げ切れると思われていたが，当選したのはトランプであった。一般投票においては，H. クリントンがトランプを上回ったものの，トランプはフロリダ，ペンシルヴェニア，オハイオ，アイオワなどの接戦州をすべて制したうえ，ミシガン，ウィスコンシンという民主党の地盤と思われていた州でも勝利した。

出口調査をみると，トランプの強さは白人で大学を卒業していない層において際立っていた（トランプ対クリントンの得票率は66%対29%）。逆に，H. クリントンは高学歴層，女性，そして人種的・民族的少数派では強さを発揮したものの，依然として圧倒的多数派である白人票で弱さを示した（37%の得票率）。国民は，大統領に，判断力（これを重視して投票したと回答したものは20%。CNNによる出口調査。以下同じ）や経験（22%），あるいは庶民への思いやり（15%）よりも，変化の実現（39%）を求めていた。そして変化の実現を望んだ回答者は82%対14%でトランプに投票していた（Exit Polls 2016 〈https://edition.cnn.com/election/2016/results/exit-polls〉）。

議会選挙においても，共和党は上下両院において多数党の座を維持し，共和党は10年ぶりに同党主導の統一政府を実現した。オバマが率いた民主党政権は，経済回復で実績を残しつつも，国民は現状維持より変化のほうに投票したのである。

◆ 引用・参考文献

金成隆一，2017『ルポ トランプ王国——もう一つのアメリカを行く』岩波新書。
久保文明・中山俊宏・渡辺将人，2012『オバマ・アメリカ・世界』NTT出版。

久保文明，東京財団「現代アメリカ」研究会編著，2012『ティーパーティ運動の研究――アメリカ保守主義の変容』NTT 出版。

久保文明，高畑昭男，東京財団編著，2013『アジア回帰するアメリカ――外交安全保障政策の検証』NTT 出版。

久保文明，2016「8 年目のオバマ外交」『国際問題』653 号。

クリントン，ヒラリー・ロダム／日本経済新聞社訳，2015『困難な選択』上・下，日本経済新聞出版社。

ゲーツ，ロバート／井口耕二・熊谷玲美・寺町朋子訳，2015『イラク・アフガン戦争の真実――ゲーツ元国防長官回顧録』朝日新聞出版。

ハイルマン，ジョン＝マーク・ハルペリン／日暮雅通訳，2010『大統領オバマはこうしてつくられた』朝日新聞出版。

ベーダー，ジェフリー／春原剛訳，2013『オバマと中国――米国政府の内部からみたアジア政策』東京大学出版会。

アメリカ・ファーストとエリートの敗北

↑大統領就任式。国歌が流れる中，胸に手を当てるトランプ大統領（左）
とオバマ前大統領（右）（2017年1月20日，ワシントン。写真提供：
AFP＝時事）。

　トランプ政権は発足早々，政策，人事など多方面で躓き，初年度としては近年
で最低の支持率を記録している。ただし，連邦最高裁判所判事に保守派のゴーサ
ッチを就任させたのは大きな成果であった。
　世界を懸念させた外交では，トランプ政権は公約通りTPPやパリ協定から離
脱した一方で，安全保障政策は共和党の力の外交に大きく戻し，北朝鮮に厳しい
対応をとるに至った。
　元来，アメリカでは一般国民の影響が外交に及びやすい。アメリカ外交の今後
は，大統領を含むエリートが，アメリカの国際的役割を認識したうえで，どの程
度国民を説得できるかにかかっている。先進国の中では順調に経済成長が進むと
思われるアメリカであるが，それでも，国民と国民を導く指導者の役割が決定的
に重要である。

1 トランプ政権の1年

スキャンダルと低支持率

2016年大統領選挙の最中，多数の共和党議員や党員は，党の基本方針に反するトランプの政策と品位に欠ける言動に違和感を覚えつつ，大統領に就任すれば大きく矯正されるであろうと期待し，あるいは自分に言い聞かせ，支持した。シンクタンクの研究者や一般有権者にも，そのように考えた人は多かったと思われる。しかし，少なくとも就任1年目の言動から判断する限り，そのような期待は大きく裏切られたといえよう。

トランプ大統領は就任後も，記者会見およびツィッターを通じて，自己規律と配慮に欠けるメッセージを流し続けた。就任式の聴衆の数に関するメディア発表に異を唱え，あるいは不正投票ゆえにH.クリントンの得票が上回ったという発言がなされた。メディアは当然それらの根拠を質したが，大統領は根拠を提示することはできなかった。このような政策と無関係の本質的でない部分において，トランプ大統領はメディアと無数の衝突を繰り返した。そのうえ，2016年大統領選挙においてトランプ陣営の選挙対策本部の幹部が，H.クリントン陣営について不利な情報を入手することを企図して駐米ロシア大使と接触したことが明るみに出て（いわゆるロシアゲート事件），連邦捜査局（FBI）による調査が開始された。トランプ大統領はロシア問題の捜査を中止しないFBI長官ジェームズ・コミーを政権発足早々に解任し，共和党議員を含めて強い批判を浴びた。

就任早々，メディア等では大統領弾劾の可能性が指摘され始めた。与党が上下両院で多数党である中で，下院の過半数の賛成によって弾劾決議を成立させたうえで，弾劾裁判所（上院）で3分の2の特別多数によって有罪判決を勝ち取り，大統領を解任することはもとより容易なことではないが，そのような話題が登場するだけで異例なことである。

トランプ大統領の支持率も当初から低迷した。およそ1年を過ぎた時点でも30％台の半ばから40％前後にとどまり，近年では最低水準のものとなった。

共和党統一政府の陥穽

　トランプ大統領は主要閣僚として，国防長官に軍人出身のジェームズ・マティス，国務長官にエクソン・モービル経営者のレックス・ティラーソン，財務長官にゴールドマン・サックス出身のスティーヴン・ムニューシンらを起用した。ホワイトハウス側近も含めて，党の非主流派が多く，また軍と経済界から多数抜擢した。

　目立ったのは，次官補（日本では局長級）以上の連邦政府高官人事がこれまでの他の政権以上に遅れたことである。これは，トランプ大統領がアメリカ政界および共和党の新参者であり，自らの人脈をもっていなかったためである。また，敗色濃厚な選挙戦であったため本格的な政権移行チームを立ち上げる余裕がなかったことも影響している。そして，特に共和党系の外交安全保障専門家では，トランプ政権入りを拒否する者が多数存在し，政権側もそのような人物の登用を拒否したことなども大きな理由である。

　トランプ政権の性格や今後の成果を考える場合，まず指摘すべき点は，これが共和党統一政府であるということである。トランプ大統領の政策のいくつかは共和党の主流と異なっているが，減税，規制緩和，パリ協定離脱など重なる部分も大きい。共和党の内外で期待が高まったのは，このためである。問題は，その共和党議員の団結度である。

　トランプ大統領は，国内政策ではまずオバマケア（→15章）の撤廃ないし改革をめざした。しかし，そもそも撤廃なのか改革なのかをトランプ大統領は明示できず，民主党議員が全員反対する中，共和党議員も一致団結できなかった。共和党の法案は辛うじて下院を通過したが，上院では廃案となった。輸出を促進するための国境調整税も，議会通過の目処が立たず，早々と放棄された。公約であったメキシコ国境に壁を構築する予算も，初年度に盛り込むことができなかった。

　司法部もトランプ政権の前に立ちはだかった。イスラム教徒が多数住む中東・北アフリカからの入国禁止を大統領令で指示したものの，連邦裁判所によって阻止された。

　ただし，今後のアメリカ政治の展開に決定的な重要性をもつ連邦最高裁判所判事の任命に関しては，共和党は高い団結度を示した。トランプ大統領は保守

派の判事ニール・ゴーサッチを指名し，共和党上院議員団は100票のうち，議事妨害克服に必要な60票でなく単純多数決で議事進行ができるように議事妨害に関する規則を変更してまで，ゴーサッチを承認した。トランプ政権期に，連邦司法部は最高裁判所だけでなく控訴審・地方裁判所すべてのレベルで保守派の判事が多数任命されるであろう。

アメリカ・ファーストから「力による平和」へ

外交では，トランプ大統領は一部の公約を大きく修正した。選挙戦中は「アメリカ・ファースト」のスローガンのもと，北大西洋条約機構（NATO）や日米同盟に批判的な発言をしていたが，就任後「力による平和」に修正した。すなわち，NATOの集団安全保障体制を評価し，日本や韓国との同盟をこれまで通り尊重する姿勢に転換した。

例えばシリアのアサド政権が化学兵器を使用した際，オバマ政権が断念した空爆を，トランプ政権は2017年4月に敢行した。また同年8月，アフガニスタンに対して，現在，駐留している1万1000人に加え，約4000人を増派することを決定した。これは撤退の公約に反するものであった。

日本にとって重要な問題であるアメリカの尖閣諸島防衛義務に関する質問を受けた際，トランプは選挙戦中には回答を拒否した。日本政府からみると，このまま事態が推移すれば，中国による領海侵犯はさらに激化する可能性があった。あるいは，トランプ新政権が，オバマ政権が中国による領海化を牽制するために2016年に南シナ海で実施した航行の自由作戦を継続するかどうかについても，多くの国が関心をもって見守っていた。

安倍首相はトランプ当選後早々の2016年11月にニューヨークに飛び，私的な会談を行い，これが17年2月の首脳会談につながった。そこでトランプ大統領は，日米同盟を全面的に評価し，核兵器および通常戦力によって日本を防衛する意思を表明するとともに，特に尖閣諸島に対して日米安全保障条約第5条が適用されることを明確にした。さらに日米両首脳は，中国を念頭に置いて，南シナ海における力による現状の一方的変更の試みに反対することを表明した。トランプ大統領は記者会見の場において，米軍を受け入れていることについて日本に謝意も表明した。

北朝鮮に対しても，トランプ大統領は孤立主義的な態度はとらなかった。政権幹部の発言は，交渉と軍事的選択肢の間をかなりの振れ幅で揺れたものの，基本的にはオバマ政権による「戦略的忍耐」を否定し，より厳しく対決する姿勢を示すことになった。北朝鮮も，国連決議に違反して2017年7月に大陸間弾道弾ミサイル実験，9月には水爆実験を行い，挑発をエスカレートさせたため，緊張が一挙に高まっている。

　トランプ政権が新たに採用した対北朝鮮政策に，二次的制裁（secondary boycott）といわれるものがある。これは北朝鮮と取引する企業・個人に対して，アメリカ政府が独自に課す制裁である。オバマ政権期にはわずかに行われたに過ぎなかったが，トランプ大統領の下で拡大している。ここには多数の中国系企業・個人が含まれるため，ここで米中がさらに対立を深める可能性が存在する。

残る「アメリカ・ファースト」

　中国に対してトランプは硬軟激しく揺れた。大統領に当選した直後は，「一つの中国」政策に拘束されないと発信したが，それはすぐに撤回され，逆に大統領就任後は北朝鮮問題で貢献してくれることへの期待から，柔軟な対応を示唆した。しかし結局，北朝鮮問題で中国の協力は期待したほどは得られず，2017年途中から，トランプ政権は，南シナ海での航行の自由作戦を頻繁に実施したほか，通商法301条に基づき，制裁含みで知的所有権の問題について中国に対する調査を開始した。

　また，選挙戦中は関係回復を示唆していたロシアに対して，ロシアによるアメリカの大統領選挙への介入問題も理由となって，双方が相手国外交官の追放を行うなど，関係は一挙に悪化した。

　このように，外交・安全保障政策では，レーガン的，共和党的な保守強硬派の路線に転換したが，通商政策では就任早々に環太平洋パートナーシップ（TPP）からの離脱を表明し，また米韓自由貿易協定（FTA）および北米自由貿易協定（NAFTA）については，ともに強く離脱を示唆しながら再交渉を行っている。さらに，オバマ政権下で批准した地球温暖化防止のためのパリ協定からも離脱を表明した。このあたりは，公約のアメリカ・ファーストに忠実であ

り，単独行動主義的傾向を示している。

　ちなみに，トランプ大統領を支える側近は早い段階で大きな変化をみせた。首席補佐官のラインス・プリーバス，首席戦略官のスティーヴン・バノン，国家安全保障担当補佐官マイケル・フリン，大統領報道官ショーン・スパイサーら，政権発足当初任命されたスタッフ，さらには中途で任命された広報担当部長アンソニー・スカラムッチらは，8 月までに皆いなくなった。プリーバスの後任に任命されたジョン・ケリー（前国土安全保障長官）がホワイトハウスに秩序をもたらすかどうかが，トランプ政権の今後を大きく左右するであろう。

2　アメリカ政治・外交の現在と未来

トランプの「北部戦略」

　アメリカ政治で進行した極度のイデオロギー的分極化は，今後どのように変化するであろうか。

　2016 年大統領選挙は，約 89% の民主党支持者は民主党候補のクリントンに，約 88% の共和党支持者がトランプに投票しており（CNN の出口調査〈http://edition.cnn.com/election/results/exit-polls〉），また，ほとんどの州では，それぞれの政党が地盤としているところで順当に勝利した。その意味で，アメリカ政治における政党間亀裂をかなりそのまま反映した結果であった（岡山 2017）。

　しかしながら，局所的には大きな変動が起きていた。例えばオハイオ州南部のサイオウト・カウンティでは，2000 年以来 4 回の大統領選挙における共和党大統領候補の得票率は 49〜52% であったのに対し，16 年にトランプは 66.8% という驚くべき得票率を記録した。政党支持が固定しており，最近の日本の選挙にように「風」が吹くことが滅多にないアメリカの選挙で，これは驚異的な変動といえる。ラストベルトでは，共和党が容易に越えられなかった得票「38% の壁」（金成 2017）も，2016 年選挙では多数のカウンティで突破され，共和党が 50% を超える得票を記録している。

　サイオウト・カウンティの住民の 96% は白人であり，とりわけ高卒白人が多い。彼らの 4 人に 1 人は職がない状態である。彼らの支持を得るのにとりわ

Column ⑯ 不法移民問題の推移 ❋❋❋❋❋❋❋❋❋❋❋❋❋❋❋❋❋❋❋❋❋❋❋❋❋❋

　トランプ当選の背景にあったものの一つに，国内に約1100万人いるといわれている不法移民問題があったことは確かであろう。日本の人口に当てはめると約430万人の不法移民がいることになり，決して小さい数字ではない。自分が失業したとき，これは不法移民のせいだと思う人が少なからず登場し，また何よりも不法移民問題を煽る政治家が支持を集めることになる。まさにこれが，トランプが行ったことである。

　ただし，アメリカ国民が一貫して不法移民に不寛容な態度をとっていたわけではない。1986年の移民改革規制法では，米墨国境警備の強化，不法移民を雇用する事業主への罰則を規定した一方で，人権上の妥協策として一定期間をすでにアメリカで過ごしている約300万人の農業従業者の不法移民に対し，法的地位と将来の市民権取得資格付与を約束する救済措置を定めた。

　しかしながら，この法律の罰則と国境警備の部分は機能しなかった。その結果が1100万の不法移民である。共和党保守派が，86年法の措置をアムネスティと称して，不法移民問題に強硬な態度をとる背景には，この法律の「失敗」という教訓がある。彼らから見ると，市民権を付与したがゆえに，さらに多くの不法移民が殺到したのであった。

　その後，議会下院は2005年，不法滞在を重罪とし，不法移民雇用する会社への罰則強化などを定めた強硬な内容の移民法案を可決したが，ヒスパニックの怒りに火をつけ，06年5月にアメリカ全土で100万人以上が参加する抗議デモが起こった。それに対して，2013年，上院はヒスパニックよりの法案を可決し，国論の分裂を印象づけた。

　ただし，ヨーロッパと異なり，移民そのものを排撃する雰囲気はないことには注意する必要がある（トランプ大統領がイスラム教国家からの移民の一時停止を模索しているは例外的である）。

❋❋❋

け有効であったと思われるトランプの公約，すなわちこれまでの共和党候補者と異なる公約は，不法移民に対する強硬なレトリック，保護貿易主義，孤立主義，そしてインフラ投資などであった。特に前二者が集票には効果的であったと考えられる。

　あからさまな不法移民攻撃は，アメリカ政界の規範からはずれたものとみなされてきた。保護貿易主義，孤立主義，およびインフラ投資は民主党では多数

の支持者がいるものの，共和党主流の政策に反するものであった。

　これらのトランプの政策は，いわば「北部戦略」（久保 2017）とでも呼べるものであった。これまで白人労働者層の支持をさらに上積みする決め手を模索していた共和党は，ついにそれを発見した。

　トランプが実践して実証したこれらの「反共和党」的政策による共和党指名獲得の道は，今後多数の共和党候補者によって模倣（もほう）される可能性がある。ただし，白人労働者層からみて，共和党の政策には依然として諸手をあげて歓迎しがたいものもある。減税，規制緩和，オバマケア撤廃などが，それであろう。

「絶望による死」

　それに対して民主党も，職業訓練，失業給付の延長，最低賃金の引き上げ，皆保険化の推進などを支持しているものの，彼らの票を大量に獲得しにくい面がある。第1に，民主党がLGBTだけでなく，女性や少数派の権利擁護に大きく傾斜し，アイデンティティの政治を強調しているからである。白人労働者層からみると，違和感を禁じえない。第2に，この点とも関連して，民主党の支持層は高学歴化しており，炭鉱の維持や労働者の生活支援より，例えば地球温暖化問題に強い関心を寄せ，低学歴層は疎外感を感じやすい。第3に，民主党はかなりの程度，世俗的価値観の人々の政党となりつつあり，素朴な，しかし篤（あつ）い信仰心をもつ者が多い白人労働者層の価値観から遊離しがちである。

　ここに，最近まで進んできたイデオロギー的分極化と塹壕戦（ざんごう）がいったん休戦状態に入り，白人労働者層をめぐって，異なった次元と手法での争奪戦が進む可能性もある。同時に，どちらの政党の公約にも満足できない白人労働者たちはさらに疎外感を深め，第三政党の支持に走るか，政治の世界からそもそも離脱してしまうかもしれない（ヴァンス 2017）。少なくとも，一部の論者や活動家は，政界再編成結集の新しい軸（center）を模索している（例えば，*American Affairs* という新雑誌を参照）。

　現在，雇用の喪失状態の中で，白人労働者層の中では麻薬・オピオイド（ケシから抽出した成分やその化合物からつくられ，医師の処方が必要な医療用鎮痛剤〈医療用麻薬〉として用いられるものが多い。世界的にがんなどの激しい痛みを和らげるために使われる。ヘロインも含まれる。）中毒が蔓延（まんえん）しつつあり，特に彼らの40〜50

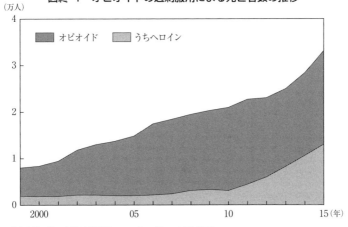

図終-1　オピオイドの過剰服用による死亡者数の推移

（万人）

凡例：オピオイド　うちヘロイン

［出所］　『日本経済新聞』2017 年 8 月 19 日付朝刊。

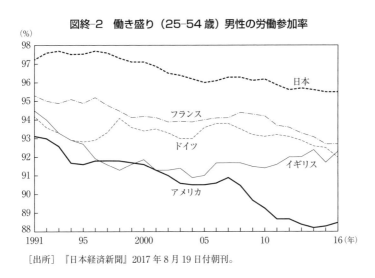

図終-2　働き盛り（25-54 歳）男性の労働参加率

（%）

日本
フランス
ドイツ
イギリス
アメリカ

［出所］　『日本経済新聞』2017 年 8 月 19 日付朝刊。

歳代の死亡率が高まりつつある。死因としては，自殺，肝臓障害，麻薬中毒な
どが顕著である。これは，最近では「絶望による死」（経済学者アンガス・ディ
ートンによる）とも称されている。2015 年には，22 年ぶりにアメリカ国民の平
均寿命が短くなった（78.8 歳）。その大きな要因は，白人中年層の死亡率の高ま

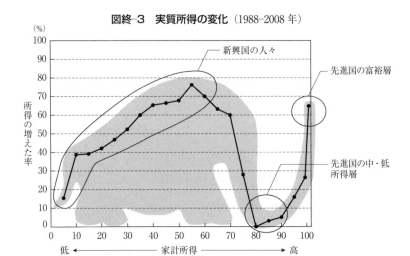

図終-3　実質所得の変化（1988-2008 年）

[注]　通称,「象グラフ」。地球上の人々を所得の多い順に右から，低い順に左から並べる。100 分割して 1988-2008 年のそれぞれの実質所得の上昇率をグラフに落とし，線で結んだもの。
[出所]　Milanovic 2012 をもとに作成。

りである。世界人口の 5% を占めるに過ぎないアメリカ国民は，世界の鎮痛剤の 80% を消費しているという指摘もある（『日本経済新聞』2017 年 8 月 19 日付朝刊 1 面）。

　最近，アメリカでは働き世代男性の労働参加率の低下が指摘されている（図終-2）。すなわち，全労働者における有職者と職探しをしている者の合計比率が，他の先進国と比較して顕著に低下している。これも，「絶望による死」をもたらすさまざまな要因と関係している可能性がある。そして，このような「絶望による死」の多いカウンティと 2016 年大統領選挙でのトランプ支持率の間には，相関関係があることも実証されている（Monnat 2016）。

　アメリカの労働者層の苦境は産業の効率化，とりわけオートメーション化に由来している可能性が高いことは確かであるが，経済のグローバル化，すなわち自由貿易体制の浸透も一要因である可能性も捨てきれない。1988 年から 2008 年に至る所得の変動を観察すると，先進国の低中所得層が，所得の伸びにおいて，最大の敗者であることは示唆されている（Milanovic 2012）。アメリカにおいて，さらには他の先進工業諸国において，保護貿易主義に勢いがつく

のには，それなりに理由が存在しているともいえる。

　ただし，長期の景気拡大が続く中，2017年9月に入り，アメリカの失業率は4.2％まで下がり，また家計所得の中央値は久しぶりに1999年の水準を上回った。これは，2016年大統領選挙におけるトランプ支持者にも雇用の機会を与えるであろうか。好影響が及ばなければ，ますます彼らは疎外感を強めるであろう。それに対して雇用機会の増大が実現すれば，トランプ大統領の支持率上昇にもつながるかもしれない。

アメリカ外交の力学

　トランプ当選を手がかりとしてアメリカ外交を振り返れば，一時期を除いて，アメリカは第二次世界大戦参戦まで，基本的に孤立主義的な国であったことを思い起こす必要がある。第一次世界大戦の教訓を学んだ後の第二次世界大戦直後ですら，アメリカは急速に軍隊の動員解除を行いつつあった。

　ソ連というきわめて強力な脅威の登場，イギリスの衰退，そしてトルーマン・ドクトリンにみられるようなトルーマン大統領による議会と国民の説得という出来事が揃って，アメリカは辛うじて，伝統的な孤立主義政策から離れ，国際主義的な外交政策を継続して採用することが可能になった（ミード 2017）。それでも，マッカーシズムのようなポピュリスト的反発は生起しており，長引いたベトナム戦争に対しては強力な反戦運動が起こった。カリフォルニア州の納税者の反乱（1978年）も，国際秩序を支える負担に対する反発といった側面も併せ持っていた。

　振り返ってみると，1991年の冷戦終結直後から数年間は，アメリカの外交エリートが外交に関心も知識ももたない一般国民との間で，今後の外交・安全保障政策とその負担のあり方について，率直な対話を行う絶好の好機であった（Mead 2017）。しかし，G. H. W. ブッシュはあまりにエリート的思考に染まり過ぎていた。B. クリントンはエリート主導の国際主義的外交コンセンサスに挑戦する内政重視のポピュリズム台頭の雰囲気を見抜いていたが，結局それまでの外交政策を基本的に踏襲した（NAFTA賛成，NATO拡大など）。二大政党の外から立候補した大富豪のペローはNAFTAに反対するなど新しい傾向をもっていたが，外交政策の基本について国民に対する説得を行い，転換させる

力量と意欲は持ち合わせていなかった。

　2001年から始まったいわゆるテロリズムとの戦いが長引き，とりわけイラク戦争が失敗に終わったことは，一般国民のエリートに対する信頼を大きく揺るがした。あるといわれた大量破壊兵器が結局イラクに存在しなかったことは，彼らの面目を一挙に失墜させる出来事であった。

　2008年の金融危機も，経済エリートと政治エリートへの不信を増大させた。グローバル化や規制緩和の推進は1980年代から推進されてきたが，それはレーガン，G. H. W. ブッシュ，B. クリントン，G. W. ブッシュら，超党派の政権によって支持されてきた。その意味で，アメリカ政界のコンセンサスが，あるいはアメリカの政治経済エリート全体が威信を失ったともいえよう。

　アメリカにおいて，エリート主導の政策が安定的に維持されるのは，そもそも他の国より難しいのかもしれないが（Mead 2002），近年ますます困難が増しているように思われる。アメリカを指導する政治家には，国際秩序におけるアメリカの役割を理解したうえで，なおかつ一般国民の素朴な感情に共感できる器量を持ち合わせることと同時に，彼らを説得する力も備えていることが求められる。

　現在，国連安保理常任理事国5カ国のうち2カ国，すなわちロシアと中国が，クリミア，ウクライナ，あるいは南シナ海・東シナ海において，力による既存の国際秩序の一方的変更に従事している。そして，イスラーム過激派組織のIS（「イスラーム国」）が中東の安定と和平に正面から挑戦している。これにアメリカは，そして世界は，どのように対処するのであろうか。

広い視野から見たアメリカ

　アメリカにおける2016年の選択は，アメリカ国民だけでなく世界を驚愕させた。アメリカのイメージが世界で失墜し，その威信も揺らいだ面がある。世界からのアメリカの撤退，内向きのアメリカを印象づけた側面も否定し難い。アメリカ衰退論も勢いを増している。アメリカが長らく担ってきた国際秩序を維持する役割を近い将来放棄してしまうのではないかという不安は，容易に拭うことができないであろう。

　ただし，アメリカは先進国の中でほぼ唯一人口が今後も高い割合で増え続け，

それに加えて旺盛な企業家精神，活発な技術革新ゆえに，比較的高い経済成長率を維持し続けると予想される。最近開発されたシェール・ガスとシェール・オイルによって，エネルギー価格も画期的に安くなり，一部の製造業はアメリカに戻りつつある。追い上げている一部の国との相対的な差は縮まりつつあるが，それは絶対的な衰退を意味するものではない。さまざまな意味で，アメリカは今後とも「機会の国（land of opportunities）」であり続けるであろう。問題は，国民と，とりわけ政治指導者が，経済的な力をどのように外交・安全保障政策に動員・転化しようとするかである。

　2016年の大統領選挙では，白人ブルーカラー（労働者）層の本音が表面化し，不法移民を敵視する雰囲気も垣間見られた。ただし，今日のアメリカをみる視点としては，アメリカによる2008年の選択も忘れてはならないであろう。いうまでもなく，その年，アメリカ国民は，19世紀後半まで奴隷扱いされ，20世紀後半まで南部諸州において法的に差別されていた少数民族の一人を，アメリカ合衆国大統領に選出した。前者にはアメリカの不寛容な部分が表現されているが，後者にはアメリカの寛容な部分が象徴的に示されている。アメリカをみる際には，この両者を合わせてみる視点が必要であろう。今後のアメリカは，どちらの側面を軸に展開されていくのであろうか。

◆ 引用・参考文献

ヴァンス　J. D.／関根光宏・山田文訳 2017『ヒルビリー・エレジー──アメリカの繁栄から取り残された白人たち』光文社。

岡山裕 2017「アメリカ二大政党政治の中の「トランプ革命」」『アステイオン』86巻。

金成隆一 2017『ルポ・トランプ王国──もう一つのアメリカを行く』岩波新書。

久保文明 2017「ドナルド・トランプの「北部戦略」」東京財団・アメリカ大統領選挙 Update（2017年3月28日）（https://www.tkfd.or.jp/research/america/wqci85）。

ミード，ウォルター・ラッセル 2017「米国の役割をめぐる25年間の幻想」『ウォールストリート・ジャーナル』（2017年5月23日）（http://jp.wsj.com/articles/SB11885244261179044396204583162400977909488）。

Case, Anne, and Angus Deaton 2015, "Rising Morbidity and Mortality in Midlife among White non-Hispanic Americans in the 21st Century," *Proceedings of the National Academy of Sciences*, 112(49) (http://www.pnas.org/content/112/49/15078.full).

Mead, Walter Russell 2002, *Special Providence: American Foreign Policy and How It Changed the World*, Routledge.

Mead, Walter Russell 2017 "What Truman Can Teach Trump," Wall Street Journal, July 21, 2017 (https://www.wsj.com/articles/what-truman-can-teach-trump-1500661673).

Milanovic, Branko 2012, "Global Income Inequality by the Numbers: in History and Now," Policy Research Working Paper, No. 6259, World Bank.

Monnat, Shannon M. 2016, "Deaths of Despair and Support for Trump in the 2016 Presidential Election," Research Brief, Pennsylvania State University (http://aese.psu.edu/directory/smm67/Election16.pdf).

読 書 案 内

◆ 通　　史

斎藤眞・古矢旬『アメリカ政治外交史〔第2版〕』東京大学出版会，2012年。
＊日本やヨーロッパとの比較の視点を導入し，簡潔な叙述ながら独自の解釈や洞察が散りばめられた教科書である。

斎藤眞・久保文明編『アメリカ政治外交史教材──英文資料選〔第2版〕』東京大学出版会，2008年。
＊上記書の姉妹編の英文資料集。上記書同様，1970年代以降を補足して第2版としている。

アメリカ学会編『原典アメリカ史』全9巻＋別巻，岩波書店，1950-2006年。
＊アメリカ史の各時代の概説を提供したうえで，重要資料の邦訳とその解説を付したものである。

アメリカ学会編『アメリカ文化事典』丸善出版，2018年。
＊題名にもかかわらず，アメリカ「文化」の理解に必要かつ密接不可分な政治・外交・軍事・歴史などについても詳しく解説している。

岡田泰男『アメリカ経済史』慶應義塾大学出版会，2000年。
＊例えば19世紀の多くの期間，アメリカでは中央銀行がなかった。日本の明治維新後と異なり，富国強兵に相当する政策も存在しない。そのようなアメリカの経済発展の特徴を学ぶのに適している。

Walter LaFeber, Richard Polenberg, and Nancy Woloch, *The American Century: A History of the United States Since the 1890s*, 7th edition, M.E. Sharpe, 2013.
＊19世紀末以降のアメリカ現代史のテキスト。すでに7版となっている定評のある概説書である。

Edward L. Ayers, Robert D. Schulzinger, Jesus F. de la Teja, and Deborah Gray White, *American Anthem: Modern American History*, Holt, Rinehart and Winston, 2009.

＊23章のうち最初の5章で19世紀末までを扱い，残りはほとんどすべて20世紀のアメリカ史に絞って詳述したテキスト。アメリカにおいてもこのような現代史，すなわち20世紀の歴史を重視したテキストが刊行されていることは興味深い。

◆ 政 治 史

A. ハミルトン＝J. ジェイ＝J. マディソン／斎藤眞・中野勝郎訳『ザ・フェデラリスト』岩波文庫，1999年。
　＊アメリカが13の独立国に分立していた際に，1つの広大な共和国になることの利点を一般市民に向けて説いた文書。アメリカ憲法の制度設計の思想的背景がよく理解できる。政治思想の古典としても価値が高い。

トクヴィル／松本礼二訳『アメリカのデモクラシー』第一巻上・下，第二巻上・下，岩波文庫，2005-08年。
　＊フランスの貴族が1830年代のアメリカを旅して記した出色のアメリカ論。「諸条件の平等」の存在を所与に，アメリカにおける民主主義の特徴を鋭く分析している。

R. ホーフスタッター／清水知久・斎藤眞・泉昌一・阿部斎・有賀弘・宮島直機訳『改革の時代――農民神話からニューディールへ』みすず書房，1988年。
　＊1890年代の人民党の運動から，革新主義改革運動，そしてニューディールに至るまでのアメリカ現代史を，人民対支配層といった単純な二分論ではなく，「人民」の中にも矛盾とアイロニーを見出しつつ論じた名著。その後の研究で乗り越えられた部分も多いが，一度は読まれるべき著作であろう。

ルイス・ハーツ／有賀貞訳『アメリカ自由主義の伝統』講談社学術文庫，1994年。
　＊アメリカの政治思想の歴史において，封建主義・絶対主義思想や社会主義思想が弱体である中，ジョン・ロック的自由主義が一貫して支配的であったことを，ヨーロッパとの比較において解明した名著。現在でもアメリカの大学院のテキストで使用されている。

C. V. ウッドワード／清水博・長田豊臣・有賀貞訳『アメリカ人種差別の歴史』福村出版，1977年。
　＊南北戦争後のアメリカ南部において，黒人と白人が法的差別なく共存した時期が存在したことを強調し，原著刊行時に南部で強固に存在した法的差別制度が必然のものでないことを訴えた。歴史書として批判もあるが，1950年代アメリカの知的雰囲気をうかがうことができる。

ジョン・ハイアム／斎藤眞・阿部斉・古矢旬訳『自由の女神のもとへ――移民

とエスニシティ』平凡社，1994年。

＊アメリカは長期にわたってほぼ無制限に移民を受け入れた移民の国であると同時に，その歴史は移民受け入れに反対するネイティヴィズム（移民排斥主義）とのせめぎ合いのそれであった。本書は，そのダイナミズムを歴史的文脈で描く。

◆ 外 交 史

佐々木卓也編『戦後アメリカ外交史〔第3版〕』有斐閣，2017年。

＊外交史に焦点を当てながら，第二次大戦時から最新の展開まで説明されている上級者向けテキスト。

ヘンリー・A・キッシンジャー／岡崎久彦監訳『外交』上・下，日本経済新聞社，1996年。

＊外交史研究者としての視点だけでなく，実践者としての問題関心が相当程度反映された外交史解釈である。リアリストである著者は，アメリカ国民がウィルソン的道徳主義的外交政策を支持する傾向があることについて，批判的である。

ジェームズ・マン／鈴木主税訳『米中奔流』共同通信社，1999年。

＊国交正常化前後から20世紀末に至るまでの米中関係の展開を骨太に叙述したもの。とくにアメリカ政治の変化や政党内の権力闘争について興味深い叙述が多い。

◆ 日 米 関 係

五百旗頭真編『日米関係史』有斐閣，2008年。

＊日本側だけでなくアメリカ側の動向も重視した包括的なテキスト。日本外交史とアメリカ外交史の専門家が協力した成果である。

日米協会編，五百旗頭真・久保文明・佐々木卓也・簑原俊洋監修『もう一つの日米交流史——日米協会資料で読む20世紀』中央公論新社，2012年。

＊1917年に創設された日米協会は，日米親善のための民間団体であり，長年，来日した著名なアメリカ人や日本の首相らが講演する場でもあった。その役割を講演録に基づきながら解説したのが本書である。

世界平和研究所編，北岡伸一・久保文明監修『希望の日米同盟——アジア太平洋の海洋安全保障』中央公論新社，2016年。

＊今日の国際政治において，とくにアジア太平洋の海洋安全保障に対して，日本とアメリカの同盟関係が果たす役割について多面的に考察した論文集である。

◆ 現代アメリカ

久保文明・砂田一郎・松岡泰・森脇俊雅『アメリカ政治〔第3版〕』有斐閣，
2017 年。

＊現代アメリカ政治の基礎について概観したもの。超大国としてのアメリカ，あるい
は日米関係についての説明も含む。

シーモア・M・リプセット／上坂昇・金重紘訳『アメリカ例外論——日欧とも
異質な超大国の論理とは』明石書店，1999 年。

＊比較的視座からアメリカ政治の特徴を正面から分析したもの。アメリカ史の特質を
知るためにも有益である。

久保文明編『アメリカ政治を支えるもの——政治的インフラストラクチャーの
研究』日本国際問題研究所，2011 年。

＊現代のアメリカ政治では，政党や利益団体などのほかに，シンクタンク，メディア，
財団，人材養成機構など，政治運動を基盤において支える部分の重要性が増してい
る。本書ではそれを政治的インフラストラクチャーと呼んで，総合的な分析を行っ
ている。

ジェームズ・マン／渡辺昭夫監訳『ウルカヌスの群像——ブッシュ政権とイラ
ク戦争』共同通信社，2004 年。

＊2003 年のイラク戦争を主導した新保守主義者（ネオコン）と保守強硬派の政治的背
景や世界観などを，歴史的文脈から紐解く。かつてニクソン＝キッシンジャー派が
支配していた共和党の外交論議の軸が大きく移動したことが示唆されている。

J. D. ヴァンス／関根光宏・山田文訳『ヒルビリー・エレジー——アメリカの
繁栄から取り残された白人たち』光文社，2017 年。

＊エリートも世間も黒人の貧困や麻薬問題については語っていたが，白人社会の深刻
な問題については無知であった。2016 年大統領選挙におけるトランプ当選の背景に
存在した白人労働者階級の状況について，その出身者である著者が語る自分史。

ジョセフ・S・ナイ／村井浩紀訳『アメリカの世紀は終わらない』日本経済新
聞出版社，2015 年。

＊アメリカ衰退論にすぐに飛び付くのは中国政府だけでなく，いわば知的な流行語で
もあり，日本のジャーナリズムや学会も含まれるかもしれない。本書は，そのよう
な知的潮流に対する抗議の書であるともいえよう。

参 考 資 料

加入順位	州　名	略称	加入年月日
1	デラウェア（Delaware）	DE	1787 年 12 月　7 日
2	ペンシルヴェニア（Pennsylvania）	PA	1787 年 12 月 12 日
3	ニュージャージー（New Jersey）	NJ	1787 年 12 月 18 日
4	ジョージア（Georgia）	GA	1788 年　1 月　2 日
5	コネチカット（Connecticut）	CT	1788 年　1 月　9 日
6	マサチューセッツ（Massachusetts）	MA	1788 年　2 月　6 日
7	メリーランド（Maryland）	MD	1788 年　4 月 28 日
8	サウスカロライナ（South Carolina）	SC	1788 年　5 月 23 日
9	ニューハンプシャー（New Hampshire）	NH	1788 年　6 月 21 日
10	ヴァージニア（Virginia）	VA	1788 年　6 月 25 日
11	ニューヨーク（New York）	NY	1788 年　7 月 26 日
12	ノースカロライナ（North Carolina）	NC	1789 年 11 月 21 日
13	ロードアイランド（Rhode Island）	RI	1790 年　5 月 29 日
14	ヴァーモント（Vermont）	VT	1791 年　3 月　4 日
15	ケンタッキー（Kentucky）	KY	1792 年　6 月　1 日
16	テネシー（Tennessee）	TN	1796 年　6 月　1 日
17	オハイオ（Ohio）	OH	1803 年　3 月　1 日
18	ルイジアナ（Louisiana）	LA	1812 年　4 月 30 日
19	インディアナ（Indiana）	IN	1816 年 12 月 11 日

20	ミシシッピ (Mississippi)	MS	1817 年 12 月 10 日
21	イリノイ (Illinois)	IL	1818 年 12 月 3 日
22	アラバマ (Alabama)	AL	1819 年 12 月 14 日
23	メイン (Maine)	ME	1820 年 3 月 15 日
24	ミズーリ (Missouri)	MO	1821 年 8 月 10 日
25	アーカンソー (Arkansas)	AR	1836 年 6 月 15 日
26	ミシガン (Michigan)	MI	1837 年 1 月 26 日
27	フロリダ (Florida)	FL	1845 年 3 月 3 日
28	テキサス (Texas)	TX	1845 年 12 月 29 日
29	アイオワ (Iowa)	IA	1846 年 12 月 28 日
30	ウィスコンシン (Wisconsin)	WI	1848 年 5 月 29 日
31	カリフォルニア (California)	CA	1850 年 9 月 9 日
32	ミネソタ (Minnesota)	MN	1858 年 5 月 11 日
33	オレゴン (Oregon)	OR	1859 年 2 月 14 日
34	カンザス (Kansas)	KS	1861 年 1 月 29 日
35	ウェストヴァージニア (West Virginia)	WV	1863 年 6 月 20 日
36	ネバダ (Nevada)	NV	1864 年 10 月 31 日
37	ネブラスカ (Nebraska)	NE	1867 年 3 月 1 日
38	コロラド (Colorado)	CO	1876 年 8 月 1 日
39	ノースダコタ (North Dakota)	ND	1889 年 11 月 2 日
40	サウスダコタ (South Dakota)	SD	1889 年 11 月 2 日
41	モンタナ (Montana)	MT	1889 年 11 月 8 日
42	ワシントン (Washington)	WA	1889 年 11 月 11 日
43	アイダホ (Idaho)	ID	1890 年 7 月 3 日
44	ワイオミング (Wyoming)	WY	1890 年 7 月 10 日
45	ユタ (Utah)	UT	1896 年 1 月 4 日
46	オクラホマ (Oklahoma)	OK	1907 年 11 月 16 日
47	ニューメキシコ (New Mexico)	NM	1912 年 1 月 6 日
48	アリゾナ (Arizona)	AZ	1912 年 2 月 14 日
49	アラスカ (Alaska)	AK	1959 年 1 月 3 日
50	ハワイ (Hawaii)	HI	1959 年 8 月 21 日

［注］ 独立当初の 13 州については，合衆国憲法を批准した日を示し，その他の
州については，州としての地位が認められた日を示している。

［参考文献］ ＊資料 1〜5 共通
阿部齊・久保文明 2002 『国際社会研究 I 現代アメリカの政治』放送大学教育
　振興会。
有賀貞・大下尚一・志邨晃佑・平野孝 1993・94 『アメリカ史』 1 (17 世紀 -1877
　年)・2 (1877-1992 年) (世界歴史大系) 山川出版社。
有賀夏紀・紀平英作・油井大三郎編 2009 『アメリカ史研究入門』山川出版社。
有賀夏紀・油井大三郎編 2002 『アメリカの歴史——テーマで読む多文化社会の
　夢と現実』有斐閣。
紀平英作編 1999 『アメリカ史』 (世界各国史 24) 山川出版社。

代	大統領	在任期間（年）	所属政党	出身州	副大統領	所属政党
1	ジョージ・ワシントン	1789–93	フェ	VA	ジョン・アダムズ	フェ
		1793–97			〃	
2	ジョン・アダムズ	1797–1801	フェ	MA	トーマス・ジェファーソン	リパ
3	トーマス・ジェファソン	1801–04	リパ	VA	アーロン・バー	リパ
		1805–08			ジョージ・クリントン	リパ
4	ジェームズ・マディソン	1809–17	リパ	VA	〃	
		1817–21			エルブリッジ・ゲリー	リパ
5	ジェームズ・モンロー	1817–21	リパ	VA	ダニエル・トンプキンズ	リパ
		1821–25			〃	
6	ジョン・クィンシー・アダムズ	1825–29	リパ	MA	ジョン・カルフーン	リパ
7	アンドリュー・ジャクソン	1829–33	民主	NC/SC	〃	
	〃	1833–37			マーティン・ヴァン・ビューレン	民主
8	マーティン・ヴァン・ビューレン	1837–41	民主	NY	リチャード・メンター・ジョンソン	民主
9	ウィリアム・ハリソン	1841	ホイ	VA	ジョン・タイラー	ホイ
10	ジョン・タイラー	1841–45	ホイ	VA	空席	
11	ジェームズ・ポーク	1845–49	民主	NC	ジョージ・ダラス	民主
12	ザカリー・テイラー	1849–50	ホイ	VA	ミラード・フィルモア	ホイ
13	ミラード・フィルモア	1850–53	ホイ	NY	空席	
14	フランクリン・ピアース	1853–57	民主	NH	ウィリアム・キング	民主
15	ジェームズ・ブキャナン	1857–61	民主	PA	ジョン・ブレッキンリッジ	民主
16	エイブラハム・リンカン	1861–65	共和	KY	ハンニバル・ハムリン	共和
		1865			アンドリュー・ジョンソン	民主
17	アンドリュー・ジョンソン	1865–69	民主	NC	空席	
18	ユリシーズ・グラント	1869–73	共和	OH	スカイラー・コルファックス	共和
	〃	1873–77			ヘンリー・ウィルソン	共和
19	ラザフォード・ヘイズ	1877–81	共和	OH	ウィリアム・A. ホイーラー	共和
20	ジェームズ・ガーフィールド	1881	共和	OH	チェスター・A. アーサー	共和
21	チェスター・A. アーサー	1881–85	共和	VT	空席	
22	グロバー・クリーブランド	1885–89	民主	NJ	トーマス・A. ヘンドリックス	民主
23	ベンジャミン・ハリソン	1889–93	共和	OH	リーヴァイ・モートン	共和
24	グロバー・クリーヴランド	1893–97	民主	NJ	アドレー・E. スティーブンソン	民主
25	ウィリアム・マッキンリー	1897–1901	共和	OH	ギャレット・A. ホーバート	共和
	〃	1901			セオドア・ローズヴェルト	共和
26	セオドア・ローズヴェルト	1901–05	共和	NY	空席	
	〃	1905–09			チャールズ・W. フェアバンクス	共和
27	ウィリアム・タフト	1909–13	共和	OH	ジェームズ・S. シャーマン	共和
28	ウッドロー・ウィルソン	1913–17	民主	VA	トーマス・R. マーシャル	民主
		1917–21			〃	

29	ウォレン・ハーディング	1921-23	共和	OH	カルビン・クーリッジ	共和
30	カルビン・クーリッジ	1923-25	共和	VT	〃	
		1925-29			チャールズ・ドーズ	共和
31	ハーバート・フーヴァー	1929-33	共和	IA	チャールズ・カーティス	共和
32	フランクリン・D.ローズヴェルト	1933-37	民主	NY	ジョン・N.ガーナー	民主
	〃	1937-41			〃	
	〃	1941-45			ヘンリー・A.ウォレス	民主
	〃	1945			ハリー・S.トルーマン	民主
33	ハリー・Sトルーマン	1945-49	民主	MO	空席	
	〃	1949-53			アルバン・W.バークレー	民主
34	ドワイト・D.アイゼンハワー	1953-57	共和	TX	リチャード・ニクソン	共和
	〃	1957-61			〃	
35	ジョン・F.ケネディ	1961-63	民主	MA	リンドン・ジョンソン	民主
36	リンドン・ジョンソン	1963-65	民主	TX	空席	
		1965-69			ヒューバート・H.ハンフリー	民主
37	リチャード・ニクソン	1969-73	共和	CA	スピロ・アグニュー	共和
	〃	1973			〃	
	〃	1973			ジェラルド・R.フォード＊	共和
38	ジェラルド・R.フォード	1974-77	共和	NE	ネルソン・ロックフェラー＊	共和
39	ジミー・カーター	1977-81	民主	GA	ウォルター・モンデール	民主
40	ロナルド・レーガン	1981-85	共和	IL	ジョージ・H.W.ブッシュ	共和
	〃	1985-89			〃	
41	ジョージ・H.W.ブッシュ	1989-93	共和	MA	ダン・クエール	共和
42	ビル・クリントン	1993-97	民主	AR	アル・ゴア	民主
	〃	1997-2001			〃	
43	ジョージ・W.ブッシュ	2001-05	共和	CT	ディック・チェイニー	共和
	〃	2005-09			〃	
44	バラク・オバマ	2009-13	民主	HI	ジョー・バイデン	民主
	〃	2013-17			〃	
45	ドナルド・トランプ	2017-	共和	NY	マイク・ペンス	共和

[注] フェ＝フェデラリスト党，リパ＝リパブリカン党，ホイ＝ホイッグ党，共和＝共和党，民主＝民主党共（ユ），民（ユ）は，共和党と民主党の南北戦争完遂派との統一候補として当選したことを示す。
＊ 憲法修正25条第2節に定められた手続きにより，選挙によらずに就任した副大統領。

資料3 アメリカ政党史

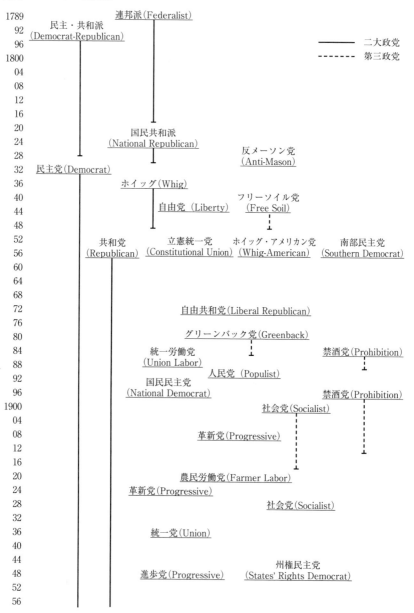

二大政党 ———
第三政党 - - - - -

連邦派(Federalist)

民主・共和派
(Democrat-Republican)

国民共和派
(National Republican)

反メーソン党
(Anti-Mason)

民主党(Democrat)

ホイッグ(Whig)

自由党 (Liberty)

フリーソイル党
(Free Soil)

共和党
(Republican)

立憲統一党
(Constitutional Union)

ホイッグ・アメリカン党
(Whig-American)

南部民主党
(Southern Democrat)

自由共和党(Liberal Republican)

グリーンバック党(Greenback)

統一労働党
(Union Labor)

禁酒党(Prohibition)

人民党 (Populist)

国民民主党
(National Democrat)

禁酒党(Prohibition)

社会党(Socialist)

革新党(Progressive)

農民労働党(Farmer Labor)

革新党(Progressive)

社会党(Socialist)

統一党(Union)

進歩党(Progressive)

州権民主党
(States' Rights Democrat)

1789
92
96
1800
04
08
12
16
20
24
28
32
36
40
44
48
52
56
60
64
68
72
76
80
84
88
92
96
1900
04
08
12
16
20
24
28
32
36
40
44
48
52
56

```
60
64
68                          アメリカ独立党
72                      (American Independent)
76          リバタリアン党              アメリカ独立党
80          (Libertarian)         (American Independent)
84
88
92
96              改革党（Reform）
2000                                    緑の党（Green）
04
08
12          リバタリアン党
16          (Libertarian)
```

［注］　一般投票で 1% 以上の得票率を記録した政党を記載している。
　　　　1896 年の人民党のように，同時に二大政党の候補となった場合は除いている。

資料4　最高裁判所長官一覧

代	氏　名	在任期間（年）	任　命　者
1	ジョン・ジェイ	1789-95	ワシントン
2	ジョン・ラトリッジ	1795	ワシントン
3	オリヴァー・エルズワース	1796-1800	ワシントン
4	ジョン・マーシャル	1801-35	アダムズ（連邦党）
5	ロジャー・B. トーニー	1836-64	アンドルー・ジャクソン（民主党）
6	サーモン・P. チェイス	1864-73	リンカン（共和党）
7	モリソン・ウェイト	1874-88	グラント（共和党）
8	メルヴィル・フラー	1888-1910	クリーヴランド（民主党）
9	エドワード・D. ホワイト	1910-21	タフト（共和党）
10	ウィリアム・H. タフト	1921-30	ハーディング（共和党）
11	チャールズ・E. ヒューズ	1930-41	フーヴァー（共和党）
12	ハーラン・F. ストーン	1941-46	F. D. ローズヴェルト（民主党）
13	フレッド・M. ヴィンソン	1946-53	トルーマン（民主党）
14	アール・ウォーレン	1953-69	アイゼンハウアー（共和党）
15	ウォーレン・E. バーガー	1969-86	ニクソン（共和党）
16	ウィリアム・レンクィスト	1986-2005	レーガン（共和党）
17	ジョン・G. ロバーツ	2005-	G. W. ブッシュ（共和党）

年	事　項
1492	コロンブス，アメリカ大陸発見（バハマ諸島に到着）。
1604	フランス，北アメリカに最初の植民地を建設
07	4 月 26 日，イギリス，アメリカ大陸にジェームズタウンを設立。
20	11 月 21 日，メイフラワー誓約。／12 月 25 日，メイフラワー号の植民者，ニューイングランドのプリマスに上陸。
96	5 月 15 日，イギリス，商務院設置。
1754	4 月 19 日，フレンチ・アンド・インディアン戦争勃発（〜63 年）。
63	2 月 10 日，パリ条約締結（イギリス，カナダから，ミシシッピ以東の全地域を領土とする）。
64	4 月 5 日，砂糖法（アメリカ歳入法）制定。
65	3 月 22 日，イギリス議会，印紙法可決。
67	6 月 29 日，イギリス議会，タウンゼント諸法制定。
70	4 月 12 日，タウンゼント諸法廃止。
73	5 月 10 日，茶法制定。／12 月 16 日，ボストン茶会事件発生。
74	5 月 20 日，ケベック法制定。／9 月 5 日，第 1 回大陸会議開催（フィラデルフィア，〜10 月 2 日）。
75	4 月 19 日，独立戦争開始。／5 月 12 日，第 2 回大陸会議開催（フィラデルフィア）。／6 月 15 日，ワシントンをアメリカ連合軍の総司令官に任命。
76	1 月 9 日，『コモン・センス』発行。／7 月 4 日，独立宣言公布。／8 月 22 日，ロングアイランドの戦い（〜30 日）。
78	2 月 6 日，アメリカ，フランスと友好同盟条約・通商条約を締結。／10 月 19 日，イギリス，アメリカに全面降伏。
83	9 月 3 日，講和条約調印。
87	5 月 30 日，フィラデルフィアで合衆国憲法制定会議開催（〜9 月 15 日）。
91	2 月 25 日，第 1 合衆国銀行法制定。
92	12 月 5 日，**大統領選挙**（ワシントンが再選）。
96	9 月 17 日，ワシントン，「告別演説」。／12 月 7 日，**大統領選挙**（J. アダムズが当選）。
1800	12 月 3 日，**大統領選挙**（得票同数のため，大統領当選者未決定）。
01	2 月 17 日，大統領決選投票により，ジェファソン当選。
03	2 月 24 日，マーベリー対マディソン判決（連邦法に対する違憲判決の先例）。
04	12 月 5 日，**大統領選挙**（ジェファソンが再選）。
08	12 月 7 日，**大統領選挙**（マディソンが当選）。
11	2 月 20 日，第 1 合衆国銀行，特許状期間満了とともに廃止（再認可法案否決）。
12	6 月 19 日，対英宣戦布告。英米戦争勃発（〜1814 年）。／**大統領選挙**（マディソンが再選）。
16	4 月 10 日，第 2 合衆国銀行設立（フィラデルフィア）。／12 月 4 日，**大統領選挙**（モンローが当選）。
20	12 月 6 日，**大統領選挙**（モンローが再選）。
22	12 月 2 日，モンロー・ドクトリン発表。
24	12 月 1 日，**大統領選挙**（J. Q. アダムズが当選）。
28	12 月 3 日，**大統領選挙**（ジャクソンが当選）。
32	12 月 5 日，**大統領選挙**（ジャクソンが再選）。
36	12 月 7 日，**大統領選挙**（ヴァン・ビューレンが当選）。
40	12 月 2 日，**大統領選挙**（ハリソン当選）（リンゴ酒選挙）。

1841	4月4日，ハリソン大統領死去。副大統領タイラーが大統領に。
44	11月4日，**大統領選挙**（ポークが当選）。
46	4月26日，メキシコと交戦。／5月13日，メキシコに対し宣戦。米墨戦争勃発（〜1848年）。／6月15日，オレゴン協定（イギリスとオレゴン地方を分割）。
48	2月2日，メキシコとグアダールペ・イダルゴ条約締結（カリフォルニア地方，ニューメキシコ地方をアメリカに割譲）。／11月7日，**大統領選挙**（テイラーが当選）。／ニューヨーク州セネカフォールズで，女性運動始まる。
52	12月2日，**大統領選挙**（ピアスが当選）。
54	3月31日，日米和親条約。／5月30日，カンザス＝ネブラスカ法制定。／7月6〜13日，共和党結成。
56	11月4日，**大統領選挙**（ブキャナンが当選）。
60	11月6日，**大統領選挙**（リンカンが当選）。
61	4月12日，南北戦争勃発（〜65年）。
62	5月20日，自営農地法（ホームステッド法）制定。
63	1月1日，奴隷解放宣言発布。／11月19日，リンカン，ゲティスバーグ演説。
64	11月8日，**大統領選挙**（リンカンが再選）。
65	4月14日，リンカン暗殺（翌日，死去。A.ジョンソンが大統領に就任）。
66	4月9日，公民権法成立。／6月16日，憲法修正14条可決。／全国労働組合結成（アメリカ最初の労働組合）。
68	7月28日，合衆国憲法修正第14条発効（黒人の法的平等の承認）。／11月3日，**大統領選挙**（グラントが当選）。
69	5月10日，アメリカで最初の大陸横断幹線としてユニオン・パシフィックとセントラル・パシフィックが連結。／ワイオミング州（1869年当時は準州），女性参政権を承認。
72	11月5日，**大統領選挙**（グラントが再選）。
73	全国労働組合消滅。
74	11月25日，グリーンバック党結成
76	6月26日，リトルビッグホーンの戦い。／11月7日，**大統領選挙**（開票結果をめぐる対立から当選者確定せず）。
77	3月2日，議会の審査により，ヘイズが大統領当選者に。／12月26日，マン対イリノイ州判決（最高裁，イリノイ州のグレンジャー法を支持し，鉄道規制のための連邦制の必要を承認）。
80	11月2日，**大統領選挙**（ガーフィールドが当選）。
81	7月2日，ガーフィールド大統領，狙撃される（9月19日，死去。アーサーが大統領に）。
82	5月6日，中国人排斥法（中国人労働者入国禁止法）制定。
83	1月16日，ペンドルトン法制定。
84	11月4日，**大統領選挙**（クリーヴランドが当選）。
86	5月4日，ヘイマーケット事件（シカゴ）。／12月，アメリカ労働総同盟（AFL）結成。／ウォバッシュ対イリノイ州判決（イリノイ州とニューヨーク州の境界地域においてイリノイ州による州際料金規制の権利を否定）。
87	2月8日，一般土地割当法（ドーズ法）制定。
88	11月6日，**大統領選挙**（ハリソンが当選）。
90	7月2日，シャーマン反トラスト法。／商務省国勢調査局，「フロンティア・ライン」の消滅を宣言。
92	2月22日，人民党，正式に結党（セントルイス）。／7月6日，ホームステッド争議。／11月8日，**大統領選挙**（クリーヴランドが当選）。

1894	6月21日，アメリカ鉄道組合の反プルマン闘争でシカゴ以西の鉄道が麻痺（～7月3日。プルマン争議）。／全国地方自治体連盟。
96	5月18日，プレッシー対ファーガソン判決（「分離すれども平等」の原則）。／11月3日，**大統領選挙**（マッキンリーが当選）。
98	2月15日，キューバ・ハバナ港でアメリカ軍艦メイン号爆発。／4月25日，スペインに宣戦。米西戦争勃発（～8月12日）／12月10日，パリ講和条約締結（フィリピン，プエルトリコ，グアム領有）。
99	9月6日，ヘイ国務長官，門戸開放回状を発表。
1900	11月6日，**大統領選挙**（マッキンリーが再選）。
01	9月6日，マッキンリー大統領，狙撃される（重体。9月14日，T.ローズヴェルトが大統領に）。
03	2月7日，エルキンズ法（鉄道規制の強化）制定。／11月3日，パナマ，コロンビアから独立。
06	6月29日，ヘプバーン法（鉄道規制の強化）制定。／6月30日，純良食品・薬事法，食肉検査法制定。／10月11日，サンフランシスコで日本人学童通学拒否事件。
07	12月16日，米艦隊，世界周航に出発（～09年2月）。
08	11月3日，**大統領選挙**（タフトが当選）。
09	12月18日，ニカラグア干渉。
10	6月18日，マン・エルキンズ法制定。
12	11月5日，**大統領選挙**（ウィルソンが当選）。
13	外人土地法。／5月19日，カリフォルニア州，日本人移民の農地所有を禁止する法律を制定。／10月13日，アンダーウッド関税法（税率引き下げ）。／12月23日，連邦準備法制定，連邦準備銀行発足。
14	7月，第一次世界大戦勃発（～18年）。／8月4日，ウィルソン大統領，中立宣言。／8月15日，パナマ運河開通。／10月15日，クレイトン反トラスト法制定。
15	5月7日，ドイツ潜水艦，イギリスの客船ルシタニア号を撃沈。／7月29日，海兵隊をハイチに派遣（占領状態は19年続く）。
16	5月，ドミニカに海兵隊派遣（～24年9月まで海兵隊の軍政下に）。／6月，パリ経済会議開催。英仏露，保護主義的かつ重商主義的な国際経済秩序を戦後に構築していくことで合意。／11月7日，**大統領選挙**（ウィルソンが再選）。
17	1月22日，ウィルソン大統領，「勝利なき平和」演説。／4月6日，米議会，対独宣戦決議を可決。／5月18日，徴兵法制定。／6月15日，防諜法制定。
18	1月8日，ウィルソン大統領，14カ条の原則を表明。／11月11日，休戦協定署名。第一次世界大戦終結。
19	1月18日，ヴェルサイユ講和会議開催。／1月29日，禁酒のための憲法修正条項（憲法修正18条）成立。／5月16日，動乱法（治安法）制定。／6月28日，ヴェルサイユ講和条約調印。／9月，シカゴで共産党結成。／11月19日，上院，ヴェルサイユ条約承認決議案否決。
20	1月，「赤狩り」。／11月2日，**大統領選挙**（ハーディングが当選）。／女性参政権に関する憲法修正第19条発効。
22	2月6日，海軍軍縮条約，9カ国条約に調印（ワシントン会議）。9月21日，フォードニー—マッカンパー関税法制定。
23	8月2日，ハーディング大統領急死。翌日，クーリッジが大統領に就任）。／ドーズ委員会発足
24	5月26日，割当移民法制定。／11月4日，**大統領選挙**（クーリッジが再選）。

1925	7月10日，スコープス裁判（～21日。進化論を教えた教師を有罪とする）。
28	8月27日，ケロッグ＝ブリアン条約（パリ不戦条約）締結。／11月6日，大統領選挙（フーヴァーが当選）。
29	6月7日，ドイツ賠償ヤング案発表。／9月3日，株価，史上最高水準に到達。／10月24日，ニューヨークの株式市場で株価大暴落（暗黒の木曜日）。
30	1月21日，ロンドン海軍軍縮会議開催。／6月17日，スムート＝ホーリー関税法制定。
31	6月20日，フーヴァー・モラトリアム提案。
32	1月7日，スティムソン・ドクトリン発表。／2月2日，復興金融公社（RFC）設立。／11月8日，大統領選挙（F.D.ローズヴェルトが当選）。
33	3月9日，緊急銀行救済法制定。／11月16日，ソ連承認。／12月26日，第7回汎米会議（内政への相互不干渉原則に同意）。
34	3月24日，タイディングス―マクダフィー法（10年後のフィリピン独立を規定）制定。／6月12日，互恵通商協定法制定。／6月18日，インディアン再編成法制定。『死の商人』出版
35	7月5日，全国労働関係法（ワグナー法）制定。／8月31日，（第1次）中立法制定。／11月9日，産業別組合委員会（CIO）結成。
36	11月3日，大統領選挙（F.D.ローズヴェルトが再選）。
38	11月18日，産業別組合委員会，産業別組合会議に改称（AFLからの独立）。
39	9月1日，ドイツ，ポーランド侵攻。第二次世界大戦勃発（～45年）。11月4日，中立法改正（交戦国への武器禁輸条項を撤廃）。
40	6月17日，フランス降伏。／11月5日，大統領選挙（F.D.ローズヴェルトが3選）。
41	1月6日，F.D.ローズヴェルト大統領，年頭教書で「全世界各地における4つの自由」を宣言。／6月6日，ドイツ，ソ連に侵攻。／8月14日，米英首脳会談（F.D.ローズヴェルト，チャーチル）。「大西洋憲章」を発表。／12月8日，日本軍による真珠湾攻撃。議会，対日宣戦を決議。
43	11月28日，テヘラン会談（～12月1日。米英ソ）。
44	6月6日，ノルマンディー上陸。／7月1日，ブレトンウッズ会議（～22日）。／11月7日，大統領選挙（F.D.ルーズヴェルトが4選）。
45	2月4日，ヤルタ会談（～11日。米英ソ）。／4月12日，F.D.ローズヴェルト，脳溢血で急逝。トルーマン，大統領就任。／5月7日，ドイツ，無条件降伏。／7月17日，ポツダム会談（～8月2日。米英ソ）。／7月26日，日本にポツダム宣言を発表。8月6日，広島に原爆投下。／8月8日，ソ連，対日宣戦布告。／8月9日，長崎に原爆投下。／8月15日，日本降伏。／9月2日，日本，ミズーリ号艦上で降伏文書に調印。／10月11日，総司令部，日本へ5大改革を指令。
46	3月5日，チャーチル英首相，「鉄のカーテン」演説。
47	3月12日，トルーマン・ドクトリン発表。／3月21日，大統領行政命令9835公布。連邦政府職員の忠誠審査を開始。／6月5日，マーシャル・プラン発表／6月23日，タフト―ハートレー法制定。
48	6月24日，ソ連，ベルリンへの陸路を封鎖。／7月，アメリカ，西ベルリンへの空輸作戦（～49年）。／11月2日，大統領選挙（トルーマンが再選）。
49	4月4日，アメリカ，カナダ，北大西洋条約に調印（NATOに参加）。／5月，西ドイツ（ドイツ連邦共和国）独立。／10月，東ドイツ（ドイツ民主共和国）独立。
50	1月31日，トルーマン，水爆製造命令を公表。／2月9日，ジョセフ・マッカーシー，ウエスト・ヴァージニア州で演説（共産主義者の脅威を強調）。マッカーシズム運動が拡大。／6月25日，北朝鮮，韓国へ侵攻。朝鮮戦争勃発。／6月27日，トルーマン，朝鮮戦争

での韓国支援を発表。

1951	4月11日，トルーマン，国連軍総司令官・在日連合国軍最高司令官マッカーサーを罷免。後任はリッジウェイ将軍。／9月8日，サンフランシスコ講和条約調印（49カ国），日米安全保障条約調印。
52	11月4日，**大統領選挙**（アイゼンハワーが当選）。
53	大統領行政命令9835改正
54	7月21日，ジュネーヴでインドシナ休戦協定調印。／9月3日，第1次台湾海峡危機発生（〜55年6月）。
55	12月，黒人女性ローザ・パークス，バスの座席を白人に譲るようにという運転手の命令を拒否し逮捕。／12月5日，AFLとCIOが合併。
56	11月，連邦最高裁，バスにおける人種差別を違憲とする判決を出す。／11月6日，**大統領選挙**（アイゼンハワーが再選）。
57	9月24日，アーカンソー州リトルロック市，ブラウン判決に基づき黒人との共学に踏み切る。州知事は州兵を派遣。連邦軍主出動。／10月4日，ソ連，世界初の人工衛星スプートニクの打ち上げに成功。米ソ「ミサイル・ギャップ」論争の盛り上がり。
60	11月8日，**大統領選挙**（J. F. ケネディが当選）。
61	4月17日，ピッグズ湾事件。
62	10月22日，キューバ危機（〜28日）。
63	8月28日，ワシントン大行進。／11月7日，J. F. ケネディ大統領暗殺。L. B. ジョンソン副大統領が大統領に。
64	7月2日，公民権法制定。／11月3日，**大統領選挙**（L. B. ジョンソンが再選）。／12月，学生運動勃発
65	8月11日，ワッツ暴動（ロサンゼルス）（〜8月16日）。／10月3日，移民法制定。
68	1月30日，北ベトナム軍のテト攻勢。／3月31日，L. B. ジョンソン，北ベトナム空爆の縮小と大統領選不出馬を発表。／6月5日，R.ケネディ銃撃される（6日死去）。／6月12日，核拡散防止条約（NPT）調印。／アメリカン・インディアン運動（AIM）設立。／11月8日，**大統領選挙**（ニクソンが当選）。
69	7月25日，グァム・ドクトリン（ニクソン・ドクトリン）発表。
70	4月30日，アメリカ，カンボジア侵攻（〜6月30日）。
71	7月15日，ニクソン，翌年の訪中を発表。／8月15日，ニクソン，金＝ドル交換停止を発表。
72	2月21日，ニクソン訪中（〜28日）。／6月17日，ウォーターゲート事件。／11月7日，**大統領選挙**（ニクソンが再選）。
76	11月2日，**大統領選挙**（カーターが当選）。
78	6月28日，バッキー判決。
80	11月4日，**大統領選挙**（レーガンが当選）。
83	4月23日，レーガン大統領，戦略防衛構想（SDI）を発表。
84	11月28日，ワインバーガー・ドクトリン発表。／11月6日，**大統領選挙**（レーガンが再選）。
85	9月22日，プラザ合意。
88	8月10日，公民権法（日系人強制収容補償法）成立。／8月23日，包括通商・競争力法制定。／11月8日，**大統領選挙**（G. H. W. ブッシュが当選）。
89	11月9日，ベルリンの壁崩壊。
91	1月16日，湾岸戦争勃発（〜2月27日）。／7月31日，米ソ，戦略兵器削減条約（START I）調印。／12月26日，ソ連解体。

1992	11月3日，**大統領選挙**（クリントンが当選）。／12月17日，北米自由貿易協定（NAFTA）調印（発効は94年1月1日）。
93	1月3日，米ソ，第2次戦略兵器削減条約（START II）調印。
95	台湾の李登輝総統訪米。中国政府はアメリカを激しく非難。／12月16日，予算不成立により，連邦政府の機能停止（～96年1月6日）。
96	11月5日，**大統領選挙**（クリントンが再選）。
98	12月19日，下院本会議，クリントン大統領の弾劾訴追を議決
99	1月，上院，クリントン大統領の弾劾裁判開始（～2月12日）。
2000	11月7日，**大統領選挙**（接戦で確定せず）。12月12日，連邦最高裁，G. W. ブッシュの当選を認定。
01	4月1日，アメリカ軍の偵察機と中国軍用機が中国海南島沖で接触事故。／9月11日，9.11テロ事件発生。／10月，アフガニスタン戦争勃発。／12月，G. W. ブッシュ政権，ロシアとの間の弾道弾迎撃ミサイル（ABM）制限条約からの一方的離脱を表明。
02	1月29日，G. W. ブッシュ大統領，年頭教書演説で，イラン，イラク，北朝鮮を「悪の枢軸」と批判。／9月20日，ブッシュ・ドクトリン発表。／11月8日，安保理決議1441号成立。／11月25日，国土安全保障省新設。
03	3月20日，イラク戦争勃発。／5月1日，ブッシュ，イラク戦争での主たる戦闘の終了を宣言。／8月27日，第1回6カ国（米，朝，日，韓，中，露）協議開催（～29日。北京）。
05	8月23日，ハリケーン・カトリーナ発生（～31日）。
08	11月4日，**大統領選挙**（オバマが当選）。
09	12月10日，オバマ大統領，ノーベル平和賞授賞式で演説。
10	3月21日，米下院本会議が「医療保険改革法案」を可決，23日，オバマ大統領が法案に署名し成立。／4月8日，オバマ大統領とメドベージェフ・ロシア大統領が「新START」に調印（プラハ）。
11	5月1日，ビンラーディン殺害。／9月17日，ニューヨークのウォール街で格差是正などを求める抗議デモが発生（「ウォール街を占拠せよ」），全米各地で反格差社会デモ拡大。／11月，オバマ，アメリカ外交の重点をアジアへ移行することを宣言。／12月18日，アメリカ，イラクからの撤退完了。
12	11月6日，**大統領選挙**（オバマが再選）。
13	8月，アサド政権の化学兵器使用が明らかに。オバマ，限定的な武力行使への議会の承認を求めるも，承認は得られず。武力行使も放棄へ
14	11月，オバマ，大統領権限を用い，不法移民約500万人の救済を含んだ移民改革を発表。
15	6月24日，貿易促進権限（TPA）法可決。29日，オバマ大統領が署名。／7月1日，アメリカ，キューバとの国交正常化。／7月14日，イラン核合意（欧米など6ヵ国とイランが核問題の外交解決に向けて最終合意）。／8月2日，米国内の石炭火力発電所からの二酸化炭素排出量の大幅削減を表明。／10月15日，翌年末までのアフガニスタン駐留米軍の完全撤退を断念。5500人を残留へ。
16	1月30日　南シナ海において「航行の自由作戦」を実施。／2月4日，環太平洋パートナーシップ（TPP）協定の調印。／7月，アフガニスタン駐留米軍の増加を表明。／9月3日，アメリカ，中国，COP21「パリ協定」批准。／11月8日，**大統領選挙**（トランプが当選）。
17	1月20日，NAFTA再交渉，TPP離脱を表明。／1月27日，イスラーム圏7ヵ国の国民の入国を90日間禁止する大統領令に署名。／2月21日，メキシコなどからの不法移民対策と国境管理の強化に向けた新たな指針を発表。／6月1日，パリ協定からの離脱を表明。／12月22日，トランプ減税成立。

事 項 索 引

人名索引

●著者紹介

久保 文明（くぼ ふみあき）

1956 年生まれ。

1979 年，東京大学法学部卒業。東京大学法学部助手，筑波大学社会
　科学系講師・助教授，慶應義塾大学法学部助教授・教授，東京大
　学大学院法学政治学研究科教授を経て，

現　在，防衛大学校長，東京大学名誉教授。法学博士（東京大学）。

専門は，現代アメリカ政治，現代アメリカ政治史。

主な著作に，『ニューディールとアメリカ民主政──農業政策をめぐ
　る政治過程』（東京大学出版会，1988 年），『現代アメリカ政治と公
　共利益──環境保護をめぐる政治過程』（東京大学出版会，1997
　年），『アメリカ現代政治の構図──イデオロギー対立とそのゆく
　え』（五十嵐武士と共編）（東京大学出版会，2009 年），『ティーパ
　ーティ運動の研究──アメリカ保守主義の変容』（東京財団「現代
　アメリカ」プロジェクトと共編）（NTT 出版，2012 年），『アメリ
　カ政治〔第 3 版〕』（砂田一郎・松岡泰・森脇俊雅と共著）（有斐閣，
　2017 年），ほか多数。

アメリカ政治史
A History of American Politics

2018 年 3 月 20 日　初版第 1 刷発行
2023 年 9 月 5 日　初版第 3 刷発行

著　者　　久　保　文　明

発 行 者　　江　草　貞　治

発 行 所　　株式会社　有　斐　閣

郵便番号 101-0051
東京都千代田区神田神保町 2-17
https://www.yuhikaku.co.jp/

印刷・株式会社理想社／製本・牧製本印刷株式会社
©2018, Fumiaki Kubo. Printed in Japan
落丁・乱丁本はお取替えいたします。
★定価はカバーに表示してあります。

ISBN 978-4-641-14921-2